2016年度宁夏高校科学研究项目
优秀青年培育基金"农村中小学教师混合式远程学习模式研究
——以宁夏'国培'远程培训为例"（NGY2016072）的研究成果

宁夏大学西部一流教师教育
学科系列丛书

Research on Teacher Blended Learning

教师混合式学习研究

贾　巍　黄兰芳　等　著

科学出版社
北　京

内 容 简 介

近年来，我国实施了一系列中小学教师网络远程培训项目，线上线下混合式学习是我国教师培训的政策要求，也是提高教师学习质量的实践诉求，但目前还缺少关于什么是教师混合式学习、如何开展教师混合式学习等系统、深入的研究。本书从理论和实践层面，对什么是教师混合式学习、为何开展教师混合式学习、如何开展教师混合式学习等问题进行了系统而全面的论述。

本书既可供当前开展的"国家级中小学教师培训计划"教师网络研修项目、教师混合式培训等相关工作参考，又可供教师专业发展、"互联网+"教师学习、远程教育等研究人员，以及高等学校教育技术学、教师教育等专业本科生或研究生参阅。

图书在版编目（CIP）数据

教师混合式学习研究 / 贾巍等著. —北京：科学出版社，2021.3
（宁夏大学西部一流教师教育学科系列丛书）
ISBN 978-7-03-038570-3

Ⅰ. ①教… Ⅱ. ①贾… Ⅲ. ①师资培养–研究 Ⅳ. ①G451.2

中国版本图书馆 CIP 数据核字（2021）第 040327 号

责任编辑：崔文燕 黄雪雯 / 责任校对：彭珍珍
责任印制：李 彤 / 封面设计：铭轩堂

科 学 出 版 社 出版
北京东黄城根北街 16 号
邮政编码：100717
http://www.sciencep.com

北京虎彩文化传播有限公司 印刷
科学出版社发行 各地新华书店经销

*

2021 年 3 月第 一 版　开本：720×1000　B5
2021 年 3 月第一次印刷　印张：18 1/2
字数：310 000
定价：99.00 元
（如有印装质量问题，我社负责调换）

宁夏大学西部一流教师教育学科系列丛书
编委会

主　任　梁向明

副主任　高石钢　　周福盛

主　编　王安全

副主编　丁凤琴　　何晓丽　　郝振君　　张　玲

编　委　（按姓氏笔画排序）

丁凤琴　马　丽　马建宏　马笑岩　王安全

从友忠　何晓丽　张　玲　陈淑娟　周福盛

郝振君　咸富莲　贾　巍　高石钢　高志军

黄兰芳　梁向明

丛 书 序

党的十九大报告明确提出，要加快一流大学和一流学科建设，实现高等教育内涵式发展。随着我国世界一流大学和一流学科建设高校及建设学科名单的公布，全国"双一流"建设正式拉开帷幕。在国家"双一流"建设背景下，西部地区各省区的许多地方院校结合自身实际，提出了建设西部一流大学、西部一流学科的战略构想。宁夏回族自治区党委和政府也结合实际，提出了"集中建设一批优势特色学科和重点专业，把宁夏大学办成西部一流大学"的总体要求。宁夏大学根据自治区一流大学和一流学科建设精神，提出分A、B两个层次，分别建设国内和西部一流学科的要求，教师教育就是西部一流教育学科建设的任务之一。宁夏大学对西部一流教师教育学科提出了明确要求：提升教师教育人才培养和研究能力，引领自治区基础教育快速发展。

为扎实、有效地推进宁夏大学西部一流教师教育学科建设，宁夏大学教育学院高度重视，从团队建设、平台建设、访学交流、社会服务、人才培养和成果产出六个方面提出了具体措施，其中成果产出是很重要的一方面内容。为了产生一批高质量学术成果，教育学院组织教师教育理论、教师教育课程教学理论、教师教育心理学理论和教师教育信息化方向的研究人员积极开展相关研究，产出了有分量的系列研究成果，并组织翻译了国外学者的相关著作，汇集为丛书出版。这对推动我国教师教育研究和实践具有重要意义，也是宁夏大学教育科学研究水平和学科特色的一次集中展示。

《教师教育学论稿》一书认为，新中国成立以来，特别是改革开放以来，我国教育学科实现了快速发展，但在教师教育学领域的研究成果并不多，特别是从实践领域来思考教师教育科学化方面的著述不多，将教师教育学与教师教育哲学结合起来进行思考和研究的著述更不多见。鉴于此，作者结合个人工作和研究经历，从教师教育的本质、教师教育价值论、教师教育认识论、教师教育人性论、教师教育功能论、教师教育的合理性问题六个方面对教师教育学进行了具体研究。

《教师混合式学习研究》一书系统论述了"互联网+"条件下中小学教师的混合式学习问题。采用网络等现代远程教育手段开展教师学习是"互联网+"思想在教师教育领域的重要体现，它有效地解决了教师教育的工学矛盾、学习规模、灵活性等问题，已成为教师专业发展的未来趋势和研究热点。该书对中小学教师混合式学习进行了系统、全面的论述和分析，回答了什么是教师混合式学习、为何开展教师混合式学习、如何开展教师混合式学习等问题。

《学校积极心理：教师实践指南》（译著）一书通过大量实际调查，分析了积极心理在学校教育中的运用原理。研究发现，针对学生在课堂上的不良行为，教师采用积极反馈和消极反馈产生了不同的影响。该书总结了教师在课堂上可采用的积极策略：要确保教师的指令清晰明了；指令应指向那些做出积极反馈的学生；对学生下达任务后，要经常性地加以提醒确认；学会处理学生的不恰当行为。考虑到学生的个体差异，该书针对不同性别、不同学习能力的学生，探讨了相应的积极教育方法。作者还分析了积极教育方法在提高阅读、写作水平和数学教学质量等方面的作用，以提升学校的教育教学水平。

《思维导图在中小学教学中的应用》一书通过在小学四、五、六年级的大量实践研究，验证了思维导图能够成为教师与学生之间互动、进行小组合作学习的桥梁，也可以成为学生构建、梳理和整理知识点，培养高级思维能力的有效工具。该书提出：一方面，要利用思维导图等可视化工具引发学习过程的可视化和教学过程的可视化；另一方面，提倡在教学过程中重视让左脑和右脑同时参与学习过程，让学习过程成为创造能力培养的过程。

《小学英语课程与教学法》一书主要包括课程理论、教学实践、教学科研三方面内容。课程理论部分主要介绍小学英语课程性质、内容、基本要求、目的与意义，解读了小学英语的新课程标准，介绍了国内外主要的英语教学流派；教学实践部分主要探讨教学内容、基本技能、小学英语教学技能方面的问题；教学科研部分主要讨论教师专业发展背景下小学英语教师如何做科研，如何成为研究型教师。

《农村小学全科教学有效性研究》一书梳理了国内外全科教学有效性的研究成果和全科教学的历史演进，对小学全科教学有效性进行理论建构，对农村小学全科教学现状进行考察。该书以学生全面发展为全科教学的指导思想，以整体统整为全科教学目标设计的核心思想，以有机融合为全科教学内容组织的基本方式，以自主建构为小学生学习的基本方式，以关注过程为小学生学习评价的基本导向，制定了农村小学全科教学有效性的标准。

《交往视角下大学课堂生活的质性研究——以西北地区两所大学为例》一书运用理论分析和思辨研究方法，提出了课堂是教育目的与教育理想的实践场域，大学课堂生活是大学教育教学的主阵地，理想的大学课堂生活应注重课堂中"人"的存在与发展等思想观点。作者提出大学课堂要以交往为立足点，以日常生活为背景，以专业生活为核心，以现实社会生活为源泉，使师生在此场域中自由地进行心灵对话、情感认同和思想碰撞，进而使教育回到"育人"与"成人"的原点。

丛书是宁夏大学教育学院多位学术骨干根据自己的学习和研究专长多年思考和研究的结果，有较高的理论水平和实践意义。我们期待这些成果能在教育理论研究与教育改革实践领域发挥应有作用。教师教育研究是一个历史性过程，也是现实性问题，教师教育研究没有终点。由于各人生活时空的局限性，每个人对问题的把握不可能尽善尽美，或者说每个人对问题的认识只能是一个接近和趋向事实的过程。我们欢迎读者提出宝贵意见和建议，以帮助各位作者进一步修订、完善相关内容，为提高我国教师教育研究水平做出更大的贡献。

张应强

2020 年 4 月 13 日于华中科技大学

前　言

"教育大计，教师为本"，教师的专业水平和综合素质是决定教育质量的关键。教师学习是提升教师素质和促进教师专业发展的有效途径。关注教师学习是时代发展、教育变革、教师发展的综合需要。近年来，关于教师学习的研究和实践已成为教师专业发展的热点之一。

党和政府历来重视教师发展，实施了一系列旨在提高教师素质的培训项目。特别是 2010 年至今，教育部、财政部实施了"中小学教师国家级培训计划"（简称"国培计划"或"国培"），该计划的宗旨是提高中小学教师，特别是农村教师队伍的整体素质。"国培计划"实施至今，在培训内容、培训方式上不断创新发展，特别是在培训学习方式上，教育部要求创新培训模式、提升培训学习质量。自 2013 年以来，教育部针对"国培计划"等教师培训计划发布了一系列文件，要求各级相关部门积极探索和实施教师网络研修和面对面学习相结合的混合式学习模式，将集中面授与网络研修相结合、线上学习与线下实践相结合，探索和推进教师混合式学习成为教师培训工作的重要内容和任务。长期以来，传统的面对面学习对提高教师的专业水平和综合素质发挥了很大作用，但是也存在学习规模较小、受益面较窄、场地受限、成本较高、工学矛盾较突出等不足；而网络学习具有灵活、覆盖面广、低成本、高效益、个性化、交互性强、能有效解决工学矛盾和扩大学习规模等优势，已成为教师知识更新和专业发展的新形式。但是相比面对面学习，网络学习存在缺乏在场感、学习监控难、学习氛围不浓等不足，因此，将面对面学习与网络学习结合起来，充分发挥各自的优势，开展教师混合式学习是现实的必然选择。

教师混合式学习无论是在实践领域还是在研究领域都处于起步阶段，还有许多需要探索和改进的空间，需要研究的跟进。本书对教师混合式学习开展了专题研究，进行了较为系统、全面、深入的分析，丰富了信息化背景下的教师学习、"互联网+"教师学习、教师专业发展等理论，有利于教师混合式学习的深入开展，既可以为"国培计划"，特别是为教师网络研修实践工作提供借鉴和指导，也可以为相关部门制定和实施相关政策提供现实依据和参考。

本书共分为九章：第一章阐述了教师混合式学习的研究意义，分析了教师混合式学习的相关研究现状，阐述了本书的研究内容与方法；第二章对"互联网+"教师学习的现状进行了概述，总结了"互联网+"教师学习的发展历程，分析了"互联网+"教师学习的实践现状，并提出了改进思路和建议；第三章论述了教师混合式学习的理论内涵，以及混合式学习的含义，并在此基础上回答了什么是教师混合式学习、如何实施教师混合式学习、教师混合式学习的构成要素等问题；第四章论述了教师混合式学习平台，包括教师混合式学习平台的内涵、构建思想、构成要素，分析了教师网络学习平台的建设和应用现状，并提出了相应的对策与建议；第五章研究了教师混合式学习的课程设置，从理论上界定了教师混合式学习课程设置的含义，依据该含义对目前教师网络研修课程设置的现状进行了研究，并提出了改进建议和对策；第六章研究了教师混合式学习模式，界定了教师混合式学习模式的含义和指导思想，提出了四种教师混合式学习模式；第七章研究了教师混合式学习评价，首先界定了教师混合式学习评价的含义，分析了教师网络研修评价现状，综合理论界定和现状分析，构建了教师混合式学习评价指标体系；第八章系统论述了教师混合式学习支持服务，从理论上系统界定了教师混合式学习支持服务的基本内涵，依据该内涵对教师混合式学习支持服务的现状进行了研究，总结了其中存在的问题，分析了问题存在的原因，并提出了相应的解决对策；第九章研究了教师混合式学习质量保证体系，调查分析了教师研修的质量现状，界定了教师混合式学习质量保证的含义，综合现状和内涵界定，并结合教师学习特点，提出了构建教师混合式学习质量保证体系的建议。

本书第一章由贾巍、黄兰芳、周冰洁、杨雪楠撰写；第二章由贾巍、张小佳撰写；第三章由贾巍、黄兰芳撰写；第四章由贾巍、马丽撰写；第五章由贾巍、周冰洁撰写；第六章由贾巍、黄兰芳、杨雪楠撰写；第七章由贾巍、王珊撰写；第八章由贾巍、杨迎撰写；第九章由贾巍、曾丽莎撰写。

本书是笔者在参考大量文献资料的基础上结合课题的研究成果撰写而成的。希望本书的出版，能为教师混合式培训和学习、教师网络研修、"国培计划"、教师信息化专业发展等研究和实践人员提供理论借鉴和参考。由于时间和笔者水平所限,书中不足之处在所难免,还望读者不吝赐教。

贾 巍 黄兰芳
2020 年 5 月于宁夏大学

目　录

丛书序（张应强）

前言

第一章　绪论···1
第一节　教师混合式学习的研究意义··1
第二节　研究现状···6
第三节　研究内容与方法···23

第二章　"互联网+"教师学习的现状··26
第一节　"互联网+"教师学习的发展历程··26
第二节　"互联网+"教师学习的实践现状分析······································42

第三章　教师混合式学习的理论··53
第一节　混合式学习的含义···53
第二节　教师混合式学习的理论内涵···65

第四章　教师混合式学习平台··73
第一节　教师混合式学习平台及其构建思想···73
第二节　教师混合式学习平台的构成要素··76

第三节　教师网络学习平台的构建现状 …………………………… 84
第四节　教师网络学习平台的应用现状 …………………………… 92
第五节　教师混合式学习平台建设与应用的改进建议 …………… 96

第五章　教师混合式学习课程设置 …………………………………… 100

第一节　教师混合式学习课程设置的含义 ………………………… 100
第二节　教师混合式学习课程设置现状调查 ……………………… 111
第三节　教师混合式学习课程设置的改进建议 …………………… 123

第六章　教师混合式学习模式 ………………………………………… 129

第一节　教师混合式学习模式的含义 ……………………………… 129
第二节　教师混合式学习的几种模式 ……………………………… 133

第七章　教师混合式学习评价 ………………………………………… 150

第一节　教师混合式学习评价的含义及基本构成要素 …………… 150
第二节　教师混合式学习评价的现状 ……………………………… 153
第三节　教师混合式学习评价指标体系构建 ……………………… 166
第四节　教师混合式学习评价指标体系的应用指南与建议 ……… 180

第八章　教师混合式学习支持服务 …………………………………… 183

第一节　教师混合式学习支持服务的理论基础及概念界定 ……… 183
第二节　教师混合式学习支持服务现状研究 ……………………… 195
第三节　教师混合式学习支持服务存在的问题及原因分析 ……… 213
第四节　教师混合式学习支持服务的对策与建议 ………………… 220

第九章　教师混合式学习质量保证体系 ……………………………… 225

第一节　教师混合式学习质量保证的含义及其构建 ……………… 225

第二节　中小学教师混合式学习质量保证体系……………………232

附录　教师混合式学习研究相关调查问卷与量表……………245

附录1　教师网络研修现状调查问卷………………………………245

附录2　中小学教师网络学习平台研究调查问卷…………………250

附录3　中小学教师网络学习平台研究访谈提纲…………………254

附录4　教师网络学习平台建设与应用现状的观察量表…………255

附录5　教师混合式学习课程研究调查问卷………………………257

附录6　教师混合式学习课程研究访谈提纲………………………261

附录7　中小学教师混合式学习课程观察量表……………………262

附录8　教师网络研修评价现状访谈提纲…………………………263

附录9　教师混合式学习评价指标体系调查问卷…………………264

附录10　中小学教师远程学习支持服务现状调查问卷……………266

附录11　中小学教师远程学习支持服务现状访谈提纲……………273

附录12　中小学教师远程学习支持服务现状观察量表……………274

附录13　教师网络研修质量现状调查问卷…………………………276

附录14　教师混合式学习质量现状访谈提纲………………………278

第一章

绪 论

第一节 教师混合式学习的研究意义

一、研究背景

(一)关注教师学习是时代发展、教育变革、教师发展的综合需要

"教育大计,教师为本",教师的专业水平和综合素质是决定教育质量的关键。教师学习是提升教师素质和促进教师专业发展的有效途径。近年来,关于教师学习的研究和实践已成为教师专业发展的热点之一。关注教师学习是时代发展、教育变革、教师发展的综合需要。从时代发展来看,首先,教师学习是构建学习型社会的需要,学习型学校、学习型组织、学习型家庭是构建学习型社会的重要内容,作为教育的人力资源,教师是构建学习型学校的主要力量,是建设学习型家庭和学习型组织的引领者;其次,信息时代知识的快速更新要求教师作为教育者不断地学习并更新自己的知识,教师职业从某种意义上成为一种学习的职业。从教育变革来看,教师学习是教育改革和发展的需要,教师作为教育变革和发展的主体,肩负着重要责任,只有不断学习、提高自身的水平和素质,才能胜任人才培养的重任。从教师发展来看,教师专业发展转向教师学习不仅仅是名词的更换,更是理念的转变、研究重心的转变[1],即教师学习相对于专业发展更加强调教师的主动性、学习

---

① 毛齐明. 2010. 教师有效学习的机制研究——基于"社会文化-活动"理论的视角. 上海:华东师范大学博士学位论文:12-13.

的日常性、教师知识的内生性。总体看来，教师学习已备受关注，并成为新的研究和实践热点。

（二）基于网络的混合式学习是新时代中小学教师专业发展的重要形式

党和政府历来重视教师发展，实施了一系列旨在提高教师素质的培训项目。特别是2010年以来，教育部、财政部实施了"国培计划"，该计划的宗旨是提高中小学教师特别是农村教师队伍的整体素质，采用了面对面短期集中培训、置换脱产研修、网络研修、访名校、教师工作坊等多样化的、混合式的培训学习方式。为了表述方便，本书中的"教师"指的是中小学教师。

"国培计划"实施至今，在培训内容、培训方式上不断创新发展，特别是在培训学习方式上，教育部要求创新培训模式、提升培训学习质量。2013年10月，《教育部关于实施全国中小学教师信息技术应用能力提升工程的意见》指出：推行符合信息技术特点的培训新模式，各地要根据信息技术环境下教师学习特点，有效利用网络研修社区，推行网络研修与现场实践相结合的混合式培训。2014年3月，《教育部关于印发〈"国培计划"——教师工作坊研修实施指南〉的通知》指出：通过"种子"教师引领一定数量的区域骨干教师进行工作坊研修，打造信息技术环境下的教师学习共同体，将集中面授与网络研修相结合，将线上学习与线下实践相结合，探索建立骨干教师常态化培训模式。2014年3月，《教育部关于印发〈网络研修与校本研修整合培训实施指南〉的通知》指出：依托教师网络研修社区，实施网络研修与校本研修整合培训，创新教师网络研修模式。2015年6月1日，国务院办公厅印发《乡村教师支持计划（2015—2020年）》。2016年1月，为贯彻落实该计划，推动各地变革乡村教师培训模式，提升乡村教师培训实效，教育部在总结各地经验的基础上，研究制定了《送教下乡培训指南》《乡村教师网络研修与校本研修整合培训指南》《乡村教师工作坊研修指南》《乡村教师培训团队置换脱产研修指南》等，这些指南从培训的目标、任务、内容到方式、管理、评估等都做出了明确而详细的指导，特别是在培训方式方面，注重集中培训与网络研修的结合，注重线上学习与线下教研的结合。

第一章 绪 论

由此看来,创新教师培训与学习新模式,特别是探索和实践基于网络的教师混合式学习已成为新时期中小学教师培训的主要任务。长期以来,面对面的培训与学习发挥了相应的作用,但是也存在很多不足,如培训与学习规模较小、受益面较窄、场地受限制、成本较高、未能有效解决教师工作与学习之间的矛盾、学习的灵活性不足等。随着网络等信息技术的发展,人们开始利用网络远程手段开展教师培训与学习,网络学习具有灵活性大、覆盖面广、成本低、效益高、个性化、交互性强等优势,能有效解决教师的工学矛盾、学习规模等问题,已成为教师知识更新和专业发展的新形式。但是相比面对面学习,网络学习存在缺乏在场感、难以监控学习者、学习氛围不浓、学习者容易产生孤独感等不足。因此,将面对面学习与网络学习结合起来,充分发挥各自的优势,开展教师混合式学习是现实的必然选择。

综上所述,开展教师混合式学习,是迎合国家战略要求、顺应现实发展的必然选择,是对网络远程学习规律的有效运用和教师学习特点的把握。教师混合式学习将成为今后教师专业发展研究和实践的重要内容。

二、问题的提出

教师混合式学习还属于新生事物,无论是在理论领域还是在实践领域都还处于起步探索阶段,还有许多需要探索和改进的空间。之所以这样认为,是基于以下原因。

(一)来自现状的思考:教师混合式学习成绩与问题并存,需要深入研究和有效实践

自 2010 年以来,笔者有幸参与了宁夏"国培"教师远程网络研修的前期调研、部分项目设计、过程实施和年度评估等工作,担任了宁夏"国培"网络远程培训业务总监、辅导教师、专家成员和部分远程培训机构的业务专家等,积累了大量第一手资料,对教师远程网络学习有较为深入的认识和理解。同时,笔者近年来主持完成了省部级多项"国培"教师远程学习及专项课题,组织团队开展了"国培"教师远程学习专题系列研究,如教

育部人文社会科学青年项目"宁夏农村中小学教师远程学习适应性研究"（11XJC880003）、宁夏哲学社会科学（教育学）规划项目"宁夏中小学教师远程学习实效性研究"（14NXJB07）、宁夏高校项目"农村中小学教师混合式远程学习模式研究（NGY2016072）"、宁夏教育科学十二五规划（"国培"专项）课题"宁夏中小学教师远程学习跟进式实效性研究"（Gpzx2012016）等。通过这些实践和研究，笔者发现，教师混合式学习取得了较好的成绩，但同时也存在比较突出的问题。

1. 线上学习与线下教研"两张皮"

混合式学习要求将教师网络学习和校本教研结合起来，将线上学习与线下教研结合起来，但实际情况并不理想，主要表现在两个方面：第一，要么只有线上学习无线下教研，要么线上学习是一回事，线下教研是另一回事（即线上学习的主题与线下教研的主题不统一），但教师有远程学习的任务要求及校本教研的工作要求，为了完成学习和教研任务，就出现了为了远程学习而学习、为了校本教研而教研的现象。这种线上学习与线下教研"两张皮"的做法导致部分教师和学校处于疲于应付的状态。第二，没有将线上学习的知识很好地应用于线下的教育教学，学习与应用没有关联，出现了"挂网""挂机""代看"等凑学时的敷衍现象，未能达到预期的学习效果。

2. 面对面集中培训与网络学习"两张皮"

混合式学习要求将线下面对面集中培训和线上网络学习结合起来，发挥各自的优势，设计方案一般为：培训由高等院校（承担线下短期面对面集中培训，一般是8—15天）、远程机构（承担线上网络学习，一般是3—4个月）、地方教育局师资培训中心或教师发展中心（协同机构做好本地培训需求调研和方案设计、提出培训要求和建议、做好过程性管理等）三方协同完成。一般是先对教师开展面对面的短期集中培训，教师回到单位后再进行为时3个多月的线上网络学习，并且在网络学习期间也要进行一定数量的线下跟进培训。要求线上线下的内容设计一体化，体现一定的逻辑关联。但实际情况并不理想，表现为往往短期集中培训的内容和网络学习的主题的联系较少，内容设计没有持续性和关联性，甚至存在重复或各行其是的现象。这就导致面对面集中培训和网络学习"两张皮"的现状。导致这种现状的主要原因是培训主体的协同不够，线上线下一体化的培训学习方案设计得不够科学、合理。

（二）来自研究的思考：研究较为薄弱，需要专业化的研究跟进

笔者在中国知网（China national knowledge infrastructure，CNKI）上以"教师混合式网络研修""教师混合式远程培训""教师混合式网络培训""教师混合式学习""教师混合式培训"等为关键词进行检索后发现，目前关于此领域的研究才刚开始，还较为薄弱（详见本章第二节）。随着"互联网+"教育的大力推进，教师混合式学习将是今后教师专业发展的主流形式，薄弱而滞后的研究不利于教师混合式学习的实践研究和理论发展，因此，需要我们在理论和实践层面加强对教师混合式学习的研究。

综上所述，开展教师混合式学习是构建学习型社会、教育改革与发展、教师专业发展等的需要，特别是随着"互联网+"、人工智能等现代信息技术的发展及其在教师教育中的应用，无论是现在还是未来，混合式学习都会成为教师专业发展的主流形式，必须予以高度重视。然而对教师混合式学习的研究毕竟刚刚起步，在理论领域和实践领域还存在一些问题和不足，因此，本书对教师混合式学习开展的专题研究，进行系统、全面、深入分析是有意义、有价值的。

三、研究意义

第一，理论意义。混合式学习是信息时代教师学习的新形式，对其进行全面、深入的探索和研究，具有学术价值和理论意义：首先，它丰富了信息化背景下的教师学习、教师专业发展理论体系，其成果将为该领域的学术研究提供理论参考、方向指导；其次，它丰富了学习科学特别是成人学习理论、继续教育等研究，其研究成果有助于拓展该领域的理论认识、丰富其理论体系；最后，混合式学习也是"互联网+"教育研究的重要内容，其研究成果将为混合式在线教育教学、网络远程教育等理论研究提供参考。

第二，实践意义。首先，教师混合式学习还处于起步阶段，没有多少现

成的经验可循，更需要研究的跟进，因而其研究成果将有利于教师混合式学习的深入开展，能为各级相关部门制定和实施相关政策提供现实依据和参考；其次，其研究成果既能为"国培计划"特别是教师网络研修实践工作提供借鉴和指导，也能为各级教育部门、远程教育机构制定教师网络研修政策、方案等提供参考依据，还能为教育部门今后开展教师继续教育、网络研修、校本教研等提供实践参考。

第二节 研究现状

一、混合式学习研究现状

（一）国外研究现状

笔者采用内容分析法，从研究主体、研究对象、混合式学习的定义、学习模式研究、学习成效研究等几个方面对近年来国外关于混合式学习的研究进行了分析。文献来源主要是国外论文网站（http://eric.ed.gov/），检索的关键词为"blended learning"，初步得到的论文数量为 520 篇（检索时间截至 2019 年 5 月），删除无关文章，如政府信息、广告、重复内容等，最终得到的有效论文为 428 篇。

1. 研究主体

在有效的 428 篇文献中，明确标明作者所在地的文章有 226 篇。其中美国的文献占比最高，约占 18.58%，共有 42 篇；排在第二位的是澳大利亚，约占 11.95%，共有 27 篇；土耳其紧随其后，约占 9.29%，共有 21 篇。我国也有一定数量的文献，但总体看，美国对混合式学习的关注较多。

2. 研究对象：以高等教育为主

通过对 428 篇有效文献的分析来整理出这些文献的研究对象。其中，针对高等教育的有 276 篇，占 64.49%；针对中等教育的有 76 篇，占 17.76%；

针对初等教育的有 46 篇，占 10.75%；针对成人教育的有 11 篇，占 2.57%；针对幼儿教育的有 11 篇，占 2.57%；针对专科学院的有 8 篇，占 1.87%。可以看出，在所获文献中，国外混合式学习的主要研究对象是高等教育，对成人教育、幼儿教育和专科学院的研究都相对较弱。

3. 混合式学习的定义

众多学者对混合式学习的定义进行了探讨。其中，Sharma 对混合式学习的定义进行了较为全面的综述，在归纳众多研究者对其定义的基础上将其定义分为了三大类：线上线下的混合、媒体技术的混合、教与学方法的混合。[①]①线上线下的混合。例如，Oliver 和 Trigwell 认为，混合式学习是"传统面对面学习与基于网络的在线学习相结合的方法"[②]；Horn 和 Staker 将混合式学习定义为"学生至少可以在除了家以外的有监管的实体地方进行学习，或者可以通过网络不受时间限制地在路上学习"[③]，此概念主要聚焦于学习的时间、空间的随意性，主要强调了网络的重要性，把混合式学习的组成部分进行了详细的划分，并给出了研究者所认为的大概比重。②媒体技术的混合。混合式学习的另一类定义将在线学习材料的技术完全集成在基于网络的学习环境中。[④]在这种模式中，没有面对面的交互，并且教师和学生之间通常是以电子技术的形式开展通信的，如电子邮件或网络学习管理系统（learning management system，LMS）等，再如混合了音频、视频、动画和文本并基于多媒体演示教学原则设计的网络讲座，以加强学习过程。[⑤]③教与学方法的混合。也有学者将混合式学习定义为教学方法的组合。根据这一观点，多种教学方法的结合将产生最佳的学习环境，而不需考虑任何技术的使用。

---

① Sharma P. 2010. Blended learning. Elt Journal, 64(4): 456-458.
② Oliver M, Trigwell K. 2005. Can "Blended Learning" be redeemed? E-Learning, 2(1): 17-26.
③ Horn M, Staker H. 2011. The rise of K-12 blended learning. http://www.innosightinstitute.org/innosight/wp-content/uploads/2011/01/The-Rise-of-K-12-Blended-Learning.pdf.
④ Oliver M, Trigwell K. 2005. Can blended learning be redeemed? E-learning, 2(1): 17-26.
⑤ Sharma P. 2010. Blended learning. ELT Journal: English Language Teachers Journal, 456-458.

4. 混合式学习模式研究

关于混合式学习模式的研究，笔者认为美国学者迈克尔·霍恩和希瑟·斯特克的研究比较系统且具有代表性，他们在《混合式学习：用颠覆式创新推动教育革命》中对混合式学习的几种模式进行了系统的总结和论述，其中有三种混合式学习模式令人印象深刻[①]：①轮换模式。对于任何课程或科目，学生在不同的学习模式之间轮换（按固定的时间表或由教师自行决定），其中至少有一人是在线学习。通常学生在在线学习、小组教学、自主学习之间轮换，或者他们可以在在线学习和某种类型的全组讨论或项目之间轮换。模式包括四个子模式：位置旋转、实验室旋转、翻转教室和个人旋转。②弹性模式。在这种模式里，在线学习是学生学习的支柱课程，有时教师也指导学生进行线下活动。学生大多时间在校园里学习，并根据个人需要进行灵活的课程学习，在面对面学习中，教师随时可以对其提供帮助，并针对一些项目发起讨论，以丰富和深化学习。③菜单模式。在这种模式下，学生完全在线学习课程，伴随学生在实体学校或学习中心的其他体验。课程的记录老师是在线老师。学生可以在实体校园或非现场参加菜单课程。这与全职在线学习不同，因为它不是一个完整的学校体验。学生在一个面对面的校园里进行一些课程的"点菜"和面对面的学习。

这些模式是混合式学习研究和实践的有效成果，为本书深入开展混合式学习的研究与实践提供了参考和借鉴。

5. 混合式学习成效：对学习者的影响研究

研究者对混合式学习的成效关注较多，主要集中在混合式学习对学习者的影响上，主要体现在三方面：①混合式学习具备提升学习者学习积极性和满意度的优势。混合式学习提供了一个有效的平台，采用不同的教育策略，并有潜力最大化面对面和在线学习的优势。[②]土耳其的研究者使用 Moodle（网

---

① 迈克尔·霍恩，希瑟·斯特克. 混合式学习：用颠覆式创新推动教育革命. 聂风华，徐铁英，译. 北京：机械工业出版社：57-61.

② Wu J H, Tennyson R D, Hsia T L. 2010. A study of student satisfaction in a blended e-learning system environment. Computers & Education, 55(1): 155-164.

络学习管理系统）在高中生物课程中开展了持续10周的混合式学习研究，与学生面谈的结果表明，混合式学习模式为学生提供了各种机会（如为课程做准备，根据需要多次回顾课程，在不依赖于时间和地点的情况下学习主题相关材料，测试自己并与教师和其他学生在学校外沟通），在网站上展示的活动为学生提供了一个更有趣的学习环境，学生获得了较好的学习体验，总体满意度也较高。[1]②能促进个性化学习和能力提升。混合式学习特别是由自适应学习计划和工具支持的模式，能够使教师在正确的时间为合适的学生匹配正确的内容，它是个性化学习模型的核心组成部分，能最好地满足学习者和教师的需求。[2]美国的研究者认为混合式学习能够支持基于能力的教育[3]，美国新罕布什尔州13所学校开展了基于混合式学习的能力教育实践，结果表明，混合式学习是一种将在线学习与线下学习相结合的教育活动，至少有四种主要方式来支持基于能力的教育：在线内容为学生提供连续的学习内容、按需进行的测试、更模块化的部署方式、工具支持和教育规模支持；灵活的混合式学习模式对学习者能力的培养具有很好的帮助和支持作用，能够促进新的教学模式和基于能力的教育模式的发展。③促进学生思维发展。泰国的研究者开展了实施合作式混合学习模式对发展思考能力的影响研究[4]，研究通过建立合作式混合学习模式，以发展体育学院本科生的学习成就与思维能力；合作式混合学习模式有4个组成部分，即原则、目标、程序和教学活动、衡量和评价；教学过程分为3个阶段，即准备阶段、学习管理阶段、测量和评估阶段。其研究结果表明，实验组学生在学习成绩和思维能力方面均取得了进步。

---

[1] Yapici I U, Hasan A. 2012. High school students'views on blended learning. Turkish Online Journal of Distance Education, 13(4): 125-139.

[2] Powell A, Watson J, Staley P, et al. 2015. Blending learning: the evolution of online and face-to-face education from 2008—2015. promising practices in blended and online learning series. International Association for K-12 Online Learning.

[3] Freeland J. 2014. Blending toward competency—Early patterns of blended learning and competency-based education in New Hampshire. Clayton Christensen Institute for Disruptive Innovation: 1-18.

[4] Peerasak K, Chaiyot R, Sumalee C. 2015. A development of a collaborative blended learning model to enhance learning achievement and thinking ability of undergraduate students at the institute of physical education. Educational Research and Reviews, 10(15): 2168-2177.

（二）国内研究现状

1. 研究的分析框架与研究重点

（1）分析框架的确定

文献资料分析框架一般采用两种方法：第一，依据传统的理论或以往的经验，由对某个问题已有的研究成果发展而成；第二，由研究者根据研究假设自行设计而成。[①]本书研究采用第一种方法，即参考已有研究的分类，结合笔者对混合式学习的理解与认识，确定本书研究的分析框架。

笔者认为，依据传统的理论或以往的经验对一个领域进行全面了解和系统分析，主要应从以下几个维度展开：在某一个时间段内（研究时间分布），谁（研究主体）采用了什么方法（研究方法、工具等）对谁（研究对象）研究了什么（研究内容或主题）。这五大维度应该是基本的分析框架。因此，本书主要从这5个维度出发，对混合式学习的研究现状进行全面把握和系统梳理，来推进对混合式学习的深入研究。

（2）研究重点

有研究者对混合式学习研究现状做了相关分析。例如，俞显和张文兰以截至2013年的国际混合式学习研究论文为样本，采用引文分析法，从文献的时空分布、核心期刊、研究热点等方面进行了现状分析[②]；王国华等选取了国内2003—2012年的混合式学习研究的期刊论文，采用内容分析法，从论文数量、来源、研究群体、研究内容4个方面对其进行了现状分析[③]；马志强等以国内2005—2015年的教育技术领域学位论文为样本，从研究分布趋势、研究方法趋势、研究主题变化趋势3个维度进行了分析[④]；此外，马志强等还以2005—2015年的SSCI和CSSCI期刊中的混合式学习研究论文为样本，从研究主题、研究方法、理论模型构建3个方面进行了现状分析[⑤]；蒋红星

[①] 李克东. 2003. 教育技术学研究方法. 北京：北京师范大学出版社：230.

[②] 俞显，张文兰. 2013. 混合学习的研究现状和趋势分析. 现代教育技术，（7）：14-18.

[③] 王国华，俞树煜，黄慧芳等. 2015. 国内混合式学习研究现状分析. 中国远程教育，（2）：25-31.

[④] 马志强，孔丽丽，曾宁. 2015. 国内近十年混合式学习研究趋势分析——基于2005—2015教育技术领域学位论文. 现代远距离教育，（6）：73-81.

[⑤] 马志强，孔丽丽，曾宁. 2016. 国内外混合式学习研究热点及趋势分析——基于2005—2015年SSCI和CSSCI期刊论文比较. 现代远程教育研究，142（4）：49-57，102.

等以 2003—2016 年的混合式学习研究的期刊文献为样本，采用知识图谱等方法，从文献的数量分布、核心作者、研究机构、来源期刊、高被引文献 5 个维度进行了分析[①]；肖婉和张舒予以 Web of Science 数据库中 2001—2014 年的混合式学习相关文献为样本，通过参考文献共被引分析、主题词共现分析以及内容分析等方法，从混合式学习研究前沿、研究热点、研究趋势 3 个方面进行了分析。[②]

纵观上述研究：①从研究样本看，截至 2016 年，随着时间的推移和新技术、新理论的发展，人们对混合式学习有了新的认识和理解，所以有必要对混合式学习的最新研究进展进行分析；②从研究的分析框架看，对研究的时间分布、研究主体层面的分析较为完整和深入；但对研究对象的分析基本没有涉及；对研究方法的分析较少；对研究内容的分析则侧重点各异，有的研究注重对研究选题的变化趋势的分析，有的注重对当前热点和高被引文献的分析，有的注重对混合式学习的基础理论、资源与支持服务等的分析。笔者认为核心问题包括：究竟什么是混合式学习？为何开展混合式学习？如何开展混合式学习？目前大家在哪些领域、针对哪些对象、采用什么方法在做混合式学习研究？这些核心问题值得梳理。而对这些核心问题的梳理就要求我们对当前混合式学习的研究对象和研究内容进行系统分析，目前已有分析尚有不足。因此，本书将学习和借鉴已有研究者的方法和成果，重点做好两件事：其一，对最新的研究进行分析，体现时效性；其二，拓展分析框架，以更加系统的五大维度（研究时间分布，研究主体，研究方法、工具，研究对象，研究内容或主题）为分析框架，针对现有分析的不足，在全面分析的基础上重点分析研究对象、研究方法、研究内容，特别是将研究内容细化为：什么是混合式学习？如何混合？混合得怎么样？这样的分析不仅能让读者明晰当前的研究脉络和基本情况，更重要的是能让读者更全面、系统地理解混合式学习的基本内涵和实践做法等。

---

① 蒋红星，代洪彬，肖宗娜. 2016. 国内混合式学习的文献计量和知识图谱分析——基于 CNKI 2003—2016 年数据. 广西师范大学学报（哲学社会科学版），52（5）：43-53.

② 肖婉，张舒予. 2016. 混合学习研究领域的前沿热点与趋势——基于 Citespace 知识图谱软件的量化研究. 电化教育研究，（7）：27-33，57.

（3）研究的样本选择、方法与工具

1）样本选择。考虑到期刊文献发表周期短、更新快、前沿性和时效性强的特点和文献质量，本书选择2003年1月—2018年8月的CSSCI期刊和中文核心期刊的相关论文作为样本，以"混合式学习""混合学习""blended learning""blending learning""hybrid learning"为关键词在中国知网上进行全面检索，检索到期刊论文439篇；笔者以人工筛选的方式剔除内容重复、会议论文、通知等无关样本，共获得有效样本428篇。

2）研究方法与工具。共词分析（co-word analysis）法，即通过对反映文献主题内容的关键词进行统计分析，研究文献内在联系和科学结构。[①]本书主要采用该方法来分析与混合式学习相关的关键词，以推测混合式学习的研究热点。

本书采用的研究工具是书目共线分析系统（bibliographic items co-occurrence matrix builder，BICOMB），它是由中国卫生政策支持项目（China Health Policy Support Project，HPSP）资助，采用目前技术成熟、流行的数据库语言开发的，主要目标是对文献数据库中的书目文献信息进行快速扫描，准确提取并归类存储、统计计算、矩阵分析等。本书从CNKI数据库中导出相应格式的关键信息到BICOMB中生成词篇矩阵。

2. 研究分析

（1）发表时间分析

近年来，有关混合式学习的发文量整体呈上升趋势，尤其是2014年之后。依据发文量以及内容分析可将混合式学习的研究分为三个阶段：萌芽阶段（2003—2007年），该阶段文献发表数量相对较少；发展阶段（2008—2014年），该阶段文献数量稳步增长，2012—2014年发文量稍有下降；爆发阶段（2015—2018年），该阶段文献数量稳步上升，混合式学习依然是研究热点。

（2）研究主体分析

研究主体即谁（哪些研究者）在做此方面的研究，主要从以下几个方面

---

① 钟伟金，李佳. 2008. 共词分析法研究（一）——共词分析的过程与方式. 情报杂志，（5）：70-72.

来分析：研究者所属机构、研究者所在学科、研究者的主要交流平台（期刊来源）、研究者所属地区。

1）研究者所属机构。混合式学习研究一般属于教育领域，因此，笔者将作者所属机构划分为普通高等院校、职业院校、中小学校、企业、远程机构、其他。通过对研究样本的统计分析共获得 49 所机构，其中普通高校为 46 所，占到样本总数的 93.9%，职业院校只占到了样本的 5.9%，还有 0.2% 的样本为高等教育出版社和中央电化教育馆。由此看来，目前对混合式学习的研究主要以高校为主，中小学校、远程机构等未涉及此领域的研究；进一步分析发现，作为研究主体的高校，其中师范院校为 26 所，占高校样本的 56.5%，主要是北京师范大学、陕西师范大学、南京师范大学等。

2）研究者所在学科。统计分析发现，混合式学习的研究者主要是从事教育研究、具有教育理论和管理学科背景的人员，71.7% 的研究者来源于教育理论与教育管理学科，其次为计算机软件与应用领域、高等教育领域，成人教育、职业教育等学科背景的研究者数量相对较少。

3）研究者的主要交流平台。统计分析发现，教育技术和远程教育类核心期刊是国内混合式学习研究的重要平台，混合式学习研究在教育技术领域获得了较高的关注度。总计 428 篇论文分布于 40 余种期刊，本书只统计了发表数量≥3 篇的期刊，这些期刊的总发文量达到了研究样本总量的 76.6%。其中，发文量最多的六种期刊都是教育技术领域的核心期刊，包括《现代教育技术》《中国电化教育》《电化教育研究》《中国远程教育》《远程教育杂志》《开放教育研究》等。

4）研究者所属地区。根据中国行政区域划分对研究者所属地区进行统计，排在前三位的是华东（40%）、华北（20%）、华南（16%），华中、西北、西南和东北的比例相当，且所占比例较低，分别为 6%、8%、6% 和 4%。由此看来，国内对混合式学习的研究存在地区间的不均衡，其研究成果主要分布在经济和教育较发达的华东地区，华北和华南次之，而西北、西南和东北地区则较少。

（3）研究对象：以大学生为主

混合式学习的研究对象一般包括大学生、中小学生、中职学生、特殊教育学生、成人学习者（企业员工、中小学教师等）。统计发现，目前混合式学习研究的对象主要为大学生，占样本总数的 63%（428 篇论文中，有 269 篇以大学生为研究对象）；研究中小学生和中高职学生的较少，分别占 9% 和 8%；研究特殊教育的最少，只有 1 篇；研究中小学教师的占 11%；研究高校教师和其他成人学习者的分别占 6%和 3%。

（4）研究方法分析

1）研究方法分类框架。关于教育研究范式与研究方法的分类较多，本书借鉴刘良华教授的分类框架[①]，并在其基础上依据混合式学习研究、教育技术研究的特点做了一些拓展，将设计研究（设计研究是教育技术领域特有的研究方法，旨在通过形成性研究过程，采用"逐步改进"的设计方法，把最初的设计付诸实施，检测效果，并不断改进，形成一种更为可靠而有效的设计[②]）加入进来并将其归类于实证研究，最后得到的研究方法分类框架是哲学研究（包括本质、价值、元研究等），实证研究（包括实验研究、调查研究、历史研究等），实践研究（包括经验总结、对策研究等）。

2）研究者所采用的研究方法以设计研究为主。如图 1-1 所示，目前混合式学习研究以实证研究为主，其中采用设计研究的最多，共 85 篇，占样本的 19.9%；其次是实践研究、经验总结和对策研究；哲学研究最少，即从理论层面专题探讨混合式学习的本质研究、价值研究、元研究等很少。当前各种

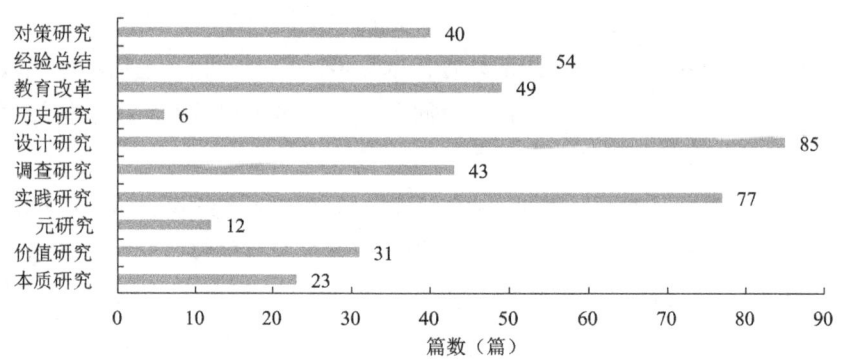

图 1-1　混合式学习研究中研究者所采用的研究方法统计

---

① 刘良华. 2014. 教育研究方法. 上海：华东师范大学出版社：6-18.
② 梁文鑫，余胜泉. 2006. 基于设计的研究的过程与特征. 电化教育研究，（7）：19-21.

混合式学习模式的实践研究层出不穷,这种重视实践而忽视理论原理和本质研究的思路会将混合式学习实践引入花样翻新的误区,使实践复杂化和模糊化,特别是随着教育教学新技术的应用,更需要对混合式学习本质与原理等进行探讨,以为混合式学习的实践指明方向。

(5)研究内容分析

1)混合式学习研究的热点。关键词的频次及其联系可以直观地反映某一时期研究者所关注的热点,本书采用普赖斯高频关键词提取法(即利用统计软件 BICOMB 提取关键词,对高频关键词进行统计分析,确定频次阈值:$M=0.749\sqrt{N_{\max}}$,M 为频次阈值,$N_{\max}$ 为除去主题词剩余的关键词的最高频次)对混合式学习研究的热点进行分析。

由 BICOMB 软件的统计可知,除去主题词"混合式学习",剩余频次最高的关键词为"混合学习",频次为 131,由计算公式可知 $M=8.57$,那么频次大于等于 9 的关键词即为高频关键词,如表 1-1 所示。频次的高低代表了研究的广泛度,频次越高,表示该词越有可能成为关键词共线网络中的研究热点。

表 1-1 混合式学习研究文献高频关键词(主题词除外)

序号	关键词	频数	序号	关键词	频数
1	混合学习	131	12	混合式教学	13
2	在线学习	47	13	网络教学	12
3	混合学习模式	33	14	教学方式	12
4	混合式学习模式	24	15	移动学习	12
5	教学模式	22	16	SPOC[2]	11
6	教学设计	21	17	数字化学习	11
7	MOOC[1]	18	18	网络教学平台	11
8	翻转课堂	17	19	微课	10
9	远程教学	16	20	课堂教学	10
10	远程教育	16	21	教育信息化	10
11	课堂教学	13			

注:[1]大规模在线开放课程(massive open online course,MOOC),通常称之为"慕课";[2]小规模限制性在线课程(small private online course,SPOC)。

通过对上述关键词以及相关文献的分析可知，混合式学习研究的热点集中在以下几个方面：第一，随着信息技术的新发展、MOOC 等的兴起，混合式学习研究成为热点；第二，如何开展混合式学习是人们关注的重要内容，因此，学习模式的研究成为热点；第三，近年来，MOOC、翻转课堂、SPOC、微课、自主学习等成为混合式学习研究的热点；第四，研究者关注信息技术、远程环境、移动技术等支持下的混合式学习；第五，混合式学习效果也是研究的热点之一；第六，教育信息化、课堂教学等与混合式学习的关系与整合研究也是热点之一。

2）混合式学习研究的主要内容。

第一，混合式学习的定义。

关于什么是混合式学习，国内学者进行了很多有益的探讨，从不同的视角给出了各自的定义。为了研究的方便，笔者从定义的范围出发，尝试着将学者的研究归类为广义的混合式学习和狭义的混合式学习。

广义上讲，混合式学习是从教与学的要素出发，强调各种教与学要素的混合，且混合的范围较广。黎加厚教授认为，混合式学习应该被理解为"融合性学习"，是指对所有的教学要素进行优化选择和组合，以达到教学目标。同时他也强调，"融合性学习"意指教师和学生在教学活动中，将各种教学方法、模式、策略、媒体、技术等按照教学的需要娴熟地运用，以达到一种艺术的境界。[①] 胡立如和张宝辉认为，混合式学习设计旨在构建最适合外部需求的教学结构，避免技术本位，强调对教学系统要素进行时空或序列组合的优化。[②] 田世生和傅钢善教授提出，"混合式学习是各种学习方法、学习媒体、学习内容、学习模式以及学生支持服务和学习环境的混合"[③]。

狭义上讲，混合式学习是从线上线下的角度出发来定义的，强调传统面对面学习和技术支持下的非面对面学习的结合。比较典型的研究有以下几种。何克抗教授认为，混合式学习就是要把传统学习方式的优势和数字化或网络

---

① 转引自王雪. 2014. 混合式学习在企业培训中的发展研究. 上海：上海师范大学硕士学位论文：1-71.

② 胡立如，张宝辉. 2016. 混合学习：走向技术强化的教学结构设计. 现代远程教育研究，（4）：21-31，41.

③ 田世生，傅钢善. 2004. Blended Learning 初步研究. 电化教育研究，（7）：7-11.

化学习（e-learning）的优势结合起来，既要发挥教师引导、启发、监控教学过程的主导作用，又要充分体现学生作为学习过程主体的主动性、积极性与创造性。①李克东和赵建华指出，混合式学习的主要思想是把面对面教学和在线学习两种学习模式有机地整合，以达到降低成本、提高效益的一种教学方式。②魏非认为，混合式学习是基于在线和在场两种方式的结合，实现多种教学理念和教学方式的融合，继而灵活地适应不同的学习对象、学习内容及学习情境的一种学习形式。③

广义和狭义的划分只是一种归类的视角，并不能够全面总结和概括国内关于混合式学习定义的丰富研究，加之篇幅有限，这里只列举了几种典型的定义。每种定义各有侧重，对理解和认识混合式学习都有积极意义和价值。

第二，如何混合：混合式学习策略与模式研究。

关于如何混合的研究，主要是混合式学习策略、模式等的研究。归纳起来主要包括两种：①基于个性化需要的混合。祝智庭和孟琦认为混合式学习的重点不在于混合哪些事物，而在于如何混合，并指出混合式学习所要做的工作是在适当的时间，为适当的人，以适当的传递媒体，通过适当的学习方式，提供适当的学习内容，并据此提出了教学媒体的混合、学习模式的混合、学习内容的混合。④黄荣怀等认为应重点关注特定学习目标的成果，并针对合适的人在合适的时间应用合适的技术，根据合适的个人学习风格传递合适的技能，并据此提出了面向混合式学习的课程设计理论和策略。⑤②基于课前、课中、课后的线上线下混合模式。这类研究占大多数，基本上是基于网络资源、各种网络平台或社交软件提出的，即课前主要是线上预习、学习任务发布等，课中是线下问题解决、小组合作学习、成果汇报等，如樊敏生等的《基于电子书包的混合学习模式研究》、杨浩和付艳芳的《基于微课的混合式教学实践与效果分析》、陈然的《SPOC支持的智慧学习模式设计研

---

① 何克抗. 2004. 从 Blending Learning 看教育技术理论的新发展（上）. 电化教育研究，（3）：1-6.
② 李克东，赵建华. 2004. 混合学习的原理与应用模式. 电化教育研究，（7）：1-6.
③ 魏非. 2016. 面向混合式研修的教师培训机构能力成熟度模型研究. 上海：华东师范大学博士学位论文：55.
④ 祝智庭，孟琦. 2003. 远程教育中的混和学习. 中国远程教育，（19）：30-34，79.
⑤ 黄荣怀，马丁，郑兰琴等. 2009. 基于混合式学习的课程设计理论. 电化教育研究，（1）：9-14.

究》。有少数研究强调基于网络平台的协作探究式的混合学习，如杨彦军等的《Tower 泛在接入环境下的混合学习模式研究》、童慧的《混合学习环境支持的共场性协作知识建构行为模式研究》等。

第三，混合得怎样：混合式学习评价研究。

统计发现，关于混合式学习评价的研究并不多，研究者基本上是从线下学习和线上学习两个方面评价学习者表现的，如唐文秀等从参与度、交互性、适应性、满意度和效果度五个方面构建了混合式学习的五维评价模型[①]；高瑞利从网络学习和课堂学习两个方面设计了评价量表[②]；高慧敏以线上与线下混合的学习理念，对教师、学生从课堂学习与网络学习两个方面设计了评价指标[③]；等等。部分研究从学习者参与度、自主学习等方面进行评价，如林莉兰的《混合式学习模式下高校网络自主学习及评价活动调查》等。学习的有效性是所有混合式学习研究和实践的共同追求，现有研究对开展混合式学习评价有指导意义，但研究数量较少，还处于初步阶段，今后还需要加强。

二、教师网络学习研究现状

（一）国外研究概述

国外主要从以下几个方面对教师网络学习现状进行研究：①教师网络学习平台开发研究。比较典型的有美国教育部组织开发的 See Math 平台[④]，该平台的课程是由专家小组依据相关标准开发的，集结了面对面学习、在线互动学习、视频案例研究和动态交互的相关软件，旨在指导数学教师的教学，注重利用教育技术解决数学教育中"难教"的问题，有较大的实践

---

① 唐文秀，石晋阳，陈刚. 2016. 混合学习五维评价模型的构建与应用——以"现代教育技术"公共课程为例. 现代教育技术，26（8）：89-95.

② 高瑞利. 2010. 混合式学习评价体系的设计与实践. 中国成人教育，（15）：129-130.

③ 高慧敏. 2017. 继续教育混合式学习评价体系的建构——以云南某高校继续教育为例. 继续教育，（11）：14-16.

④ Summer Educational Enrichment in Math. http://see-math.math.tamu.edu/2018/.

价值。斯坦福大学开发的 Staff Development for Educators[①]，该平台旨在激励教育工作者，并为他们提供最前沿的教学主题和全球教育趋势交流信息，以及教学研究、教学策略等，以帮助他们提升专业水平。欧洲开发的电子结对（eTwinning）项目，该项目由欧盟学校网启动，鼓励不同国家的教师通过该项目进行课程合作、交流教学经验以及教学策略，目标是通过互联网建立起欧盟国家学校、教师的联系，以提高教师和学生跨语言、跨文化交流互动的能力。[②]"英特尔®未来教育"（Intel®Teach to the Future），该项目是英特尔公司为支持计算机技术在课堂上的有效利用而设计的一个全球性的培训项目，旨在帮助教师将信息技术有效地整合到他们的教学活动中，以吸引学生并帮助他们充分发挥潜力，体现了以学生为中心的教育思想。通过该项目，教师可以参加专业发展课程、教学基础课程以及面对面的技能提升课程。[③]②教师网络学习模式设计。例如，Liu 提出了基于网络的认知学徒式职前教师教学计划学习模式，该模式以认知学徒制为理论基础，构建了一个集成互联网技术的教师网络学习模式。[④]Fan 等提出了基于网络的中小学在职教师评估素养培养模式，该模式为教师提供了个性化的学习资源和实践情境，在线上开展测试，并统计、评价相关的测试信息。[⑤]Alsofyani 等提出了短期在线混合培训模式[⑥]，该模式充分尊重和体现教师的成人学习特点，将实践与理论相结合设计交互性强的培训课程，取得了较好的实践效果。③教师网络学习的影响因素与培训策略研究。Chen 和 Tseng 以 402 名教师为研究样本，以技术接受模型（technology acceptance model,

---

① Staff Development for Educators. http://www.sde.com/.

② e Twinning. http://etwinning.dge.mec.pt/.

③ 英特尔公司. 2019-05-14. 英特尔®未来教育（Intel®Teach to the future）. http://www.intel.com/content/www/us/en/education/intel-education.html.

④ Liu T C. 2005. Web-based cognitive apprenticeship model for improving pre-service teachers' performances and attitudes towards instructional planning: Design and field experiment. Educational Technology & Society, 8(2): 136-149.

⑤ Fan Y C, Wang T H, Wang K H. 2011. A web-based model for developing assessment literacy of secondary in-service teachers. Computers & Education, 57(2): 1727-1740.

⑥ Alsofyani M M, Aris B B, Eynon R, et al. 2012. A preliminary evaluation of short blended online training workshop for TPACK development using technology acceptance model. Turkish Online Journal of Educational Technology, 11(3): 20-32.

TAM）为基础，运用结构方程模式探究影响在职教师网络学习的因素，结论表明，感知技术的有用性和技术使用动机是教师接受在职培训的主要原因。[①] Dede 等通过大规模文献调研提出教师在线专业发展的策略建议[②]：①加强培训项目的整体设计，包括课程资源的设计、教学策略的选择、资源传输方式、最适宜的实践方式；②开展培训项目的效果评估，包括学习者的满意度和教学行为的改变；③开发培训项目的技术支持，包括交流工具、多媒体技术、建设学习社区；④注重学习者之间的交流互动，评估其互动情境、协作交流的效果。

（二）国内研究概述

国内关于教师网络学习的研究主题有教师远程学习、教师网络研修、教师远程培训、教师网络培训、教师工作研修等，大多数研究者都同等对待这些概念，本书也不做区分。对现有教师网络或远程学习的研究进行分析后发现，目前该研究主要集中在以下几个方面。

1. 教师远程培训或网络研修的现状、问题与对策研究

这类研究主要关注教师远程培训、网络研修的现状及培训中的一些问题，并就问题分析其产生的原因，在此基础上提出有针对性的解决对策、建议等，如《农村中小学教师远程学习行为的调查与分析——以宁夏"国培计划"远程培训为例》[③]《农村中小学教师远程学习：内涵、现状与改进策略》[④]《乡村教师参与网络研修：条件、问题及调整策略》[⑤]等。

---

① Chen H R, Tseng H F. 2012. Factors that influence acceptance of web-based e-learning systems for the in-service education of junior high school teachers in Taiwan. Evaluation and Program Planning, 35(3): 398-406.

② Dede C, Ketelhut D J, Whitehouse P, et al. 2008. A research agenda for online teacher professional development. Journal of Teacher Education, 60(1): 8-19.

③ 贾巍, 张天荣. 2013. 农村中小学教师远程学习行为的调查与分析——以宁夏"国培计划"远程培训为例. 继续教育研究,（4）: 18-21.

④ 贾巍, 黄兰芳. 2015. 农村中小学教师远程学习：内涵、现状与改进策略. 教育探索,（12）: 124-128.

⑤ 罗江华, 王静贤, 周文君. 2018. 乡村教师参与网络研修：条件、问题及调整策略. 教育研究, 39（10）: 138-146.

2. 教师远程培训或网络研修的模式研究

随着对远程培训的意义价值、现状分析的开展，研究者开始关注教师远程培训本身，主要关注远程培训的模式、策略等，并取得了一些对教师远程培训具有实践价值的研究成果，如《教师远程培训模式及其应用策略》[①]《基于微课资源的教师网络研修模式构建与活动设计》[②]《互动生成的教师远程学习活动设计与实践研究——以宁夏"国培"远程培训为例》[③]《基于网络研修工作室的乡村教师教研训一体化培训模式探索》[④]等。

3. 教师网络研修的效果研究

教师网络研修所取得的效果究竟如何？有不少学者以具体研修项目为依托对此进行了深入探讨，主要内容是教师网络学习实效性的理论内涵、现状、存在的问题及提升策略与建议等。例如，《农村中小学教师远程学习实效性：内涵、现状及提升策略研究》[⑤]《中小学教师远程培训动机与效果研究——以华中师范大学远程培训项目为例》[⑥]《中小学教师远程培训效果实证研究》[⑦]等。整体来看，教师网络研修取得的成果及其有效性都是有目共睹的，为教师专业化发展提供了很好的支持，今后需要进一步加强针对各地经济发展、文化差异、地域特点的网络研修设计，需要高校、网络研修机构、地方师资培训中心以及参训教师共同合作进一步提升教师网络研修的有效性。

[①] 毕超. 2013. 教师远程培训模式及其应用策略. 北京教育学院学报（自然科学版），（4）：40-45.

[②] 王文君，杨永亮. 2016. 基于微课资源的教师网络研修模式构建与活动设计. 电化教育研究，（1）：116-122.

[③] 贾巍，黄兰芳，华俊昌. 2017. 互动生成的教师远程学习活动设计与实践研究——以宁夏"国培"远程培训为例. 教师教育研究，（1）：102-108.

[④] 项国雄，刘赣洪. 2018. 基于网络研修工作室的乡村教师教研训一体化培训模式探索. 中国教师，（12）：24-27.

[⑤] 贾巍，黄兰芳. 2016. 农村中小学教师远程学习实效性：内涵、现状及提升策略研究. 中小学教师培训，（1）：11-14.

[⑥] 刘梦. 2017. 中小学教师远程培训动机与效果研究——以华中师范大学远程培训项目为例. 武汉：华中师范大学硕士学位论文：1-51.

[⑦] 高慧斌. 2018. 中小学教师远程培训效果实证研究. 教育研究，（4）：98-110.

三、研究现状总结与简评

（一）混合式学习研究：以大学生的混合式学习研究为主，缺少对中小学教师的混合式学习研究

第一，从时间看，混合式学习研究近几年迎来了新的增长，特别是随着 MOOC 等的兴起，混合式学习才成为研究热点。第二，从研究对象看，国外以大学生、中小学生为研究对象，针对大学生和中小学生的混合式学习的研究较多；国内主要以大学生为研究对象，针对大学生的混合式学习研究较多，而针对中小学生的混合式学习研究较少。第三，从研究内容看，关于混合式学习的研究基本上都是围绕什么是混合式学习、如何实施、实践成效等几大方面展开的。国内外对混合式学习的研究有各自的视角、定义及模式，形成共识的不多。国外对混合式学习实践及其成效的研究特别是对学习者影响的研究较多，国内的实践研究特别是对学习者影响的实证、评价等研究不多。

总体来看，国内外关于混合式学习的研究基本都以大学生的混合式学习研究为主，关于成人特别是中小学教师的混合式学习研究还不多见。

（二）教师网络研修：各方面都有不同程度的研究，但缺乏系统的教师混合式学习研究

国内外对从教师网络学习平台开发到学习模式和学习策略以及学习效果等都有不同程度的研究且各有侧重，综合来看，关于教师混合式学习的研究相对较少，混合式学习是"互联网+"时代教师重要的学习和专业发展方式，但对究竟什么是教师混合式学习（教师混合式学习的理论内涵、构成要素）、如何开展教师混合式学习（教师混合式学习的实施模式、学习平台、课程建设、学习支持服务、学习质量保障等）缺乏系统的研究。

（三）需要进一步加强对教师混合式学习的系统研究

综上所述，目前国内外相关研究者对混合式学习、教师网络学习开展了

卓有成效的研究，取得了丰富的成果，对此领域的研究和实践都具有指导和参考价值，特别是对本书具有借鉴和参考价值。但总体来看，仍缺少对教师混合式学习的研究，随着"互联网+"教育的发展，混合式学习成为信息时代教师学习和专业发展的主要方式，中小学教师的网络混合式研修成为国家级培训计划的重要形式，教育部大力提倡混合式培训和研修，因此，我们需要加强对教师混合式学习的系统研究，为教师在"互联网+"时代的学习和发展提供理论和实践的支持、指导与帮助。

第三节 研究内容与方法

一、主要研究内容

本书从以下方面对教师混合式学习开展系统研究。

第一，为何开展教师混合式学习研究：教师混合式学习的时代背景和发展要求及其功能与价值，以及国内外相关研究现状等。这些内容在本章已阐述。

第二，教师混合式学习的现实基础："互联网+"教师混合式学习的现状研究。教师混合式学习是"互联网+"背景下的教师专业学习方式，因此，综合分析"互联网+"教师学习的现状是本书的现实基础。本书将从"互联网+"教师学习的发展历程和"互联网+"教师学习的实践现状两大方面进行分析。

第三，什么是教师混合式学习：教师混合式学习的理论内涵。这一模块主要包括什么是教师混合式学习及其理论基础、基本内涵和理论思想、构成要素、实施思路与原则等。

第四，如何开展教师混合式学习：教师混合式学习实施要素与内容。这一模块对教师混合式学习的基本要素进行分类论述，包括教师混合式学习平台、课程资源、模式构建、学习评价、学习支持服务、质量保证体系等。

二、研究方法

本书是对笔者这些年的研究的系统总结和提升，具有较扎实的现实和理论基础。采用的研究方法主要包括以下几种。

第一，文献研究法。尽可能搜集与本研究相关的研究成果，并进行文献分析和学习，以使本书建立在扎实的理论基础之上。

第二，问卷调查法。依据相关理论分析，科学制定相应的问卷，以参加网络研修的中小学教师为调查对象，对其网络研修进行实地调研，并获得翔实的第一手资料。

第三，访谈法、实地考察法。深入参加网络研修项目的农村中小学校，对参加网络研修的教师进行深度访谈，开展座谈、进行实地考察，并对参训教师的网络研修情况进行跟踪观察，获取研究的原始数据和资料，为进一步分析他们的网络研修过程、发现问题、总结特点和规律等提供依据。

第四，比较法与综合分析法。将比较法和综合分析法相结合，对传统教师学习模式、国内外教师网络研修、教师学习模式等进行系统、深入、全面的综合分析，结合模式的构建方法，构建教师网络研修模式。

第五，德尔菲法（Delphi method），也叫专家函询法。本书应用德尔菲法构建教师混合式学习评价指标体系。该方法要求精通某研究主题的专家在彼此不交流的情况下，就研究主题的重要性程度发表意见，经过多轮函询，最终使专家意见趋于一致。就现有研究来看，该方法往往作为教育评价领域的研究方法，用于解决文献数据缺乏、影响因素较多的复杂课题。[①]本书选择精通教师混合式学习、对其指标体系构建有一定见解的专家，编制指标项专家函询问卷及指标权重函询问卷，并通过专家函询来确定评价指标项、评价标准及指标权重。

第六，层次分析法（analytic hierarchy process，AHP），也叫决策分析法，该方法要求研究者将与决策目标相关的要素分层（总目标层、子目标层、准则层、方案层等），即问题层次化，在此基础上，以层为单位进行定量与定

[①] 唐泽. 2013. 教师微课程作品评价指标体系的建构研究——以"李玉平团队微课程开发项目"为例. 上海：上海师范大学硕士学位论文：1-64.

性分析。就现有文献来看，该方法往往用于处理那些多因素的、仅用定量法难以解决的复杂问题。[①]此外，许多研究表明，运用层次分析法确立指标权重的评价结果更客观、科学、准确。本书采用层次分析法确定教师混合式学习评价指标权重，以保证指标权重的科学性和准确性。

---

① 徐建利. 2015. 教师网络研修评价指标体系构建研究. 兰州：西北师范大学硕士学位论文：5-6.

第二章

"互联网+"教师学习的现状

第一节 "互联网+"教师学习的发展历程

一、教师教育信息化与"互联网+"教师培训

（一）教师教育信息化

1. 教师教育信息化的发展背景

多媒体、互联网和人工智能等新兴信息技术的发展，推动着人类社会走向一个以信息化为特征的新时代——信息化时代。随着信息化不断向前推进，教育的发展也越来越离不开信息化，以教育信息化带动教育现代化已成为共识。教师作为教育系统的重要组成部分，是促进教育变革和实现教育现代化的关键，无论是从信息技术的发展还是从教师自身的发展而言，教师教育都要朝着信息化方向迈进。从信息技术的发展来看，信息技术在教育领域中的推广和应用使教育系统发生了重大变革，人工智能、大数据技术、学习分析技术等先进技术推动教育朝着更优化、更智能、更高效的方向发展。信息技术在教师教育中的应用有助于解决教师教育中的问题，如学习分析技术能够通过分析教师的学习行为精确诊断教师在学习过程中存在的问题、利用大数据技术通过数据收集和分析实现资源的个性化推荐等，信息技术的发展推动着教师教育迈向信息化方向。从教师自身的发展来看，信息化社会迫切需要能适应信息化时代的智能型、创新型和终身学习型人才，面对信息化环境提

出的新要求，为更好地适应教育信息化的发展，教师要具备信息化能力，能够利用信息化工具开展信息化教学工作。

回顾我国教师教育信息化的发展历程，政府从多方面给予了大力支持，在研究和实践过程中也取得了丰富成果，教师教育信息化的发展呈良好态势。在政策支持方面，为大力发展教师教育信息化，国家出台了一系列支持政策，如2010年，《教育部 财政部关于实施"中小学教师国家级培训计划"的通知》提出实施教师培训项目和计划，以具体的项目推动教师教育信息化；2018年，《教育部办公厅关于开展人工智能助推教师队伍建设行动试点工作的通知》发布，旨在探索人工智能助推教师教育改革，开展教师智能研修。在设施建设方面，国内的奥鹏远程教育中心、全国中小学教师继续教育网、中国教师研修网等远程培训机构为开展教师培训和促进教师教育信息化发展提供了优质的服务平台和教育资源，信息化基础设施建设为发展教师教育信息化提供了技术支持，为促进教师教育信息化营造了良好的设施环境。在资源方面，国家联合高校和教育培训机构开发了一系列教师培训课程，且课程体系完善，学习对象涉及中小学各学科教师、中职教师、培训者、想取得任职资格的班主任、校长等；课程类型丰富多样，包括专业通识课、学科课程、高级研修课程、培训技能课程等；课程设置分学科、分学段、分层级；课程结构涉及教师身心发展、教育政策法规、信息技术促进资源整合等。在培训模式方面，把混合式学习的理念应用于教师培训中，将各种学习方式、学习方法、媒体、环境、学习资源等方面的优势相结合，形成了一种优势互补、成本低、效益高的创新型教师培训模式，充分调动了教师参与培训的积极性和主动性，提高了教师培训的效果，促进了教师教育信息化的发展。在组织保障方面，为了确保教师教育有效实施，国家成立了相关组织和团体进行引领和指导，如成立了全国教师教育信息化建设专家指导委员会，该委员会负责指导教师教育信息化基础环境建设、课程开发、教学模式探索等方面的工作。

总而言之，教师教育离不开信息化，在信息化的大背景下，发展教师教育信息化已经成为一种趋势。目前，我国的教师教育信息化也取得了显著成果，但也存在不足。为了更好地推进教师教育信息化，需要政府的大力支持，同样也需要每一位教师自觉地培养信息化意识。

2. 教师教育信息化的内涵

（1）教师教育的概念界定

教师教育是对教师培养和培训的统称，就是在终身教育思想的指导下，按照教师专业发展的不同阶段，对教师实施职前培养和在职培训学习、自我研修等连续的、可发展的、一体化的教育过程。[①]本书所提及的教师学习主要是指教师在职参加的培训、学习和自我研修。

（2）教师教育信息化的概念界定

教师教育信息化是指以现代学习理念为指导，充分尊重教师的学习特点，在教师职前培养、在职培训学习、自我研修的过程中，充分应用现代信息技术，实现教师培养、培训和学习信息化的过程与活动。

教师教育信息化的构成要素主要有四个，即教师教育信息化环境、信息化学习资源、信息化运行团队、信息化管理。其中，教师教育信息化环境是基础，主要有多媒体信息化场所、计算机、移动终端、网络学习平台、学习软件等；信息化学习资源是教师学习的内容，既有教师教育专家团队开发的资源，也有教师在学习过程中生成的资源，包括多媒体课件、微课、信息化教学设计、优秀实录课等能够帮助教师提升专业发展水平和信息化技能的资源；信息化运行团队是教师教育信息化顺利推进的保障，主要由各省区市教育相关部门领导、教师远程培训机构负责人、学校校长和学校的首席信息官等构成，负责教师教育信息化工作的发展规划和管理实施，制定信息化相关标准、制度和流程等工作；信息化管理是指利用信息化手段变革传统教师教育管理模式，如利用学习分析技术全面诊断教师学习水平、开展分层研修等，从而提高管理效率，使教师教育走向信息化，实现教师教育更高效的发展。

（二）"互联网+"教师培训

"互联网+"教师培训是教师教育信息化的重要形式，它主要利用互联网技术平台开展教师培训、学习和自我研修。

---

① 黄幼良. 2010. 浅谈物理教师的在职教育. 读与写（教育教学刊），7（12）：181.

1. "互联网+"教师培训的内涵

（1）"互联网+"的内涵

"互联网+"是近几年来我国社会热度较高的名词之一。2015年3月5日，李克强总理在第十二届全国人民代表大会第三次会议所作的政府工作报告中正式提出，"制定'互联网+'行动计划，推动移动互联网、云计算、大数据、物联网等与现代制造业结合，促进电子商务、工业互联网和互联网金融健康发展，引导互联网企业拓展国际市场"[①]。将"互联网+"行动作为推动中国产业结构迈向中高端的重要部署，以协调推动经济稳定增长和结构优化。2015年7月，《国务院关于积极推进"互联网+"行动的指导意见》发布，该意见将"互联网+"定义为"把互联网的创新成果与经济社会各领域深度融合，推动技术进步、效率提升和组织变革，提升实体经济创新力和生产力，形成更广泛的以互联网为基础设施和创新要素的经济社会发展新形态"。在"互联网+"环境下，互联网为所有的行业领域提供了零距离接触的平台，能够促进行业之间、行业与互联网之间的融合，提升实体经济的创新力和创造力；同时，互联网渗透到生产要素资源配置的各个环节，有利于资源的优化重组，产生规模效应和聚焦效应，从而促进创新潜力的激发，形成经济发展新态势。[②]综上，通俗地讲，"互联网+"就是把移动互联网、云计算、大数据、物联网等新兴信息技术与传统行业进行有机融合，发挥现代信息技术的优势，变革传统行业生产和发展方式，促进其转型升级，提高其效益，逐步形成新的发展形态。

（2）教师培训的内涵

教师培训是在国家政策的支持下，由各级相关部门和培训机构配合，组织教师进行专业知识、专业能力、专业修养等方面的学习，从而提高教师专业素养、促进教师专业发展的一种途径。目前，我国开展的规模最大的教师培训就是"国培计划"，该计划通常包括两种形式：线上培训和线下培训。线上培训就是依托互联网，借助网络培训平台，通过有组织的培训计划，为

---

① 李克强. 2015-03-16. 政府工作报告——2015年3月5日在第十二届全国人民代表大会第三次会议上. http://www.gov.cn/guowuyuan/2015-03/16/content_2835101.htm.

② 杨剑飞. 2016. "互联网+教育"：新学习革命. 北京：知识产权出版社：1.

达到具体的培训目标而对教师进行的培训。常见的教师线上培训平台有全国中小学教师继续教育网、中国教师研修网、奥鹏远程教育中心、中国教育电视台果实网等。线下培训是培训专家和参训教师通过面对面的交流互动而实现的培训。常见的线下培训形式有学术论坛、讲座、观摩学习、短期集中培训、校本教研等。

（3）"互联网+"教师培训

在"互联网+"背景下，许多领域借助互联网技术全面深化改革，开展新形态的工作，力求更加优化、高效地取得更好的绩效。同样，教师培训领域也可以借助"互联网+"技术开创新时代的教师培训学习形态。"互联网+"教师培训不仅可以实现传统教师培训所关注的规模化，还可以满足新时代教师培训所关注的个性化；既能保证每个教师都能参加培训，确保教师培训的公平性，还能满足具有不同能力、不同学科背景、不同认知基础等教师的需求。"互联网+"教师培训可以解决传统教师培训中规模和质量不能兼顾的难题，实现教师培训规模化和个性化的统一。

"互联网+"教师培训就是利用在线化、数据化、可视化、自主化、个性化等"互联网+"的技术手段支持和优化教师培训，它不是简单地将互联网与教师培训结合，也不是将传统教师培训转移到互联网上，而是互联网技术在教师培训和学习的环境、目标、内容、方式、交互、评价等各方面的全面革新、重构和有机融合，是信息时代教师培训、学习的新形态。

2. "互联网+"教师培训的特点

（1）共生性

在"互联网+"背景下，教师培训发生了变化，最明显的就是培训教师的职能和参训教师的角色所发生的变化。培训教师与参训教师的关系得到了重新定位，他们之间不再是单向关系，更不是主体与客体的关系，而是双向交往、互利共生的关系，培训教师与参训教师之间的平等关系得到体现，他们之间的语言交流、情感碰撞、人格感化、智慧互补的关系得到彰显。[1]

在培训教师的职能方面，培训教师不再只是为参训教师讲授培训内容，

---

[1] 黄建锋. 2016. "互联网+"时代教师培训的变革与创新. 中小学教师培训，（11）：21-24.

而是将传统的培训资源转化为数字化培训资源并进行整合。整合的过程需要根据培训要求收集培训资源，组织整理、完善和补充教师培训的线上资源，构建教师培训的线上平台，创设合理的教师培训环境，随时对参训教师进行个别化指导，共同解决培训问题。培训教师从外部的规训者变为教师学习培训的引领者、启发者、帮助者以及促进者，成为教师学习资源的设计者和开发者，教师成为专业发展的主体，教师发展从他主走向自主，由被动走向主动。

在参训教师的角色方面，参训教师成为培训的真正参与者。参训教师可以借助"互联网+"提供的网络平台，通过线上自主学习，与培训教师或其他参训教师进行在线讨论，深入探究培训内容，完成培训教师布置的培训任务和在线作业。在线下培训过程中，培训教师可以针对培训内容的重难点对参训教师进行个别化的辅导，参训教师之间也可以互学互助，合作学习，共同探讨培训过程中遇到的问题。

（2）自主性

"互联网+"教师培训体现了尊重教师、服务教师、发展教师的理念，提高了参训教师的主动性和积极性，让参训教师拥有了培训的选择权。除此之外，"互联网+"教师培训更加关注教师培训的个性化、自主化需求，解决了培训缺乏针对性、适切性等问题，根据参训教师的学习风格、学习基础、学习能力和学科背景等为他们提供自主化的培训服务和可供选择的优质培训资源，增强了教师培训的针对性和有效性。"互联网+"教师培训能够有效地解决培训内容同质化、培训方式缺乏适切性等问题，参训教师可以根据自己的真实需要选择培训内容，根据自己的实际能力选择适合自己的培训方式。"互联网+"教师培训以个性化和自主化的方式，满足了参训教师的培训需求，实现了教师专业发展途径质的飞跃。

（3）开放性

随着"互联网+"时代的到来，各种新兴培训模式不断涌现，最具代表性的就是基于MOOC的培训模式。MOOC具有丰富多样的学习资源和学习工具，突破了时空限制，让学习者可以随时随地学习。MOOC的特点之一就是开放性，能够为学习者提供大量的资源，且受众范围较大，基于MOOC的培训模式非常适合教师培训。借助基于MOOC的培训模式，教师既能够获得视频、教材、习题集等传统的课程资料，也能够在交互性论坛建立学习社区，互相探究讨论，获得生成性的资源和知识。"互联网+"教师培训的实质与基于 MOOC 的培训模式的实质是一样的，都是本着开放、共享的理念将预设性知识和生成性知识共享给培训教师和参训教师。这种培训模式基本不设置限制条件，只要有移动互联网的支持，有需要的教师都可以进行学习。

（4）技术性

"互联网+"时代是一个以技术为基础支撑的时代，"互联网+"教师培训也同样需要技术作为支撑。"互联网+"教师培训的技术性主要体现在两个方面：一是培训方式需要借助技术，教师线上培训需要借助互联网技术将优质的培训资源传送给参训教师，并依托互联网开设培训教师和参训教师的讨论区，高效地完成线上教师培训工作；二是培训内容涉及技术，在技术不断发展的过程中，教育领域发生了许多变化，教学模式的转变、教学方法的转变、教育理念的革新等。为了适应这些变化，有必要对教师进行相关的培训，提高教师适应"互联网+"时代的素质和能力，其中最重要的就是信息技术能力。提高教师的信息技术能力是"互联网+"教师培训的主要工作，也是提升教师专业发展的首要任务。

（5）灵活性

灵活性是"互联网+"教师培训的特点之一。在"互联网+"时代，借助互联网技术，教师可以随时随地进行学习。传统的教师培训大多采取的是大规模、统一的集体培训，即使是在线上培训，参训教师也要在规定的时间内完成培训，在培训时间上有所限制；除此之外，大部分参训教师是在工作单位或者家里借助计算机和互联网完成培训活动，在空间上也有限制。而"互联网+"教师培训则突破了时空的限制，借助移动设备，参训教师可以随时随地学习，这种移动的培训形式更具灵活性，能够在一定程度上缓解教师的工学矛盾。

（6）终身性

在"互联网+"时代，教师教育终身化已经成为教师专业发展的必然趋势。依托互联网，即使没有机会接受正式教育的学习者也可以利用互联网上的优质教育资源进行非正式学习，无论其年龄大小、学历高低，因此，

"互联网+"时代的教育具有终身性特点。终身性也是"互联网+"教师培训的特点之一,"互联网+"提供的移动互联网技术和海量的优质资源可以帮助参训教师实现终身学习,参训教师可以根据需要持续地接受培训。面对每天都在更新和变化的新知识、新事物,终身培训与学习可以帮助教师促进自身的专业发展,随时补充知识,提高适应"互联网+"时代的能力和素质。

二、"互联网+"教师培训的政策演进与实践发展

2005 年,《教育部关于推进教师教育信息化建设的意见》指出,为适应信息化社会的发展要求,以信息化带动教育现代化,促进教师教育跨越式发展,积极推进教师教育信息化建设是一项紧迫的重要任务。为了促进教师教育信息化的持续发展,党和政府及教育部颁布了一系列与"互联网+"教师培训相关的政策文件,实施了一系列"互联网+"教师培训相关工作,极大地促进了面向信息化的教师专业发展,并取得了丰硕的成果。梳理"互联网+"教师培训的政策演进、总结其成功的经验,将有助于"互联网+"教师培训工作更深入、更持续地开展,从而深化教师专业发展。

从我国教师教育培训的形式和参训教师的学习方式来看,笔者尝试着将"互联网+"教师培训的政策演进和实践发展历程划分为三个阶段(图 2-1),即线上学习阶段、混合式阶段和混合生成式阶段。教育思想和学习方式是随时间的推移逐渐转变的,因而每个阶段的时间划分只是一个大概的界定,没有明确的界线。有关我国"互联网+"背景下的教师培训的主要政策文件如表 2-1 所示。

图 2-1 我国教师培训的政策演进和实践发展历程

表 2-1　我国"互联网+"背景下与教师培训相关的主要政策文件

序号	颁布时间	颁布部门	政策名称
1	2000-03-06	教育部	《中小学教师继续教育工程方案（1999—2002 年）》
2	2002-02-27	教育部	《教育部关于推进教师教育信息化建设的意见》
3	2002-03-01	教育部	《教育部关于"十五"期间教师教育改革与发展的意见》
4	2003-09-04	教育部	《教育部关于实施全国教师教育网络联盟计划的指导意见》
5	2004-12-15	教育部	《中小学教师教育技术能力标准（试行）》
6	2005-04-04	教育部	《教育部关于启动实施全国中小学教师教育技术能力建设计划的通知》
7	2006-07-05	教育部师范教育司	《关于实施中小学教师新课程国家级远程培训项目的通知》
8	2007-07-01	教育部办公厅	《教育部办公厅关于组织实施 2007 年暑期西部农村教师国家级远程培训的通知》
9	2008-04-02	教育部办公厅	《教育部办公厅关于印发〈2008 年中小学教师国家级培训计划〉的通知》
10	2009-07-07	教育部办公厅	《教育部办公厅关于印发〈2009 年中小学教师国家级培训计划〉的通知》
11	2010-06-11	教育部 财政部	《教育部 财政部关于实施"中小学教师国家级培训计划"的通知》
12	2011-01-04	教育部	《教育部关于大力加强中小学教师培训工作的意见》
13	2011-10-08	教育部	《教育部关于大力推进教师教育课程改革的意见》
14	2012-02-10	教育部	《教育部关于印发〈幼儿园教师专业标准（试行）〉〈小学教师专业标准（试行）〉和〈中学教师专业标准（试行）〉的通知》
15	2012-08-20	国务院	《国务院关于加强教师队伍建设的意见》
16	2012-09-06	教育部等 3 部门	《教育部 国家发展改革委 财政部关于深化教师教育改革的意见》
17	2012-09-20	教育部等 5 部门	《教育部 中央编办 国家发展改革委 财政部 人力资源社会保障部关于加强特殊教育教师队伍建设的意见》
18	2013-05-06	教育部	《教育部关于深化中小学教师培训模式改革全面提升培训质量的指导意见》
19	2013-10-25	教育部	《教育部关于实施全国中小学教师信息技术应用能力提升工程的意见》
20	2013-12-10	教育部教师工作司	《关于做好"全国中小学教师信息技术应用能力提升工程"规划工作的通知》
21	2014-03-06	教育部教师工作司	《教育部关于印发〈"国培计划"——教师工作坊研修实施指南〉的通知》

第二章 "互联网+"教师学习的现状

续表

序号	颁布时间	颁布部门	政策名称
22	2014-03-26	教育部教师工作司	《教育部关于印发〈网络研修与校本研修整合培训实施指南〉的通知》
23	2014-04-01	教育部办公厅 财政部办公厅	《教育部办公厅 财政部办公厅关于做好2014年中小学幼儿园教师国家级培训计划实施工作的通知》
24	2014-04-08	教育部教师工作司	《关于印发全国中小学教师信息技术应用能力提升工程规划方案审核意见的通知》》
25	2014-04-09	教育部教师工作司	《关于做好中小学教师信息技术应用能力相关标准征求意见工作的通知》
26	2014-04-11	教育部教师工作司	《关于开展中小学幼儿园教师信息技术应用案例资源征集工作的通知》
27	2014-05-27	教育部办公厅	《教育部办公厅关于印发〈中小学教师信息技术应用能力标准（试行）〉的通知》
28	2014-05-30	教育部办公厅	《教育部办公厅关于印发〈中小学教师信息技术应用能力培训课程标准（试行）〉的通知》
29	2014-07-07	教育部教师工作司	《关于印发〈中小学教师信息技术应用能力测评指南〉的通知》
30	2014-07-08	教育部教师工作司	《关于做好2014年全国中小学教师信息技术应用能力提升工程相关工作的通知》
31	2014-08-14	教育部教师工作司	《关于推荐使用中小学教师信息技术应用能力诊断测评工具的通知》
32	2015-04-02	教育部办公厅 财政部办公厅	《教育部办公厅 财政部办公厅关于做好2015年中小学幼儿园教师国家级培训计划实施工作的通知》
33	2015-06-01	国务院办公厅	《国务院办公厅关于印发乡村教师支持计划（2015—2020年）的通知》
34	2015-08-25	教育部 财政部	《教育部 财政部关于改革实施中小学幼儿园教师国家级培训计划的通知》
35	2016-01-12	教育部办公厅 财政部办公厅	《教育部办公厅 财政部办公厅关于做好2016年中小学幼儿园教师国家级培训计划实施工作的通知》
36	2016-10-28	教育部 财政部	《教育部 财政部关于实施职业院校教师素质提高计划（2017—2020年）的意见》
37	2016-12-13	教育部	《教育部关于大力推行中小学教师培训学分管理的指导意见》
38	2017-02-28	教育部办公厅 财政部办公厅	《教育部办公厅 财政部办公厅关于做好2017年中小学幼儿园教师国家级培训计划实施工作的通知》
39	2017-06-13	教育部办公厅	《教育部办公厅关于启动实施教育部-中国移动中小学骨干教师"网络学习空间人人通"专项培训的通知》

续表

序号	颁布时间	颁布部门	政策名称
40	2018-01-22	教育部办公厅 财政部办公厅	《教育部办公厅 财政部办公厅关于做好 2018 年中小学幼儿园教师国家级培训计划组织实施工作的通知》
41	2018-03-22	教育部等 5 部门	《教育部等五部门关于印发〈教师教育振兴行动计划（2018—2022 年）〉的通知》
42	2019-03-05	教育部办公厅 财政部办公厅	《教育部办公厅 财政部办公厅关于做好 2019 年中小学幼儿园教师国家级培训计划组织实施工作的通知》

（一）线上学习阶段

1. 主要政策

2000 年，教育部颁布了《中小学教师继续教育工程方案（1999—2002 年）》，明确指出要加强继续教育网络的建设，积极开发和建设现代远程教育网络，充分发挥教育技术和信息技术等多媒体的优势。2002 年颁布的《教育部关于"十五"期间教师教育改革与发展的意见》要求"积极推进教师教育信息化建设，以信息化带动教师教育现代化，实现教师教育跨越式发展"。同年，《教育部关于推进教师教育信息化建设的意见》提出，"十五"期间教师教育信息化建设要立足于培养具有创新精神和实践能力的新型中小学师资，全面提高中小学教师队伍的信息素养。2003 年 9 月，《教育部关于实施全国教师教育网络联盟计划的指导意见》发布，全国教师教育网络联盟（简称教师网联）计划开始实施，教师网联的任务是"以教育信息化带动教师教育现代化，实现不同地区、不同层次的中小学教师共享优质教育资源，全面提高教师教育质量水平"。2010 年，《教育部 财政部关于实施"中小学教师国家级培训计划"的通知》提出，充分发挥现代远程教育手段的作用，遴选专业远程教育机构，采用以远程培训为主的方式，对 90 万名农村义务教育学校骨干教师和高中课改学科骨干教师进行有针对性的培训。在这一阶段，我国教师远程培训项目的开展循序渐进，平稳推进。

2. 实践特点

21 世纪初，我国互联网发展进入全面发展阶段，迅速进入各个行业领域，但从技术层面看，这一阶段的互联网技术属于 Web1.0 时代，以支持信息的传递、接受为主要技术特征，即在内容生产上表现为信息内容的网络搬家，仅实现了信息的跨时空传递，用户以接受信息为主。受制于技术条件，这一阶段的教师网络培训和学习的特点是，教师基于互联网课程资源进行在线学习，组织形式主要以线上学习为主，充分利用互联网的跨时空资源传递优势，开展教师大规模在线学习、更新专业知识。

（二）混合式阶段

1. 主要政策

2011 年，《教育部关于大力加强中小学教师培训工作的意见》提出，要坚持全员培训与骨干研修相结合，远程培训与集中培训相结合，脱产进修与校本研修相结合，境内培训和境外研修相结合，非学历培训与学历提升相结合，促进中小学教师培训取得新突破。2013 年，《教育部关于深化中小学教师培训模式改革全面提升培训质量的指导意见》指出，要增强培训的针对性，确保按需施训；改进培训内容，贴近一线教师教育教学实际；转变培训方式，提升教师参训实效；强化培训自主性，激发教师参训动力；营造网络学习环境，推动教师终身学习；加强培训者队伍建设，增强为教师提供优质培训的能力；建设培训公共服务平台，为教师提供多样化服务；规范培训管理，为教师获得高质量培训提供有力保障。2013 年，《教育部关于实施全国中小学教师信息技术应用能力提升工程的意见》提出，推行符合信息技术特点的培训新模式，各地要根据信息技术环境下教师学习特点，有效利用网络研修社区，推行网络研修与现场实践相结合的混合式培训。至此，各级培训机构和教育部门共同努力探索线上线下相结合的培训，促进教师培训方式的变革。

2. 实践特点

线上和线下相混合的培训方式的实践特征是"三结合一协同"，"三结合"是指在培训学习方式层面，主张网络研修和校本教研相结合、集中面授与网络研修相结合、网络学习和线下课堂应用相结合；"一协同"是指在培训学习的组织层面，强调当地的教师发展中心（或师资培训中心）要依据本地教师发展规划和需求，紧密联系和协调承担培训任务的远程培训机构和高校，三方协同做好、做实教师培训工作。

（三）混合生成式阶段

1. 主要政策

2015年，《教育部 财政部关于改革实施中小学幼儿园教师国家级培训计划的通知》明确提出，现场实践要结合区域研修与校本研修，通过线下的有组织学习和自主学习，实践所学内容，形成研修成果。2016年，《教育部办公厅 财政部办公厅关于做好2016年中小学幼儿园教师国家级培训计划实施工作的通知》指出，各地要围绕培训生成性成果和学员结业成果，采取定向征集、择优遴选、加工升级等方式，着力建设本土化优质资源库，进行针对性推送，满足教师个性化学习需求。同年，《教育部办公厅关于印发乡村教师培训指南的通知》指出，要加工生成一批本土化培训课程资源，做好培训生成性资源的汇聚整理工作。2019年，《教育部办公厅 财政部办公厅关于做好2019年中小学幼儿园教师国家级培训计划组织实施工作的通知》指出，要建设精品培训项目，生成优质培训成果，支持各地进一步探索教师培训自主选学制度，研发、积累优质培训资源，推动优质资源共建共享。这一阶段的教师网络研修更加注重教师在培训过程中的成果输出，力求线上线下研修紧密结合，形成常态化的教师混合式培训模式，实现让教师学有所用的研修目标。

2. 实践特点

第一，注重混合基础上的生成。随着混合式培训学习的开展，教师生成性学习开始得到重视，即教师学习方式以线上线下混合为主。教师是有实践经验和一定教育思想的成人学习者，教师既是学习者，也是学习资源，因而教师的学习目标除了更新知识、掌握技能外，还要注重新思想、新观点、新方案等的生成，注重经验和思想的分享；培训课程既要做好预先设计，更要注重对教师学习后的个性化生成，互联网学习平台既是课程资源的呈现者，更是教师学习过程中和学习后生成性资源的聚合者,通过对生成性资源的聚合、加工,充实和丰富教师学习资源库。第二,强调学习共同体对生成式学习的贡献,即建立健全由教师、专家等组成的学习共同体,以互动合作的学习共同体促进混合生成式学习。

三、MOOC 与教师学习的内涵

（一）MOOC 的特点

简单来讲,MOOC 就是散布在互联网上的大规模网络课程,是不以营利为目的、面向公众开放的共享性课程资源。MOOC 具有如下特点。

1. 规模化

MOOC 的特点之一就是规模化,主要体现在两个方面:一是学生的规模大;二是课程资源丰富。在互联网和电子通信技术的支持下,MOOC 突破了传统课堂学习的时空限制,可以满足来自世界各地的学习者的学习需求;MOOC 为众多学习者提供了丰富的课程资源,课程种类繁多、涉及面广,包括人文、语言、科学、生活等多个方面的课程,满足了不同学习者的需求。

2. 开放性

开放性是 MOOC 的另一特点,主要体现在学习对象的开放、学习形式的开放、课程资源的开放上。首先,MOOC 秉承开放、共享的理念,学习者不受年龄、肤色、文化、地域、语言、收入等外部因素的影响,可以学习 MOOC 提供的优质资源。其次,学习者可以进行自主学习、完成在线作业,也可以进行合作学习,如学习者在论坛中可以通过参与讨论、探究问题等多种形式进行学习。最后,MOOC 为学习者提供免费的数字化资源,包括课件、参考资料、电子期刊等。MOOC 的开放性与共享性,符合现代教育的基本理念和终身学习的主旋律。

3. 个性化

MOOC 的个性化特征主要体现在学习者的自主选择性上,学习者可以根据自己的学习风格、认知基础和学习需要等选择学习内容。在传统的教育教学过程中，由于学生数量多、学生的个性化差异较大等，教学很难满足每个学习者的需要。MOOC 提供了大量的优质课程资源，课程种类多，涵盖面广，学习者可以自由选择学习内容、学习地点、学习时间、学习进度等，这种个性化的学习方式充分满足了学习者多元化的学习需求，充分体现了 MOOC 的个性化特征，受到了许多学习者的青睐。

4. 交互性

在移动互联网和现代信息技术的支持下，MOOC 的交互性得到了充分体现。通过 MOOC，学习者可以不受时空的限制，随时随地展开交流，既可以跟教师交流，也可以跟其他学习者交流，这种交流可以是实时同步交互，也可以是异步交互。除此以外，MOOC 还提供了自动答疑和自动测评等实时交互系统，学习者能够获得即时的学习反馈，从而提高其学习的主动性和积极性，实现提高学习质量的教育目标。

（二）MOOC 环境下的教师学习

1. MOOC 环境下教师学习的价值

MOOC 为教师培训和学习提供了新的支持，是"互联网+"教师培训学习的重要形式。教师可利用 MOOC 开展个性化自主学习、实现终身学习、增强学习互动等。

（1）自主选择培训内容，提高学习效率

满足参训教师的个性化需求凸显了教师培训领域"以教师为中心"的理念，也一直是教师培训所追求的目标，MOOC 为实现这一目标提供了很好的平台。能够自主选择培训内容是广大参训教师的培训需求，这种自主选学的方式不仅能满足不同学科、不同认知水平、不同教龄等教师的学习需要，还能很好地避免培训资源的浪费。传统教师培训的培训内容大多是限制性的，教师只能且必须学习已经限定好的培训内容，并未开设急需提高的技能和素养的相关课程，导致有的教师在反复学习已经掌握的知识和技能，这种情况造成了培训资源浪费和培训效率低等问题。在 MOOC 环境下，参训教师可以根据自己现阶段的培训需要选择培训内容,增强了培训的针对性,提高了培训效率。

(2)增强培训的持续性,凸显终身学习理念

终身学习既是信息化社会所提倡的学习方式,也是学习方式在信息化社会发展的必然趋势。教师培训工作的开展多年来一直依靠国家的扶持,以各大培训机构的培训网站为平台,在培训机构的组织下分阶段开展。传统的教师培训主要集中在一段时间内开展,相关的课程资源只在规定的时间内开放,这种阶段性的培训造成了许多教师在迫切需要学习知识的时候没有平台和资源,导致培训效果不佳。MOOC环境下的教师培训对教师的学习没有时空上的限制,能够保证有学习需要的教师可以随时随地学习,为教师的终身学习提供了平台和资源,凸显了信息化时代终身学习的理念。

(3)增强教师之间互动,提高教师培训积极性

与传统的教师培训相比,MOOC环境下的教师培训为教师之间的互动提供了开放的平台。教师既可以在论坛和学习社区中讨论交流、答疑解惑,还可以上传与分享相关经验和资源供其他教师学习。MOOC为教师培训营造了一个良好的学习环境,提高了教师参加培训和学习的积极性。

2. MOOC环境下教师学习的路径探索

(1)搭建基于MOOC的教师学习平台

基于MOOC的教师学习平台是开展教师学习的基础,平台的建设要基于混合式学习的理念,要做到教师不仅能够在线上学习,还能够从线上延伸到线下。随着现代信息技术的快速发展,智能移动终端的使用越来越广泛,移动学习也成为新兴的学习方式,因此,平台的使用不能仅限于个人计算机(personal computer,PC),要推广到各种智能移动终端,实现教师的移动学习。基于MOOC的教师学习平台除了要具有能够观看视频课程资源的功能外,还要具有解答参训教师疑惑、跟踪参训教师学习进度、评价参训教师学习效果、与参训教师互动交流等功能。

(2)制作基于MOOC的教师学习课程

基于MOOC的教师学习课程的制作要秉承个性化学习的理念,以充分满足参训教师的个性化需求。课程的主要模块包括课程介绍模块、互动交流

模块、考核评价模块、课程自主选择模块、课程学习模块、资源上传模块，充分满足了参训教师的个性化学习需求。考虑到参训教师的个性化特征有所不同，所以课程资源要丰富，要能够涵盖不同学科、不同教龄、不同学习需求的教师的需求。在课程自主选择模块，教师也可以根据自己的实际需要选择课程内容。为了避免课程形式单一化造成教师厌学的情况，课程模式要做到多元化，针对不同的教师培训形式，要能够支持专题研讨、互动探究、案例研讨、知识点讲解等不同模式的课程制作。

（3）宣传基于 MOOC 的教师学习理念

在开展 MOOC 环境下的教师学习之前，要大力宣传基于 MOOC 的教师学习理念，为顺利开展教师学习工作做好铺垫。政府部门应该下发关于基于 MOOC 的教师学习的相关政策；各级相关部门应该做好宣传推广工作，普及基于 MOOC 的教师学习理念；学校应组织教师参加相应的 MOOC 宣传讲座和推广活动，并召开 MOOC 研讨会，让教师深入了解 MOOC 的优势，为后期开展 MOOC 环境下的教师学习奠定基础。

（4）规划基于 MOOC 的教师学习活动

学习者中途辍学是 MOOC 面临的挑战之一，因此在规划基于 MOOC 的教师学习活动时，解决教师中途退出的问题是保证教师学习活动顺利开展的关键。国家有关教师教育的政策要求宏观把控教师培训的重难点，重点部分要着力加大培训力度，难点部分要力求突破。根据教师的学习规律安排学习任务，在符合教师学习特征的学习时间的基础上安排相应的学习活动，在活动开展过程中还应对培训过程讲行管理，从而推动基于 MOOC 的教师学习活动的顺利开展。

第二节　"互联网+"教师学习的实践现状分析

教育大计，教师为本。我国历来高度重视教师队伍的建设，近年来，国家为提升教师专业发展水平实施了"国培计划""教师教育振兴行动计划"

等一系列教师培训计划,从国家层面上推动了教师教育的稳步发展。本节内容选取宁夏作为个案,旨在分析教师远程学习的实践现状。自2010年"国培"教师远程学习项目在宁夏实施以来,该项目取得了很大的进展。多年来,笔者作为宁夏"国培"项目的核心组织成员和项目指导专家参与部分项目的设计、评估等工作,并带领团队成员深入宁夏多个县(市、区)进行走访调研,完成了前期调研、远程辅导、远程工作总结等工作。对宁夏"国培"工作的开展和实施有较为深入的了解,并收集了大量第一手资料。总体来看,"国培"教师远程学习项目培训了大批教师,取得了较好成绩,但还存在培训效果不佳、教师疲于应付等方面的问题。为了更好地做好该项工作,本节内容对教师网络学习的现状进行了调查分析,总结了当前教师网络学习存在的主要问题、挑战和影响因素,并提出了相应的对策建议。

一、教师网络学习的现状调查

(一)调查对象

此次调研以2018年9月参加"国培"教师远程学习项目的中小学教师为调查对象,样本来源较为全面,包括宁夏各市、县、镇、乡参加"国培"的教师,涵盖语文、数学、英语、物理、化学、生物、政治、历史、地理、信息技术等不同学科,保证了调查样本的多样化。具体见表2-2。

表2-2 调查对象的基本情况

分类	选项	人数	占比(%)
性别	男	378	28.40
	女	953	71.60
教龄	1年以下	48	3.61
	1—5年	404	30.35
	6—10年	224	16.83
	11—19年	267	20.06
	20年及以上	388	29.15

续表

分类	选项	人数	占比（%）
学历	专科	558	41.92
	本科	769	57.78
	硕士	4	0.30
	博士	0	0.00
任教学校所在地	乡	242	18.18
	镇	551	41.40
	县	432	32.46
	市	106	7.96
所教学科	语文	435	32.68
	数学	371	27.87
	英语	68	5.11
	物理	23	1.73
	化学	15	1.13
	生物	14	1.05
	政治	19	1.43
	历史	14	1.05
	地理	12	0.90
	信息技术	15	1.13
	其他	345	25.92

（二）调查内容

根据近年来教师网络学习的情况和宁夏"国培"教师远程学习项目实施工作中的困难，此次调研从教师的网络学习准备、网络学习过程和网络学习结果三个方面入手，对教师网络学习的现状进行全面分析。其中，网络学习准备包括教师的学习动机、学习计划等；网络学习过程包括学习方式、问题解决方式、学习困难和问题等；网络学习结果包括学习结束后教师能力提升情况和研修内容的实际应用情况等。

第二章 "互联网+"教师学习的现状

（三）问卷设计与发放

此次调研采用问卷调查法。问卷包括教师基本情况、教师学习准备情况、教师学习过程情况和教师学习结果情况等内容，共计31个题项。经过专家和相关研究人员的论证，并进行了小范围（60人）的试测，在此基础上对该问卷进行了修改和完善，然后选取宁夏地区参加"国培"教师远程学习项目的教师进行发放。此次调研共发放问卷1400份，共回收问卷1333份，其中有效问卷为1331份，无效问卷为2份，有效率为99.8%。

（四）教师网络学习现状分析

1. 网络学习准备

（1）学习动机

学习动机是引发和维持学习者的学习行为，并使之指向一定学习目标的一种动力倾向，能够激发学习者学习的积极性和主动性。调研发现，总体而言，虽然部分教师为完成继续教育任务和晋升职称等外部原因而进行网络学习的情况仍然存在，但大部分教师参加网络学习的动机已由外部动机转化为提高自身的教科研能力和解决实际教学中的问题等内部动机，这将保证教师网络学习的主动性和持续性。教师参加网络学习的主要目的的占比从高到低依次是：提高自身的教科研能力，促进专业发展（76.71%）；适应教育新形势的需要，学习新理念、新知识、新技能（73.63%）；解决实际教学中存在的问题（69.35%）；交流工作经验（64.54%）；完成继续教育任务、获得继续教育学分（55.45%）；听从上级主管部门和学校的安排（35.31%）；获得职称等晋升条件（31.56%）。

（2）学习计划

在开始网络学习之前，制订详细、可操作的个人研修计划能够帮助教师更好地规划学习步骤，为教师完成网络学习目标提供支持。调研数据显示，54.55%的参训教师制订了个人网络研修计划，并为后续开展网络学习提供了支持；没有制订计划的占到了10.74%。

2. 网络学习过程

（1）学习方式的问题：混合式研修不到位，线上线下"两张皮"

目前，教育部要求网络研修机构加强混合式研修设计，改变单一的视听学习方式。调研发现，混合式研修不到位，线上线下"两张皮"。如图2-2所示，多数教师认为网络研修与日常教学不同步，混合式研修的实施要求网络研修与教师的日常教学应用、校本教研等要同步，开展线上线下混合的研修，但从实际调研看，存在线上与线下"两张皮"的现象，以及没有提供丰富的研修资源和研修工具、没有激励机制、整合工作效果不好等问题。

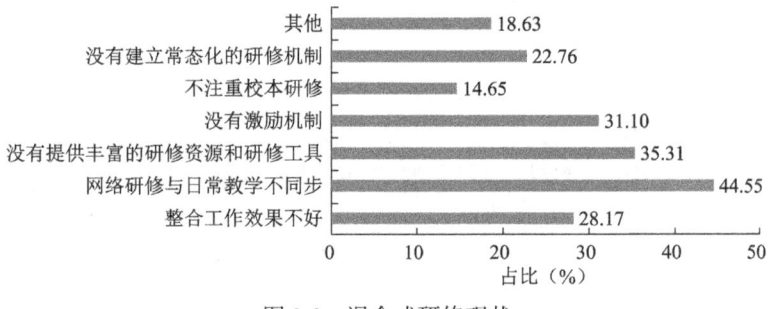

图 2-2 混合式研修现状

（2）问题解决方式：以同伴为主，缺乏与专家的互动和专家引领

教师在网络学习过程中如若遇到问题，可通过多种方式寻求帮助。调研表明，大部分教师寻求的是网络学习同伴的帮助，而不是在线培训专家的帮助。从图2-3的统计数据来看，79.04%的教师选择向同期参加培训的同事询问解决方法；36.44%的教师选择在工作坊中向坊主寻求帮助；33.81%和33.51%

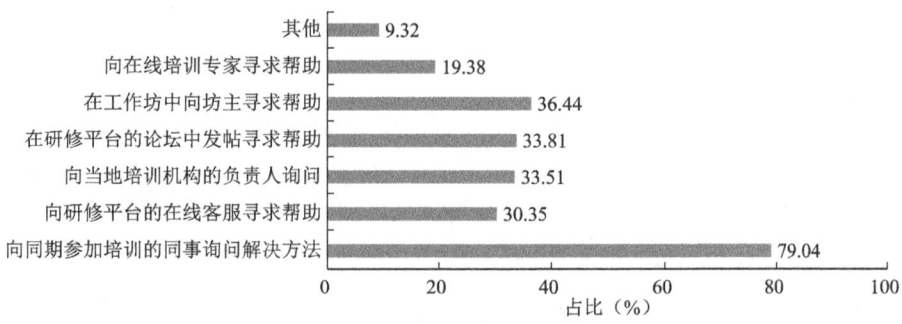

图 2-3 教师在网络学习过程中的问题解决方式

的教师分别选择在研修平台的论坛中发帖寻求帮助和向当地培训机构的负责人询问；30.35%的教师会选择向研修平台的在线客服寻求帮助；仅有19.38%的教师选择向在线培训专家寻求帮助；剩余 9.32%的教师选择其他方式解决问题。

（3）学习困难和问题

1）教师网络学习的主要困难。据统计，教师参加网络学习活动的困难按照严重程度来看，依次是学校教学任务重，没有时间参加（60.11%）；上网条件有限，不能很好地支持学习（36.59%）；家庭或个人事务多，没有精力参加（26.52%）；网络研修的内容不符合个人实际需求（25.69%）；其他（17.51%）；学校没有学习氛围（16.90%）；领导不支持、不鼓励教师参加（3.23%），具体如图 2-4 所示。

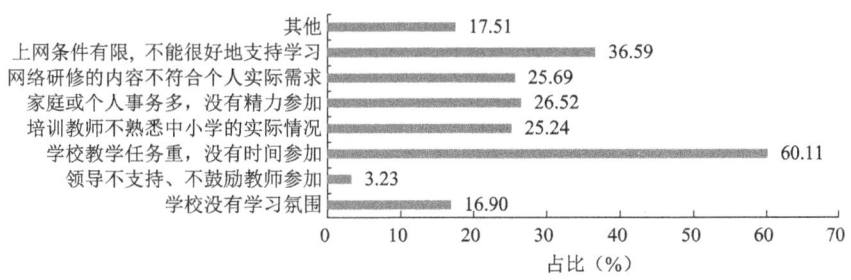

图 2-4　教师参加网络学习的主要困难

依据统计数据并结合对教师的访谈，教师在网络学习过程中的主要困难可以概括为以下两点。

第一，工学矛盾。教师的工学矛盾指的是由教师的教学工作时间与网络学习时间分配不合理所造成的冲突。在调研中，许多教师反映因教学工作任务重、家庭琐事多等而没有时间参加网络学习，往往不能兼顾工作和学习，但为了顺利通过网络学习的考核，往往会出现培训流于形式、"挂机"等现象，造成教师网络学习效果不佳，浪费了大量的人力、物力和财力资源。

第二，网络学习环境不佳。网络学习主要依托于网络，而教师也只有借助网络等信息技术手段，才能实现突破时空和人员限制的网络学习。经调查，部分教师特别是乡村教师的上网条件有限，只能在学校进行网络学习，但日常工作的繁忙、时间的限制，导致有些教师不能很好地完成网络学习任务。另外，学校没有网络学习的氛围也对教师的网络学习效果产生了一定影响。

2）教师网络学习的主要问题。当前的教师网络学习还存在较多问题。调查数据显示，参训教师认为网络学习最大的困难是研修方式单一、研修活动形式化，没有实效（38.84%），31.71%的教师选择培训教师不能及时解决参训教师的问题；30.35%的教师选择网络研修环境不理想（如网速差等因素）；28.55%的教师选择缺乏相应的网络研修学习支持服务；19.76%的教师选择研修考核评价方式不合理；18.71%的教师选择研修主题零散、杂乱，难以进行深入的讨论研究；18.03%的教师选择研修内容没有及时更新，不契合实际教学问题；17.88%的教师选择其他；16.08%的教师选择研修平台的导航不清晰；14.88%的教师选择网络研修进度安排不合理（图2-5）。

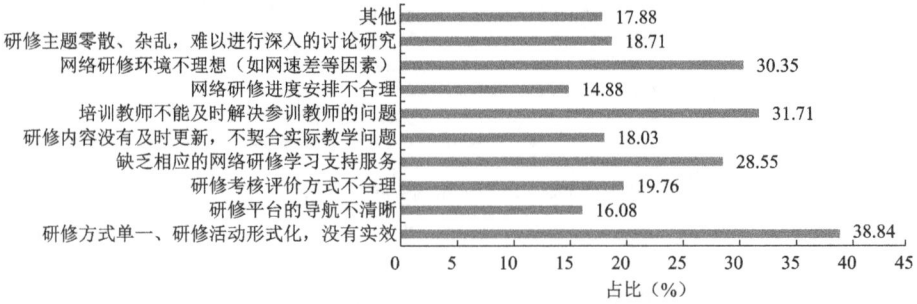

图2-5 网络学习中存在的主要问题

通过对调研数据进行分析，教师网络学习中存在的主要问题可以归结为以下几点。

第一，研修方式单一。教师网络学习的研修方式单一、研修活动形式化且没有实效是当前教师培训亟待解决的问题。目前，教师网络学习主要是以"观看学习视频+提交作业"的形式开展，导致教师"挂机"现象较普遍，网络学习效果不佳。为了提升教师的网络学习效果，教育部提倡采用教师混合式培训的新型教师培训形式，其培训方式灵活多样的优势契合教师专业发展的特点和教师终身学习的目标，但在实施的过程中，教师的实际学习效果却并不理想。究其原因，主要是因为培训未建立常态化的研修机制且线上线下研修严重脱节，教师线上所学非线下所用，所以研修效果不显著。

第二，缺乏学习支持服务。相对于传统的面对面学习而言，在网络学习过程中，学习者更容易因情感缺失而产生孤独感，极易出现厌学、弃学的情况。调研发现，教师网络学习缺乏良好的学习支持服务，其中最明显的就是当参训教师遇到急需解决的问题时，往往不能获得及时、有效的帮助。参训教师反映，培训教师的学习辅导工作做得不到位，只注重批改他们的作业，很少与他们进行交流互动，且缺乏相应的线下跟进指导，致使他们不能及时解决研修中遇到的问题，影响了学习效果。

第三，研修内容缺乏针对性。研修内容是教师网络学习的重要组成部分，教师参加网络学习的主要目标就是通过学习研修内容来提升自己在教学实践中解决教学问题的能力，从而促进自身专业发展。经调查，许多参训教师认为研修内容缺乏针对性，与实际教学问题不契合，他们不能根据自身需求选取相应的研修内容，不能通过网络学习解决实际教学问题，"所学"不能服务于"所用"，致使教师研修效果甚微且对参加研修产生反感情绪。

第四，评价方式不合理。评价能够帮助教师发现网络学习过程中存在的问题，以评促学能够帮助教师不断进步，促进教师专业发展，但评价方式不合理是当前教师网络学习急需解决的问题。通过对参训教师进行调查发现，目前，教师的网络学习主要是通过学习时长（平台自动统计）、作业（他评）、学习心得（自评）等方式进行评价的，部分教师反映，认真学习的教师和"挂机"的教师最终的考评是一样的，非常不公平。评价方式不合理打击了教师参加网络学习的积极性和有效性。

3. 网络学习结果

（1）教师能力提升情况

开展教师网络研修的主要目的就是全面提升教师的能力，据调查，通过网络学习，教师各方面的能力都有所提升。如图 2-6 所示，其中 63.79%的教师提升了教学过程设计能力；57.55%的教师提升了教学目标设计能力；54.70%的教师提升了课堂导入技能；47.03%的教师提升了课堂提问技能；44.48%的教师提升了课堂调控能力；44.18%的教师提升了课堂讲解技能；34.94%的教师提升了教学背景分析能力；10.14%的教师提升了其他方面的能力。整体来看，教师的各方面能力均有所提升。

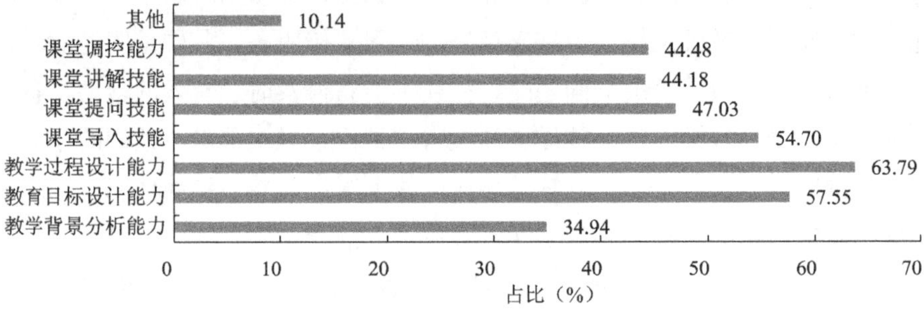

图 2-6　网络学习后教师能力的提升情况

（2）研修内容的实际应用情况

教师的网络学习具有很强的目的导向性，大多数教师参加网络学习的目的就是希望所学有所用，通过网络学习获得的知识能够帮助自己解决实际教学中的问题。如图 2-7 所示，通过对教师进行"是否很少有机会将培训所学应用到实际教学中"这一问题的调查获悉，33.96%的教师表示不同意；33.51%的教师表示同意；24.04%的教师不确定；6.24%的教师表示非常同意；2.25%的教师表示非常不同意。总体而言，经过网络学习后，大部分教师很少有机会将研修内容应用到实际教学中。

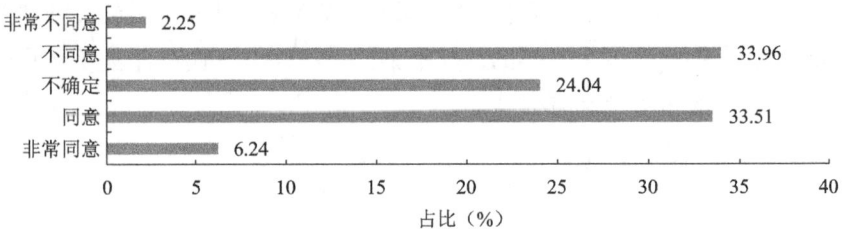

图 2-7　是否很少有机会将培训所学应用到实际教学中的调查情况

（3）研修反思情况

教师在网络学习活动结束后进行反思能够使教师发现自身的不足，为今后再次参加网络学习提供借鉴，从而更好地提升自身的专业发展。通过对教师在网络学习活动结束后会反思自身的不足与进步这一情况进行调查，结果如图 2-8 所示，7.74%的教师认为自己非常符合这一情况；75.50%的教师认为自己符合这一情况；12.32%的教师不确定；3.61%的教师认为自己不符合这一情况；0.83%的教师认为自己非常不符合这一情况。总的来看，大多数教师在网络学习结束后会进行反思。

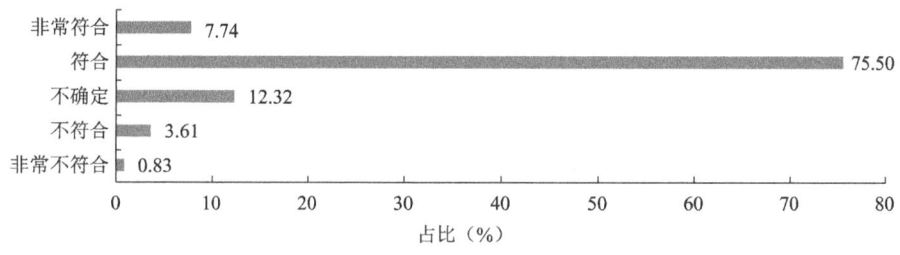

图 2-8　网络学习结束后教师会反思自身的不足与进步的情况

综上所述，目前教师对参加网络学习的态度有所转变，从听从学校安排的"被迫"式参加网络学习转变为提升自我的"主动"式参加网络学习，这说明网络学习逐渐被教师所接受。经过网络学习，教师各方面的能力均有所提升，教师网络学习取得了一定的成效，但总体来看，还存在一些问题，如培训时间安排不合理、研修环境不佳、研修方式单一、培训内容针对性不强等，值得我们深入思考并改进，特别是如何实施混合式学习、如何提升其效果？如何解决线上线下"两张皮"的问题？这些都值得深入研究。

二、提高教师网络学习质量的思考

（一）合理安排研修时间，缓和教师工学矛盾

充足有效的研修时间在一定程度上可以保障教师的学习效果，鉴于此，缓和教师工学矛盾，合理安排教师的研修时间是必须要考虑的因素。首先，相关部门和培训机构要充分理解教师需兼顾工作、家庭等多个方面的现实情况，在安排教师的培训时间时尽量避开开学和期末等教学工作繁忙的时间段，可选择寒、暑假等闲暇时间段；其次，对于学校重点培养的参加外出学习的教师可采用脱岗研修，让其他教师以替补的形式完成相应的教学工作，保证参训教师能够安心学习，必要时可聘请名师、专家到校开展培训；再次，增

加校本研修的时间比重，将上公开课、做教学设计等教学工作纳入研修考核中，让教师在日常工作中就可以完成研修；最后，缩短集中面授的时间，适度延长教师网络研修的时间，保障教师在不影响正常工作的前提下有足够的时间完成研修任务。

（二）创设理想的网络环境，营造良好的网络学习氛围

理想的网络环境是开展教师网络学习的前提，为教师尤其是乡村教师创设良好的网络环境能够为教师参加网络学习提供保障。首先，学校要建设教师数字化学习中心，配备数量充足的计算机、投影仪、电子白板等信息化硬件设施，满足教师开展网络学习、电子备课、教研等方面的需求；其次，提高校园网络带宽速率，满足教师对网络速度的需求，避免教师在网络学习过程中出现视频卡顿等现象，为教师参加网络学习提供保障；再次，开展教师信息技术应用能力培训，帮助教师学会如何使用计算机、如何下载和上传资源等方面的技能，确保教师网络学习的顺利进行；最后，在校内定期开展集体网络学习活动，并以组建团队的形式进行"优秀学习团队"评选，鼓励教师之间互帮互助、积极参加网络学习，共同营造良好的学习氛围。

（三）深入研究教师混合式学习，增强研修效果

调研发现，教师混合式研修做得不够好，分析原因，笔者认为主要是实施者对什么是教师混合式学习、如何开展教师混合式学习这两大问题不清楚。因此，本书对教师混合式学习开展了专题研究，力争从理论层面全面系统地回答什么是教师混合式学习以及如何实施教师混合式学习。同时，笔者认为，存在的研修内容设计问题、学习支持服务问题、学习评价问题等，都是对混合式学习的内涵和实践问题理解和把握不到位导致的。因此，本书将从教师混合式学习是什么，如何开展以及如何做好面向教师混合式学习的课程内容设计、支持服务、学习评价、质量保证、学习平台建设等方面，开展系统深入的研究。

第三章
教师混合式学习的理论

第一节　混合式学习的含义

一、混合式学习的已有理解

关于什么是混合式学习,综合文献分析,笔者发现主要有以下几种理解。

（一）线上线下混合式学习

线上线下混合式学习,即网络学习环境与面对面学习环境,或网络教学模式和线下面对面教学模式的混合。例如,何克抗教授认为,混合式学习就是要把传统学习方式的优势和数字化或网络化学习的优势结合起来,既要发挥教师引导、启发、监控教学过程的主导作用,又要充分体现学生作为学习过程主体的主动性、积极性与创造性。[①]李克东和赵建华指出,混合式学习主要是把面对面教学和在线学习两种学习模式有机整合,以达到降低成本、提高效益的一种教学方式。[②]魏非认为,混合式学习是基于在线和在场两种方式的结合,实现多种教学理念和教学方式的融合,继而灵活适应不同的学习对象、学习内容及学习情境的一种学习形式。[③]余胜泉等认为,混

---

① 何克抗. 2004. 从 Blending Learning 看教育技术理论的新发展（上）. 电化教育研究,（3）：1-6.
② 李克东,赵建华. 2004. 混合学习的原理与应用模式. 电化教育研究,（7）：1-6.
③ 魏非. 2016. 面向混合式研修的教师培训机构能力成熟度模型研究. 上海：华东师范大学博士学位论文.

合式学习主张把传统教学的优势和数字化教学的优势结合起来，实现二者优势互补，从而获得更佳的教学效果，是融合了多种学习理论的思想，把"以学为主"和"以教为主"结合起来的一种全新的教学模式。[①]Oliver 和 Trigwell 认为，混合式学习是"传统面对面学习与基于网络的在线学习相结合的方法"[②]。

（二）线上混合式学习

这是完全虚拟的在线混合式学习形式，主要有以下几种形式：①基于在线的多种媒体和多种学习方式的混合，如视频讲座、在线研讨、在线自主学习、在线协作学习等的混合；教师可利用在线学习平台的多种媒体技术工具设计多样化的课程和教学活动，学生可以在这种在线的混合环境中开展多种接受式学习、自主学习、探究与协作学习等。②混合同步在线教学和异步在线教学[③]，即教师约定时间或计划时间（如每周或几周一次）开展在线同步教学，使用视频会议等工具为学生讲解相关知识或组织相关教学活动，其余时间学生进行观看视频、阅读学习资料、参加论坛等异步在线学习。同步在线教学和异步在线学习相得益彰，相互补充，同步在线教学可以集中解决学生在异步在线学习中的问题或为异步在线学习提供指导和帮助，异步在线学习可以为同步在线教学提供反馈等。

（三）方法和要素的混合

这种理解认为混合式学习是多种教学方法、教学要素的混合。田世生和傅钢善提出混合式学习是各种学习方法、学习媒体、学习内容、学习模式以及学生支持服务的混合。[④]黎加厚认为，混合式学习是指对各种教学方法、模式、策略等所有教学要素进行优化选择和组合。[⑤]胡立如和张宝辉认为，

---

① 余胜泉，路秋丽，陈声健. 2005. 网络环境下的混合式教学——一种新的教学模式. 中国大学教学，（10）：50-56.

② Oliver M, Trigwell K. 2005. Can "Blended Learning" be redeemed? E-learning, 2(1): 17-26.

③ 李炜. 2018. MOOC 背景下三种常见混合教学模式的比较研究. 现代教育技术，28（S1）：5-10.

④ 田世生，傅钢善. 2004. Blended Learning 初步研究. 电化教育研究，（7）：7-11.

⑤ 转引自王雪. 2014. 混合式学习在企业培训中的发展研究. 上海：上海师范大学硕士学位论文：11.

混合式学习的设计旨在构建最适合外部需求的教学结构，避免技术本位，强调对教学系统要素进行时空或序列组合的教学结构进行优化。[①]

（四）适应性混合式学习

混合式学习强调的是在恰当的时间应用合适的学习技术达到最好的学习目标。[②]黄荣怀等认为，混合式学习是应用合适的技术，针对合适的人在合适的时间根据合适的个人学习风格传递合适的技能。[③]祝智庭和孟琦认为，混合式学习的重点不在于混合哪些事物，而在于如何混合，并指出混合式学习所要做的工作是在适当的时间，为适当的人，以适当的传递媒体，通过适当的学习方式，提供适当的学习内容。[④]

二、本书对混合式学习的理解

（一）应从线上线下的视角理解混合式学习

综合上述文献，笔者比较赞同线上线下混合式学习的理解，源于以下几个方面的原因。

1）线上线下混合的定义是技术参与下的混合式学习，既全面明确，又有可操作性，强调发挥技术和非技术的各自优势，既关照了传统面对面的教与学，也体现了信息时代下技术对教与学的支持，注重传统学习优势与技术支持下的学习优势的结合。信息时代的学与教已经离不开技术的支持，不能忽视技术对学与教的作用，但传统面对面学习有其历史积淀和显著贡献，不能忽视其优势所在，混合式学习更应该是传统和技术的融合体，是信息时代的主要学习方式。

2）线上混合式学习注重技术参与，简洁又有实践性，但单纯的线上混合仍有局限性。这种观点注重线上混合，有其道理和适用范围，但单纯强调线

[①] 胡立如，张宝辉. 2016. 混合学习：走向技术强化的教学结构设计. 现代远程教育研究，（4）：21-31，41.

[②] Singh H, Reed C. 2001. A White Paper: Achieving Success with Blended Learning. http://www.leerbeleving.nl/wbts/1/blend-ce.pdf.

[③] 黄荣怀，马丁，郑兰琴等. 2009. 基于混合式学习的课程设计理论. 电化教育研究，（1）：9-14.

[④] 祝智庭，孟琦. 2003. 远程教育中的混和学习. 中国远程教育，（19）：30-34，79.

上的混合，忽视线下学习的优势，会导致其使用范围受限，因为单纯线上混合式学习缺乏临场感，会造成学习者的学习归属感低、学习氛围差、辍学率高等问题，如果解决不好会影响学习效果。

3）方法和要素的混合式学习注重了混合式学习的教育学本质，但弱化了技术的作用，会使得混合式学习走向泛化、模糊，难以得到实践。这种观点跨越了技术本位，突出了教学理论与方法本位，注重了混合式学习的教育学本质，有助于克服技术至上的倾向，但是过于强调方法和要素的混合，弱化甚至忽视技术对学习的贡献和作用，会带来一些问题：一是使混合式学习更加泛化和模糊，指导性和可操作性不强，因为与教学相关（包括线上和线下）的要素很多、方法也较多，如何混合这些要素和方法是一个问题，因为范围越大越没有准确的抓手，所以这种混合式学习的设计和实践有一定难度；二是不注重媒体技术对学习的支撑作用，会把混合式学习引入传统面对面学习的活动设计中，既不符合信息时代教育教学发展要求，也不符合学习变革趋势。随着互联网、人工智能等技术的发展，信息技术的学习应用特征越来越明显，混合式学习应当是技术支持下的学习和非技术环境下学习的混合。

4）适应性混合式学习强调对学习者个性化学习需要的满足，但难以把握其要领。这种观点从学习者出发，主张构建一种适应学习者个性化特点、满足学习者个性化需求的混合式学习环境，强调为学习者提供恰当、合适的时间、方式、媒体等学习服务，这种理念值得肯定，但对教师和技术的要求都非常高，到底什么是合适的技术、方式，如何判断合适的人和提供合适的技能，如何把握"合适""恰当"，这些不仅需要有高智慧的教师和高智能水平的技术，还需要今后的深入研究和实践探索。

（二）本书对线上线下混合式学习的进一步理解

本书从三个方面来理解线上线下混合式学习：一是线上线下是优势互补的关系，混合式学习就是为了更好地发挥各自的优势，达到优势互补，这就是为何混合，这是本书设计混合式学习的出发点；二是究竟发挥二者的什么优势，它们各自存在哪些优势，这就是混合什么；三是如何做到优势互补，有哪些原则、路径、模式，这就是如何混合。

1. 为何混合：充分发挥线上线下学习的优势，实现二者优势互补

为何混合？就是为了充分发挥线上线下学习的优势，取其长而避其短，最终达到优势互补，提高学习效益的目标。线上线下是合作共赢、相互融合的关系，不是独立并行的剥离与竞争关系，线上学习不是线下传统课堂的视频集，不是对传统课堂的复制与重复，要跳出这种线上对线下要么复制、要么竞争的传统思路，而要走向优势互补的合作，设计和创新出与传统面对面课堂教学有本质区别的新的课程和教学范式。"尺有所短，寸有所长"，任何事物都有其优势和不足。线下学习有其优势，但也有其所短，那么，就要思考线上学习能否弥补面对面学习的不足，把线下做不好或做不了的事情放在线上做；同样，线上学习有其优势，但也有其所短，那么，就要思考线上做不好或者做不了的事情能否放在线下做。这样一来，线上和线下就有关系了，而且是相互支持、互动、融合、合作的共生共长的关系，这就是本书设计混合式学习的重要起点。实践中存在的混合式学习的种种问题，归根结底是没有理清楚和把握好线上线下的关系，往往是线上线下做着诸如"电子搬家"等重复的事情，线上学习是对线下课堂的复制，没有从线上线下的合作互补这一关系出发进行一体化的线上线下设计，这就导致斥巨资建设的网络课程被束之高阁而得不到很好的利用，线下学习的问题和不足依然没有得到解决。

2. 混合什么：基于线上线下学习优势的混合

（1）线上学习的优势与不足

相比传统面对面学习，本书认为线上学习具有如下优势。

1）基本优势：跨时空传递、灵活自主性强、大规模、低成本等。线上学习能跨时空地为学习者提供丰富的学习资源，学习者可以在工作之余或自己计划的时间或地点开展同步或异步学习，实现灵活自主的学习。线上学习不受学习场地、时间等的限制并支持大规模的学习者同时学习，可降低成本，从而实现学习的规模效益。

2）核心优势：差异化关照、互动、生成。①差异化关照。网络在线学习

最大的优势就是对学习者的差异化关照和个性化满足，这正是面对面学习难以企及的，主要体现在以计算机为核心的多媒体网络技术等能为学习者提供丰富的"资源超市"，能满足不同发展阶段、不同认知风格、不同兴趣爱好等各类学习者的个性化需要，特别是人工智能、大数据等现代信息技术，一方面能智能地收集和分析学习者的数据、特征风格，建立学习者模型等，实现资源个性化推送，提供个性化的学习指导和建议等；另一方面，能为教师提供学习者的学习数据和分析，帮助教师为学习者制订个性化的学习方案等，从而促进学习者更好地开展个性化学习。②互动。一方面，线上学习可以为学习者提供灵活多样的、更大范围的互动。在传统面对面的课堂学习中，学生面对的是一个老师，而在线上学习中，学生面对的是来自互联网的众多老师，学习者可以不受时间和空间的限制，实现与世界各地老师或学习者的互动和协作。线上学习突破了狭小的教室空间和短暂的课堂时限，成为一个开放、多元、持久的与周围信息交互的过程，学习成为知识的社会协商，是生生互动、师生互动和师生与课堂以外的同伴、专家、实践工作者以及更广泛的社区的互动过程[①]，是集大家的智慧于一身的会话协同过程。另一方面，线上学习可以提供更加深入的互动。基于在线学习空间，学习者与教师、学习者与学习者可以实现同步或异步的深入互动和协作。③生成。从学习过程看，线上学习者既是资源的消费者，也是资源的生成者，在学习过程中会产生大量生成性学习资源，如对学习内容的见解、发表的观点、形成的学习作品、问题解决方案、在线研讨的共识、重难点辅导答疑、分享的信息资源等。通过网络技术可以对这些新的生成性资源进行聚合加工，形成新的资源库，并作为学习者进一步学习的资源，特别是随着网络信息技术的新发展，学习者参与资源建设已成为现实，学习者成为资源生成的新智慧来源。学习者可以协同编辑资源内容，在消费资源的过程中依据自身需要编辑、丰富学习资源，"这种网状裂变式的资源出版模式集合了众人的智慧与力量，大大缩减了资源的生成周期并提高了资源的更新频率"[②]。从学习目标看，学习的预

[①] 屈林岩. 2008. 学习理论的发展与学习创新. 高等教育研究，（1）：70-78.

[②] 余胜泉，杨现民，程罡. 2009. 泛在学习环境中的学习资源设计与共享——"学习元"的理念与结构. 开放教育研究，（1）：47-53.

设是为了生成,是为了促进学习者自我建构,生成新的自我理解,丰富学习者的知识和提高其能力,生成具有个性化、创新性的学习主体。

相比线下学习,线上学习的不足是缺乏临场感和氛围感。线上学习缺乏面对面交互的临场感,特别是教师对学习者的情感影响没有面对面学习的氛围感,学习者之间的相互影响和学习氛围也不如面对面学习。因此,如果不注重学习激励和氛围的营造,线上学习的这种不足会被放大,会使学习者产生学习的孤独感,缺乏归属感,甚至会影响学习的持续性。

(2)线下学习的优势和不足

相比线上学习,线下学习具有如下优势:①线下学习具有临场感、学习氛围较好。教师与学习者、学习者与学习者之间的情感交流方便、实时而又充分,这种在场的举手投足、耳濡目染的相互影响能够增强学习凝聚力,有助于学习的持续性。②教师容易监控课堂,能够及时做出相应的反馈和调整,因而课堂效率较高,能集中解决重难点的共性问题。

相比线上学习,线下学习具有以下不足:①对学习者差异化关照不足,难以满足学习者的个性化需求。线下面对面学习是一对多的教学,即一个教师面对很多学生,实施整齐划一,即统一进度、统一模式、统一内容的教学,很难做到甚至做不到关照学生的差异化、个性化。②交互有限。现代学习理论的重要思想之一就是认为学习是交往互动活动,是与周围环境相互作用的社会性建构,而传统面对面学习由于时空的限制,学习者在互动对象、范围和深度上都很有限。③生成不足。从学习过程看,传统无技术参与的学习环境对于学习者在学习过程中产生的过程性资源难以记录和保存下来,特别是难以进一步加工聚合和再利用,这些生成性资源往往会随着教学进程的结束而消失;传统面对面学习因无技术参与而无法有效实践生成性学习,生成性学习需要丰富的资源、互动的教学方法等的支持,缺少技术参与的面对面学习难以提供丰富的资源和交互工具与良好的学习环境。

综上所述可以看出,线上学习解决个性化问题的优势、交互性优势、生成性优势明显;线下学习解决共性问题的优势突出,情感氛围好、效率高。那么,混合式学习就是要发挥线上学习这种优势,做好个性化学习、互动生成式学习,发挥线下学习的临场感优势,做好问题解决和情感交流交往等,注重线上线下一体化设计,将同步面授学习、个性化学习、互动生成学习相混合。

3. 如何混合：以某种学习方式为主的线上线下一体化设计

几种学习形式的混合，关键在于把握混合的比例，做到主次分明，即以何种学习方式为主，并安排相对较多的学习时间。

（1）以个性化自主学习为主的混合模式

这是以线上学习为主的混合模式，即发挥网络对学习者个性化满足、差异化关照的优势，以个性化学习为主，以互动生成性学习和适当的面授学习为辅的混合模式。

1）学习目标。这种混合模式的学习目标是在学习者掌握新知识和技能的基础上，重点关注他们在学习过程中表现出来的多样性、某种首创性、个性化的表现和个人意义的获得。[①] ①尊重个体差异和经验背景，反对问题解决的统一性、唯一性，追求多样性，关注个性化理解和多元观点。②鼓励创新。以开放和多元的氛围，鼓励学习者进行多元化理解和创造性表现。③注重个性化满足和自主建构。个性化满足主要体现在两方面：一是通过丰富多样的资源和智能服务技术满足学习者的个性化需求；二是通过开放的学习活动满足学习者的个性化需求。自主建构即通过丰富多样的在线学习资源和服务，学习者在自身知识和经验的基础上进行自主的、自我导向的个性化学习，追求个人意义的获得。

2）实施路径。这种混合模式是以学习者个性化满足和表现为主要目标的，那么，重点要做好以下几个方面的工作：第一，设计适合个性化学习的线上线下混合环境。线上提供丰富的资源和智能检索推送服务以及网络指导，如网络学习空间的构建、学习共同体的建立等，为学习者的个性化学习提供线上支持；线下为学习者提供图书馆、资料室等个性化学习支持以及教师面对面一对一的个性化服务环境。第二，设计基于个性化学习的线上线下混合活动。一般有以下形式：①基于资源的个性化学习的混合活动。学习者首先基于在线学习资源，自定学习目标、学习进度，开展自我导向式的个性化学习，进行个性化的意义建构，在此基础上，开展线上和

---

① 罗祖兵. 2006. 生成性教学的基本理念及其实践诉求. 高等教育研究，（8）：47-53.

线下的互动交流会话活动，进行社会性意义建构，主要针对在学习过程中产生的困惑和疑难问题，既可以获得在线教师或学习同伴的指导与帮助，也可以获得线下教师或学习同伴的指导与帮助，学习后生成的学习成果可以存入线上学习资源库以供进一步学习使用。②基于自适应学习平台的个性化学习。自适应学习平台是基于人工智能、大数据分析等技术构建的，能自动适应不同学习者个性、关照学习者差异的在线学习系统。该系统在学习初能够通过在线智能测试分析学习者的学习需求、学习起点和学习风格，并给出学习建议；在学习过程中能够记录、分析学习者学习过程数据，建立学习者模型，为学习者提供个性化的资源推送服务和学习路径等；在学习结束后有学习结果分析，为教师提供个性化的、精准的学习分析数据，帮助教师制订个性化的教学策略和教学方案。同时，该系统能够辅助在线智能导师、线下辅导教师开展答疑辅导和互动交流，实现个性化的混合式学习。

3）学习评价。①评价原则和重点是注重鉴赏式批评学生的表现，在评价学生知识掌握情况的基础上，重点评价学生的创造性和个性特色。[①]②评价方式。将过程和结果相结合，教师评、自评和互评相结合，即开发包括学习过程中的登录、学习时间、学习交流互动、上传作业和资源等的学习评价量规，以及学习结果的评价量规，开展过程和结果相结合的评价。教师评主要是教师根据学习档案袋中记录的数据，依据评价量规的标准对学习者进行评价；自评通常是学习者用核查表对自己的行为表现进行核查，并对结果进行反思[②]；互评是学习小组依据评价量规开展小组之间的评价。通常教师评、自评和互评是按照一定比例进行的，教师可视情况自定。

（2）以互动生成性学习为主的混合模式

这同样也是以线上学习为主的混合模式，即重点发挥网络对学习者互动生成性学习的支持优势，以互动生成性学习为主、个性化学习和适当的面授学习为辅。

1）学习目标。在学习者掌握新知识和技能的基础上，重点关注他们在学

---

① 武法提. 2013. 论目标导向的网络学习环境设计. 电化教育研究，（7）：40-46.
② 武法提. 2008. 表现性目标导向下以活动为中心的网络课程设计. 中国电化教育，（6）：50-53.

习过程中和学习结束后的与人合作、互动、沟通能力的发展，以及在学习过程中和学习结束后的新观点、新方案等的生成。

2) 实施路径。这种混合模式强调学习的社会性构建，注重学习者之间的互动合作与生成，因而该模式一般是问题解决的混合学习模式和项目学习的混合模式。①问题解决的混合学习模式。这一模式是将所学习的知识点融入一定的问题情境中，基于学习者知识、经验和生活背景，设计一系列有关联、有逻辑的真实问题，学习者利用线上资源与线下工具开展合作互动学习，再辅以线下教师的定期面授的混合式学习模式。一般的实施路径是，创设情境（创设问题情境，引出教学要解决的问题，学生感知问题情境，引起探究欲望）—聚焦问题（师生共同分析、聚焦并确定与当前学习主题密切相关的学习问题）—自主与合作探究（分组并确定各自合作探究任务，学习者可以自主、个性化学习相关知识，再以小组合作的形式合作完成问题解决任务，教师提供线上资源，并进行线上线下及时指导）—总结升华，生成学习成果（成果交流展示，教师进行点评、补充完善和升华，生成问题解决方案等学习成果，可将这些学习成果上传至网络学习平台和学习空间形成新的学习资源）。②项目学习的混合模式。这一模式是将知识点和学习内容的设计作为某一主题的项目，学习者利用线上线下资源，在教师的指导和帮助下，通过自主、个性化学习和互动合作学习完成项目研究任务的混合式学习模式。一般的实施路径是，师生共同确定项目研究课题（教师创设情境，引出项目，学生感知项目，线上资源支持）—明确研究思路，制订研究方案（教师提出目标和相关要求，建立学习小组，明确项目任务，指导学生明确研究思路、方法和制订研究计划等，线上资源支持）—学生自主或合作探究，实施项目研究（学生利用线上线下相关资源开展自主、个性化学习，同时以小组合作的形式合作完成项目任务，教师提供线上资源、工具支持，并及时给予学生线上线下的指导）—项目成果展示交流，评价和总结，生成学习成果（学生利用多媒体等工具展示和汇报合作情况和项目成果，小组之间进行充分交流，教师引导开展综合评价，对学习成果进行修改和完善并将其上传到网络学习平台形成新的学习资源）。

3) 学习评价。①评价原则和重点是，在评价学生知识掌握情况的基础上，重点评价学生在问题解决中的表现，包括在这一过程中的合作互动表现、生成性作品、方案评价等。②评价方式。将过程和结果相结合，将教师评、自评和互评相结合，与上述以个性化学习为主的线上线下混合模式评价相同。

（3）以面对面同步学习为主的混合模式

这是以发挥面对面同步学习的优势为主，以线下为主、线上为辅的混合模式。

1）学习目标。优化同步教学，凸显教师的主导性和学生的主体性，师生之间充分交互，主要达成以下目标：第一，掌握重难点知识。通过开展集中面授学习，指导和帮助学习者掌握在个性化学习、合作学习过程中难以掌握或没有掌握的知识点。第二，解决问题。通过开展集中面授学习，进行辅导和答疑，解决学习者在个性化学习、互动合作学习中存在的个性问题、共性问题等。

2）实施路径。这种混合模式以线下为主、以线上为辅助和补充，比较常见的是以校园课堂为中心、以在线资源为辅助的混合教学模式。一般有以下形式：①重难点知识讲解，即教师在面对面课堂上集中讲授重难点知识，指导学生按照既定的教学计划开展学习，在线学习平台主要是辅助课堂教学和课后答疑、作业提交和信息反馈等，学习者之间及其与教师之间的交流互动主要以面对面为主、以在线平台为辅。②问题解决，即翻转课堂模式。课前教师布置预习任务，学生可依据在线资源和任务列表，开展个性化预习和适当交流。课中教师进行面对面辅导和答疑，重点解决学生在学习中遇到的问题，一方面，解答线上学习过程中的各种问题或反馈和评价学习情况，这是对线上学习的有益补充，并能帮助教师适时调整教学；另一方面，解决学生自主学习、个性化学习和合作学习中的共性问题、重难点问题，促进自主与合作学习的成果在更大范围内交流互动。③面对面交流、交往活动，即组织相关线下交互活动，弥补线上学习情感交流、交往的不足，加强学习者之间的联系，增强学习的氛围和学习者的归属感。

3）学习评价。①评价原则和重点。这种混合模式坚持综合评价原则，重点评价学生知识掌握情况。②评价方式。将过程和结果相结合，教师结合学生线下学习表现、线上作业提交、论坛讨论等开展综合评价。

三、混合模式选择的建议

（一）依据学习理念：以个性化、互动生成的现代学习理念为指导，实施混合式学习

1. 坚持什么样的学习理念，就有什么样的混合式学习形态

学习理念历经了从行为主义、认知主义到建构主义的过程，行为主义学习理念认为学习是刺激与反应的联结，比较注重外部刺激与强化而不太注重学习者内部心理过程，在目标上注重学习者对客观知识的掌握，在学习方式上注重知识的传递与接受；认知主义强调学习者的内部加工过程，认为学习是学习者基于自身的认知基础和风格对信息进行加工的过程；建构主义继承了认知主义的主要思想，不仅关注学习者已有认知和经验基础对学习的作用和内部的加工过程，更关注学习者与周围环境的互动，认为学习是在一定的情境下，在教师或学习伙伴的帮助下，基于自身已有知识和经验，积极与周围环境的互动交往中主动、自主地构建新的意义的过程，包括个体意义建构和社会意义建构，因而在学习方式上是自主、合作、对话、协商、探究的。

学习理念对应相应的混合式学习形态：坚持行为主义的学习理念，混合式学习将以传递与接受为主，传递接受式学习占到较大比例并成为主流学习模式；坚持建构主义学习理念，混合式学习将以互动生成和个性化学习为主。

2. 以个性化、互动生成的现代学习理念为指导，实施混合式学习

在学习理念从行为主义到建构主义的转变过程中，每一种学习理念都有其核心价值观和导向，对应的学习模式也都有其适合的范围，即每一种学习模式都有其优势和不足，有其适用范围和对象。我们坚持某一种学习理念及其模式是在一定时期内对该模式的肯定，但并不意味着否认其他模式的作用，只是强调适合时代发展的主流学习理念和学习模式，因此，既要坚持混合的观念，也要凸显主流价值观和主流模式。今天，无论是从社会发展要求看，还是从时代变革看，互动生成、个性化的学习理念和模式是信息时代的主流范式，因此，混合式学习应当以建构主义学习理念为指导，坚持以互动生成的、个性化的学习模式为主的混合式学习。

（二）把握课程内容特点，灵活运用

分析学习者的学习内容：哪些内容更适合学习者自主学习？哪些内容更适合合作探究？哪些内容需要教师重点讲解和面对面辅导？适合学习者自主学习的内容可以选择以个性化学习为主的混合模式；适合合作探究的内容可以选择以互动生成性学习为主的混合模式；更适合教师重点讲解和面对面辅导的内容可选择以面对面同步学习为主的混合模式。

第二节 教师混合式学习的理论内涵

一、什么是教师混合式学习

中小学教师混合式学习属于混合式学习范畴，其运行规律遵循混合式学习的基本原理，因此，教师混合式学习就是在混合式学习理论内涵的指导下，充分遵循和体现教师学习的特点，基于线上线下，充分发挥线上线下学习的优势，进行线上线下一体化设计的同步面授（或集中面对面培训）学习、个性化自主学习、互动生成性学习相结合的学习。

二、教师混合式学习的三种形式

（一）教师个性化自主学习

教师是独立的个体，有其自身的学科、专业、兴趣、个性特点、发展阶段等，因而教师学习具有个性化特点，需要开展个性化自主学习。这种学习形式是教师根据自己的需要，发挥主观能动性，设计适合自己的学习发展方案，自我选择学习内容、自我制订学习计划和方案、自我决定学习进度、自我评价的自主能动的过程，是一种自我导向的自组织学习形式。教师自我导向的学习视教师为主体，充分尊重教师个体差异和需求，以内在需要和自我发展为学习动力，是一种自内向外、自我负责的教师中心的学习与发展方式。

（二）教师互动生成性学习

教师互动生成性学习坚持教师学习的最终目的不是完全掌握专家的理论和知识，而是促进生成，即生成教师个体的知识和能力，培养具有个性化教学风格的教师，而不是千篇一律的教师，只有具有个性化教学风格的教师，才能培养出个性化的学生，而生成的根本手段就是交往与互动。因此，互动生成性学习是一体化的过程，它既是目标也是方式，即教师学习在目标上强调生成，在方式上注重互动，在互动中生成，在生成中互动，是目标与方式的统一。①进一步理解就是：第一，互动。①从"中心"到"平等"，即教师与专家的关系不是以专家为中心的、主动与被动的单向关系，而是平等、互动、双向建构、交往、对话、共生的关系。②教师学习不仅是学习专家理论的过程，更是一个开放、多元、交互、合作的过程；不仅是基于远程课程的人机互动过程，更是教师与专家、教师与教师、教师与助学者之间的更广泛的人际互动过程。人机互动是基础，是个体意义的认知过程；人际互动是关键，是思想交流、深入理解、获得集体归属感、认同感、避免远程学习孤独感的重要途径。第二，生成。①强调教师与专家在互动中的双向建构，共生共长。教师是有经验的学习者，但其经验往往是离散的、原始的、隐性的，需要理论提升、融合、显性化以供进一步指导实践；专家的研究成果需在真实教育情境中得到检验和完善，以实现其学术成果的实践价值。因此，只有双向建构，才能实现共生共长。②强调对互动学习过程中、学习结束后的新资源的生成和利用。教师在与专家的交互中促进彼此的生成，表现为学习的过程性、结果性以及实践应用后的经典案例等生成性资源的形成，这些生成性资源具有融理论与实践一体化、本土化、实践性的特点，对这些资源进行分类、聚合，形成资源库，供教师进一步学习使用，也促进了资源的可持续发展。

---

① 贾巍，黄兰芳，华俊昌. 2017. 互动生成的教师远程学习活动设计与实践研究——以宁夏"国培"远程培训为例. 教师教育研究，（1）：102-108.

(三)同步集中培训和学习

教师同步集中培训和学习是指在线下的实体学习场所中开展的面对面的集中培训和学习,一般有两种组织形式:一种是外出学习,即在教育部门的组织下,教师外出参加各种培训学习;另一种是校本学习,亦称校本教研,即以教师所在的学校为学习场所,由学校自己组织的常态化的学习或研究,通常是以解决教师教育教学中的问题或学习某一主题为主。

三、如何开展教师混合式学习

(一)发挥线上学习优势,实施以个性化自主学习为主、以互动生成性学习为辅的混合式学习;发挥线下学习临场感优势,实施线下集中面授为主的学习

1. 以个性化自主学习为主的混合模式

这是以线上学习为主的混合模式,重在满足教师的差异化和个性化需求。

(1)目标定位

第一,满足教师个性化学习需求。教师在专业发展等方面具有个体差异,线上学习可以满足不同专业发展阶段(如新入职教师、合格教师、骨干教师、专家型教师等)、不同层次、不同学科等教师的个性化需求。第二,培育具有个性化风格的教师,促进教师个性化专业发展。个性化学生的培养需要个性化的教师,教师的专业发展应从共性化、标准化、模式化走向个性化、多样化和个性化,而传统的面对面学习难以满足教师个性化发展的需要。充分发挥在线学习的个性化优势,开展以个性化学习为主的线上线下混合式学习,是今后教师专业发展的重要方式。第三,解决教师工学矛盾。教师的工学矛盾较突出,选择网络学习则可以很好地解决这一矛盾,教师可以一边工作一边在网上学习,可以足不出户地进行学习且不耽误工作,可以在任何时间和任何地点开展灵活自主的学习。

(2)实施要点和思路

教师依据自己的实际,利用线上丰富多样的个性化学习资源,自定学习

目标、学习进度,大部分时间用来开展自我导向式的个性化线上学习,同时,安排少量的、必要的在线交流和线下集中学习。在线交流主要是教师与专家、教师与学习同伴之间的互动、交流,专家可以就教师的问题进行在线答疑和指导,学习同伴之间可以分享学习经验;在学习期间或学习结束后,要安排一定数量的线下指导和教研活动,即专家深入教学一线课堂,对教师的学习应用进行现场指导,开展校本教研和集中面授,解决教师在线上学习和实践课堂教学中的问题。在学习结束后,可以对教师学习的生成性资源进行加工,从而生成新的资源,以供教师培训和学习使用。

2. 以互动生成性学习为主的混合模式

这也是充分发挥线上学习优势、以线上为主的混合模式,重在支持教师互动交流的共同体学习。

(1)目标定位

1)促进知识的协同建构。建构主义学习理论强调学习是个体在与他人及其生活环境的相互作用和相互交往中创造意义的过程,学习者在完成个体学习后需要进行知识的社会化。教师在完成个性化学习后,需要与他人进行会话、协商、交流,以进一步完善、拓展和深化理解,从而促进知识的社会化建构。

2)促进生成。其一,生成学习共同体。在由教育部门、专家、教师、培训机构、教研员等组成的共同体中,所有成员都是平等对话、相互建构的关系,通过对话与交流,生成关于教育基本问题的理解与共识,从而形成拥有共同信念、价值观和研究方法的学习共同体。其二,生成新的知识和资源。教师的个体知识来自其教育行动的过程,专家的理论成果需要进入一线教育教学的真实情境中得到检验和完善,因此,只有在教师与教育专家平等互动的过程中,教师的个体知识才能得到升华,生成新的理论知识,专家的理论成果才能得到检验而实现理论知识的实践生成。

(2)实施要点和思路

1)建立教师混合式学习共同体。教师混合式学习共同体由政府、教育行政部门、学校、教育技术企业(主要提供教师学习的硬件设备和软件等)、网络远程培训机构、教育专家、教研员、教师等利益相关者共同组成。要发挥各自的优势，尊重彼此的利益诉求，建立互动协同的共同体：政府和教育行政部门及学校要发挥决策权及资源配置、组织协调等优势和服务功能，教育技术企业和培训机构要发挥技术和学习资源开发优势，教育专家等要发挥专业指导引领作用，教师要发挥自身丰富的教育实践、经验和个性化理解的优势。只有在这种互动协同的关系中，教师才能实现共生共长、共同发展。

2）利用在线学习的互动和生成优势，开展以互动生成性学习为主的混合式学习。建立教师网络学习空间或工作坊，以网络学习空间或工作坊为网络协作社区，将教师学习的内容设计为一系列合作探究的主题任务，或以教师真实的教育教学实践问题为主题，开展共同体合作线上探究式学习；同时，设计一定次数的线下交流活动，促进教师与专家的互动与交流，开展现场指导和答疑等；将学习结束后产生的生成性资源进行加工整理，从而生成新的资源，以供教师进一步学习和使用。

3．以线下集中面授学习为主的混合模式

（1）目标定位

发挥线下学习临场感的优势，重点解决区域内教师学习的实践应用问题。因场地等限制，参加线下集中学习的人数有限，主要是区域内一定数量的教师参加，但集中学习可以发挥面对面的优势，开展现场观摩、跟岗实践等，因而比较有利于解决教师个性的或共性的实践问题。

（2）实施的要点与思路

1）线下跟岗实践，线上资源辅助。这是教师离开自己的岗位外出一段时间去优质学校学习的形式，将优质学校的教师作为培训者，以师徒制的形式一对一带领和指导接受学习的教师，开展教学设计、听课、上课、评课等一系列专业化指导活动，是对教师从理念到实践的一体化的培训和指导；同时，以网上资源为支持，辅助教师进行相关知识和理论等的学习。

2）网络辅助下的校本教研。这是教师不离开自己所在学校、基于自己工作岗位的、常态化的、工作与学习一体化的培训和学习形式。教师以自己所在学校或区域内学校为活动单位，每学期设计一系列教研主题，包括班级管理、教学设计、教学问题、课题研究、家校共建等，开展以线下为主的面对面集中教学研讨活动，网络为这种校本教研提供教育教学、课题研究、教育教学管理等相关理论、知识和方案等资源支持和在线专家指导。

（二）从系统的角度出发，协调教师混合式学习的各个要素，将混合式学习的思想体现在各个要素里

1. 教师混合式学习的六大要素

教师混合式学习本质上属于远程教育领域，遵循远程教育规律，因此，远程教育的相关理论特别是远程学习理论对教师混合式学习具有指导意义。关于远程学习的构成要素的主要观点有多种：两要素说，即课程资源开发和学习支持服务[1]；三要素说，即远程学习由学习平台、课程资源、学习设计构成；三要素交互说，即远程学习由教师、学生、课程资源三要素构成，并注重学生与课程资源、学生与学生、学生与教师这三种交互[2]；等等。

上述观点都不同程度地对远程学习的某几个方面进行了强调，借鉴其思想，结合教师混合式学习的特点，本书将教师混合式学习的构成划分为六大要素：混合式学习平台、课程资源、学习模式、学习评价、学习支持服务、质量保证体系。

混合式学习平台是教师混合式学习的基础性环境，具备支持教师混合式学习的注册、登录、信息发布与管理、教学过程管理、作业发布、在线研讨交流、信息分享、学习资源提供、学习评价与反馈等功能。

课程资源是教师混合式学习的对象和内容。一方面，它为学习者（教师）提供用于学习的在线课程；另一方面，它为学习者提供课程之外的相关在线学习资源。课程资源的质量与数量是影响教师混合式学习的重要因素，所以应当为教师混合式学习开发提供高质量的课程资源。

有了平台和资源，关键是如何开展教师混合式学习，学习模式设计就显得十分重要，它是教师混合式学习得以有效实施的前提条件。教师混合式学习模式是融合了混合式学习理念和方法的操作路径和样式，是关于如何做的活动流程、策略与方案，一般有一种或多种模式，学习模式的设计和实施，

---

[1] 丁兴富. 2009. 远程教育学（第二版）. 北京：北京师范大学出版社：50-51.
[2] 陈丽. 2004. 远程教育学基础. 北京：高等教育出版社：87.

能够使学习者更高效地利用学习平台和课程资源，实现有效学习。

教师混合式学习评价是有效引导学习和反馈学习情况的方式，对提高教师学习质量有重要意义。以评促学，制定科学有效的学习评价体系也是保证教师混合式学习质量的关键。教师混合式学习评价主要是以先进的学习评价理念为辅导，综合考虑面向线上学习和线下学习相结合的相关要素，制定科学合理的评价指标并有效实施。

学习支持服务是教师混合式学习效果的保障。远程学习的教与学的时空分离使得学习者会遇到传统面对面学习时所没有的或更加复杂的困难，因而为学习者提供如学习、咨询、辅导、管理、评估、情感等方面的服务与支持是保障学习质量的重要因素。

如何系统地保证教师混合式学习质量，需要构建教师混合式学习质量保证体系。混合式学习质量保证体系是从系统的和全面质量管理的观点出发，综合考虑与教师混合式学习相关的要素，构建保证教师混合式学习质量的体系。

2. 关系：协调运行、共同支撑和体现混合式学习理念

这六大要素是相互作用、相辅相成、协调运行的有机整体，共同保证教师混合式学习的运行。混合式学习平台是基础，课程资源是核心，学习模式是关键，学习评价是导向，学习支持服务和质量保证体系是保障。它们共同体现教师混合式学习理念，具体体现在以下几个方面：①混合式学习平台要面向教师混合式学习，开发相应的功能支持教师混合式学习，即从技术层面支持教师个性化自主学习、互动协作和生成性学习。②课程资源的开发要面向教师混合式学习，一是提供个性化课程服务，包括课程内容的个性化和课程形式的个性化。课程内容的个性化是指在提供通识课程的基础上，要为教师提供满足其个性化需求的选修类课程和个性化的资源推送服务；课程形式的个性化是指采用多种媒体（如视频讲座、音频、图形、动画、文本等）制作多样化的课程资源，以及采用多样化的形式（如视频讲座、视频对话讨论式课程、课堂实录、同步课堂等），满足不同认知风格教师的学习。二是开发结构开放的课程资源等支持教师互动生成性学习。三是提供集中面授学习的资源服务。③学习模式设计要体现三种学习形式的有机混合，将教师混合

式学习的实施要点和基本思路具体化，设计可操作性强的混合式学习模式。④学习评价要面向教师混合式学习，综合考虑线上线下学习的特点，制定过程与结果相结合的多元主体的评价体系。⑤学习支持服务体系要结合线上线下学习的实际，构建面向教师混合式学习的支持服务体系。⑥学习质量保证要面向教师混合式学习，充分考虑与教师混合式学习相关的线上线下要素，构建教师个性化学习、互动生成性学习和集中面授学习相结合的学习质量保证体系。

第四章

教师混合式学习平台

第一节 教师混合式学习平台及其构建思想

一、教师混合式学习平台的内涵

(一) 网络学习平台的概念界定

网络学习平台是基于互联网技术,为学习者提供的网络学习虚拟空间。该空间提供了丰富多样的课程资源,既支持学习者注册、登录、灵活自主地学习在线课程、完成学习任务等,也支持教师开展同步或异步的教与学活动、实时或非实时的交流互动活动等。网络学习平台的本质是学习活动管理系统(learning activity management system,LAMS)和学习内容管理系统(learning content management system,LCMS)的集中[1],包括网上教学和教学辅导、网上自学、网上师生交流、网上作业、网上测试及质量评估等多种服务在内的综合教与学的服务支持系统[2]。

(二) 教师混合式学习平台的概念界定

教师混合式学习平台就是依据教师混合式学习理念,构建的能支持教师

---

[1] 武丽志. 2015. 教师远程培训研究:"研训用"一体的新视角. 北京:清华大学出版社:62-63.
[2] 宗俐利. 2016. 基于翻转课堂的教育传播学课程网络学习平台的设计与制作. 漳州:闽南师范大学硕士学位论文:1-63.

开展个性化自主学习、互动生成性学习、线下集中面授学习相结合的网络平台，是具有教师学习管理、学习活动实施、学习工具支持、辅导答疑、交流互动等功能的网络学习空间。

二、教师混合式学习平台构建的指导思想

教师混合式学习是线下集中面授学习、个性化自主学习、互动生成性学习相结合的学习方式。教师混合式学习平台就是在平台设计和技术实现上要面向和支持这三种学习方式的混合，把教师混合式学习的理念落实到学习平台的设计和开发中，使其具备相应的功能。具体表现在以下几个方面。

（一）支持教师开展个性化自主学习

1）混合式学习平台要为教师主体性和能动性的提升提供支持，要为教师提供一个多元化的虚拟世界，以及丰富多样的信息资源，以满足教师个性化的差异需求；要为教师的自主学习提供便捷条件，支持教师依据自己的价值取向自由选择学习对象和开展自组织学习活动、自主决定学习时间和学习地点、自主决定学习进度和开展自我评价等。

2）混合式学习平台要注重满足教师个性化展示的需求，支持教师通过该平台来展示自我，与其他学习者、专家等进行互动和交流，扩展学习空间。

3）混合式学习平台要为教师的学习活动提供相应的资源和学习工具支持。资源通常包括活动网站、活动案例等；学习工具通常包括学习工具系统、电子档案袋等学习过程跟踪和记录系统等。

4）要吸纳和体现网络信息技术的新成果，开发便捷、智能的教师混合式学习平台。大数据、人工智能技术的发展，为教师混合式学习平台的构建提供了强有力的技术支持，特别是为教师个性化学习提供了越来越强大的支持。面对海量的数字化学习资源，快速找到适合自己个性特点的资源成为教师学习中的关键问题，除了要具备必要的信息素养外，从网络信息技术层面为教师提供智能的资源推荐服务也是解决这一问题的重要途径。以教师学习为本，通过数据挖掘等技术建立教师模型，包括教师学习行为、学习兴趣、学习风

格、相似性等；通过搜索引擎技术、移动 Agent 技术、协同过滤技术或混合技术等个性化推荐技术，为教师推荐适合其个性特点的资源。

（二）支持互动生成性学习

1. 支持互动与协同发展

在混合式学习平台的支持下，可形成由学习者（教师）和助学者（教育教学专家、辅导教师、中小学教研员等）、教育部门、培训机构等组成的基于信息技术学习环境的学习共同体，实现互动与协同发展，主要表现在四个方面：①混合式学习平台支持教师与课程资源的互动。在混合式学习平台中，教师可以便捷地学习到丰富的海量资源，可以自由地徜徉在资源的海洋中，既可以学习通识类的课程资源，也可以依据自己的个性特点选择个性化的学习资源，从而真正实现按需学习，真正实现以教师学习为本。②混合式学习平台支持教师与教师之间的互动。在互动的广度上，实现了校内教师与校外教师的互动，如城乡教师之间的互动、国内教师与国外教师的互动等；在互动的深度上，通过交流共享与会话实现了深度学习。③混合式学习平台支持教师与专家之间的互动。教育研究者通过与一线教师的互动，在支持教师实践研究的同时，也使自身的理论话语变得丰富和具体化；教师通过与研究者的对话和交流，也能形成不同观念的"视域融合"[1]，从而实现教师与专家的双向建构与双向发展。④混合式学习平台支持教师与组织者、协调者的对话，为他们提供了高效便捷、民主平等的对话环境，使每个成员的主体性都得到了体现和展示，如作为学习者的教师可以以匿名、实名等不同的方式发布关于学习方面的需求与要求，以反馈给组织者关于学习的真实情况与实际需求等。

2. 支持生成

1）使用网络信息技术平台实现对已有资源的融合，供教师学习使用。一方面是学习资源融合，即根据教师学习需要，广泛征集各类培训资源，对其

---

[1] 冯苗. 2008. 论教育场域中的对话——基于教师视角的哲学解释学研究. 长春：东北师范大学博士学位论文：142.

进行分类整理,并将其纳入教师学习培训资源库,以满足教师培训和学习的需求;另一方面是人力资源融合,即构建教师混合式学习的服务队伍,组成学习辅导、技术支持、资源开发等团队,为教师学习服务。

2)支持生成性资源的聚合。一方面,为教师、辅导人员开发支持资源生成的工具,这些工具能够支持互动学习、资源分类聚合、数据自动记录、评价等,如讨论、问答、资源下载分享、资源分类整合、辩论、视频、评价、问卷、协作文档等。另一方面,要体现以教师为本的理念,利用这些生成工具对教师学习过程中产生的有价值的资源信息(如有创意的观点、思路、打磨完成的教学设计、问题解决方案等)进行聚合与利用,从而补充和完善原有固化、静态的学习资源。

(三)支持教师面授集中培训和学习

1)混合式学习平台为线下课堂实践和教研提供课程资源支持,如提供专递课堂、名师课堂、视频实录、在线课程、学习资源等供教师学习和更新知识,然后将这些所学应用于课堂教学或教学研讨。

2)混合式学习平台为教师提供在线指导和交流的机会。教师在学以致用的过程中会产生一些需要帮助和指导才能解答或解决的疑惑、问题等,通过该平台,既可以得到平台上专家的指导,也可以和学习同伴进行交流和互相帮助。

3)混合式学习平台支持学习成果发布和共享。教师在学习实践或教研后会产生相应的成果,可以通过在线平台发布和共享这些成果。

第二节 教师混合式学习平台的构成要素

依据混合式学习平台的指导思想,本书梳理了中小学教师混合式学习平台的基本构成要素(图 4-1),即管理中心、信息资源学习、交流与互动、个性化学习、学习评价这五大模块。下面对这五大模块进行具体阐释。

第四章 教师混合式学习平台

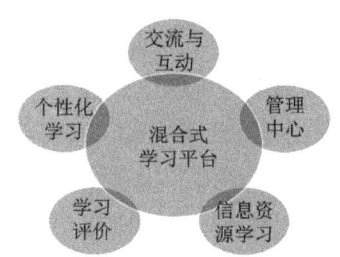

图 4-1 中小学教师混合式学习平台的基本构成要素

一、管理中心模块

管理中心是混合式学习平台不可或缺的模块，如图 4-2 所示，其功能包括学习管理、生成性资源管理、用户信息管理和数据库维护。学习管理主要包括对学习进度、学习反馈、公告、咨询等的管理；用户信息管理是对用户的个人基本信息的管理，含用户的注册、登录、权限管理等；数据库维护主要包含数据的检查、备份、更新等。

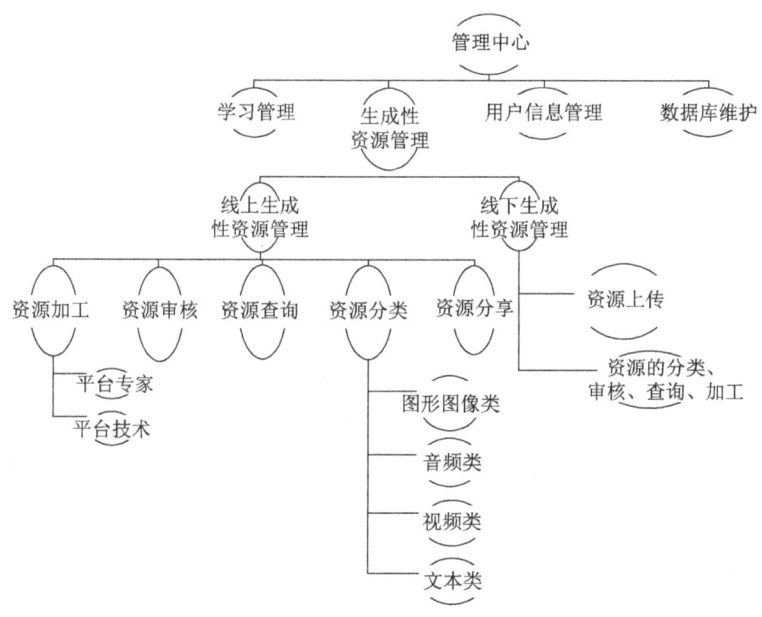

图 4-2 管理中心模块

依据教师混合式学习理念，此模块在具备支持学习和信息管理等基本功能的前提下，重点突出混合式学习中的生成理念，注重支持资源的生成和聚合。资源生成的路线主要有两条：一是线上资源的生成与聚合；二是线下资源的生成与聚合。因而，生成性资源管理包括线上生成性资源管理和线下生成性资源管理两部分。线上生成性资源管理主要是教师在学习过程中产生的大量生成性资源，如优秀作业、教学反思等，通过从技术层面汇聚、评价、筛选、分类、发布以及专家点评指导等方式对这些资源进行加工、整理、聚合、分类，重新呈现在混合式学习平台上供教师交流和学习；线下生成性资源管理是教师在线下实践应用后，经过打磨而形成的教学设计、优秀课例等，可以上传到混合式学习平台上供教师进一步学习，积累培训资源以形成本土化资源，即支持资源的生成和融合。

二、信息资源学习模块

信息资源学习模块主要是支持和保障教师独立、自主学习，完成教师专业知识更新、理论学习、理解等任务，这部分信息资源主要是教师在混合式学习平台必修的课程，是远程培训机构依据教师专业发展要求规定的每位教师必须完成的学习任务。如图4-3所示，它主要包括学习日志、理论学习、学习应用（实践）、阅读、测试（工具）、专题学习。学习日志是教师对每次学习的反思、心得体会、学习启发等的记录，发布在学习平台上可供其他教师学习和交流；理论学习包含知识点学习、课程作业的交流、拓展资源的学习和教学案例的学习；学习应用（实践）为教师提供了实践的要求和指南建议，并为教师提供了发布教学实践成果的网络空间；阅读是供教师自主阅读学习的网络空间，可以为教师提供学习必修阅读资源和选修、拓展阅读资源等；测试（工具）是帮助教师学习和对自身能力发展情况进行评价的模块，主要有各种学习评估工具，如电子档案袋、学习过程记录系统和学习反馈工具等，帮助教师提高学习效果和反馈教师学习情况；专题学习是供教师对教育或教学的某一专门问题进行学习的课程资源，学习主题明确、范围较小且有一定深度，如班主任工作、某一教学方法的专题等。

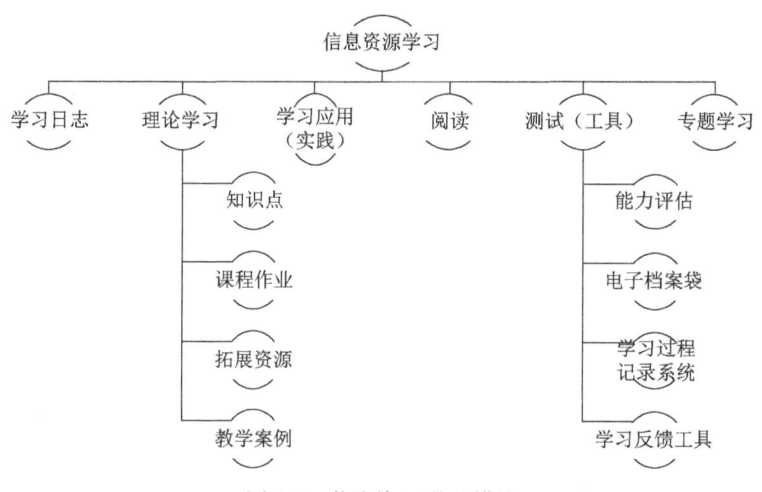

图 4-3 信息资源学习模块

三、交流与互动模块

混合式学习平台要为教师的良好互动和交流提供支持，既可以使教师和学习同伴、专家、课程、平台间进行流畅的、无障碍的交流和沟通，也可以使教师获得良好的学习体验，从而提高教师学习的积极性，增强混合式学习平台的用户关联度。关于交流与互动，混合式学习平台主要从咨询答疑、互动协作、交流研讨等方面支持教师的互动和交流学习，营造学习氛围和增强学习归属感。如图 4-4 所示，交流与互动模块除了应提供咨询答疑、互动协作、交流研讨、交互工具（留言板、实时聊天室、论坛、QQ 群等）和交互支持（离线学习、课内检索、导航帮助等）以外，还应提供支持教师和教师之间互动、教师和专家之间互动、教师和平台之间互动、教师和课程之间互动等多元化的互动软件，以确保教师与学习同伴、专家、辅导教师等的交流和互动。同时，教师在自主学习的过程中遇到困惑和疑问时，既可以通过实时聊天室、视频答疑、站内邮件、QQ 群和专家、同伴进行互动答疑，也可以通过课内检索、导航帮助、书签订阅进行辅助独立学习，开展协作学习、交流探讨等，从而满足教师的互动协作学习的需求，消除教师在网络学习过程中产生的孤独感。

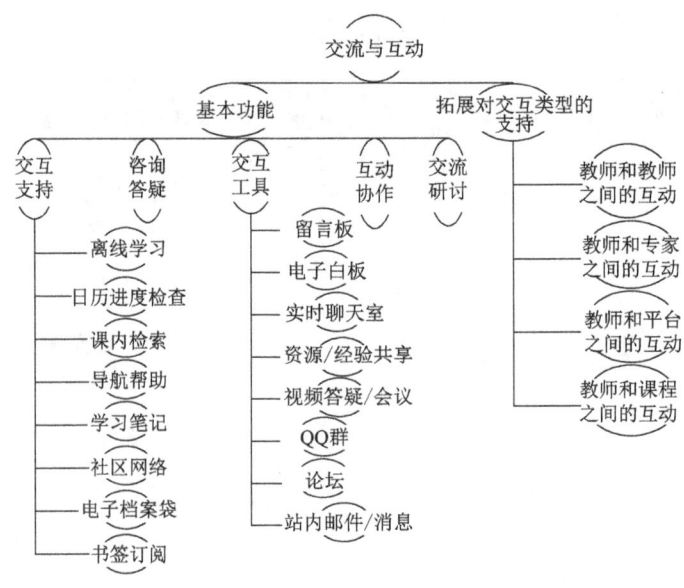

图 4-4 交流与互动模块

四、个性化学习模块

个性化学习模块主要为教师的个性化学习提供服务支持和工具支持，最大化地适应学习者的不同学习风格、学习水平，以及满足学习者不同的学习需求，这种个性化的服务方式主要依托于混合式学习平台收集的用户爱好、兴趣、学习过程、学习行为等信息，通过网络信息技术等手段统计用户偏好，从而为学习者提供个性化服务和工具支持。如图 4-5 所示，个性化学习模块主要包含个性化的资源推送、检索，移动学习，研究性学习，网络学习空间四个部分。

（一）个性化的资源推送、检索服务

面对网络中的海量信息，教师如何快速找到适合自己的资源，是网络学习平台需要关注和解决的问题之一。随着现代网络信息技术的发展，混合式学习平台将会更好地为学习者提供个性化资源推送和检索服务。该平台通过收集用户在平台学习中表现出的学习兴趣、学习风格、学习行为等信息，从而建立学习者模型，分析学习者的学习风格，学习方式，学习兴趣、偏好，

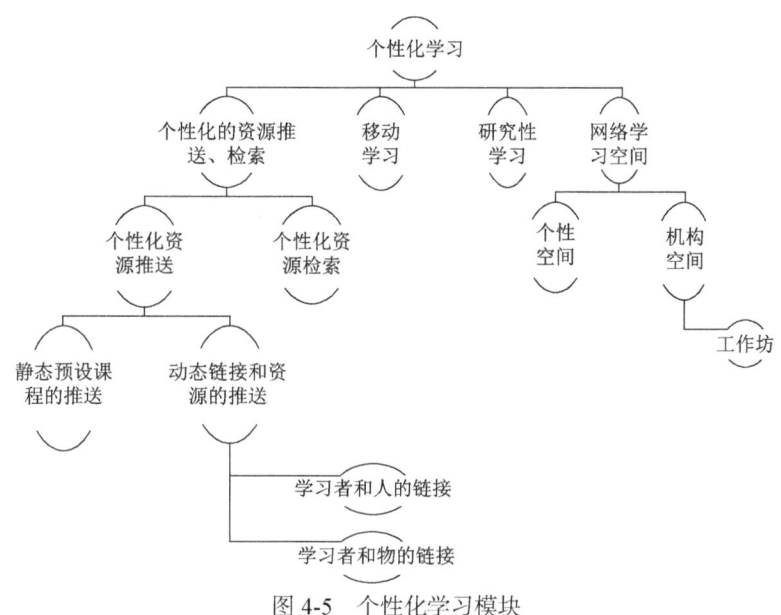

图 4-5 个性化学习模块

如图 4-6 所示,通过学习起点分析(前测)、个人信息等及时地跟踪学习者的学习行为及学习规律的动态变化,把静态预设的资源和动态资源及链接推荐给用户。通过建立学习者模型分析学习者的行为,根据这些信息做出相应资源的推送匹配和建议,为用户做出最优的推送和咨询服务。通过数据挖掘技术、搜索引擎技术、协同过滤技术、混合网络信息技术等实现对资源的二次聚合,依据学习者的个性化特点和需求,推送相应的课程资源。

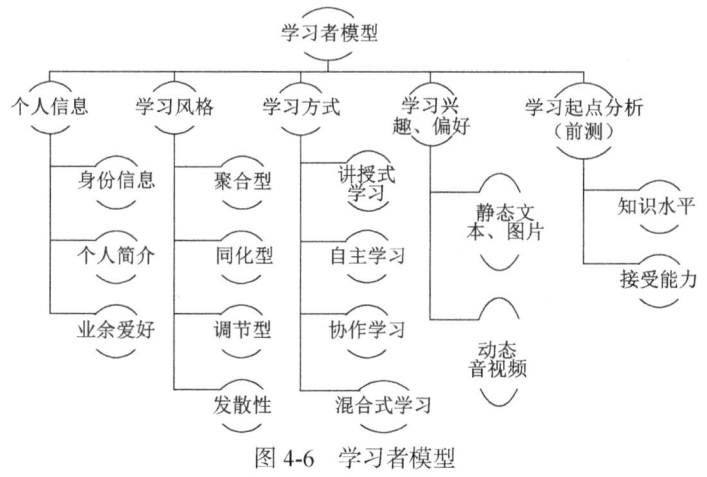

图 4-6 学习者模型

（二）移动学习

随着信息技术的日新月异，教师混合式学习平台要积极吸纳信息技术的最新发展成果，不仅要提供 PC 端的服务，还要利用移动互联网技术、移动设备，基于 IOS、Android 系统提供手机等移动客户端的服务，并且保证用户在移动设备和 PC 之间的各种学习数据的同步，满足用户在任何时间、任何地点的学习需求，即支持随时随地的移动学习。同时，该平台还可以利用简单便捷的互动直播技术，开设专家指导课堂和名师课堂。移动学习既可以有效地提供学习内容，也可以提供教师与平台、课程、专家之间的双向交流。

（三）研究性学习

研究性学习模块主要是为了培养教师发现问题、提出问题、解决问题的能力，以教师在教育教学实践中的真实问题为研究主题，设计基于问题解决的课题研究，建立学习共同体，同时配合线下的专家指导开展研究性学习，提升教师的教育教学研究能力。

（四）网络学习空间

网络学习空间是指在混合式学习平台上划拨出来的集资源、服务、数据为一体，支持共享、交互、创新的实名制网络学习场所。网络学习空间既支持不同角色的用户（如坊主、学员、专家、管理者等）在同一空间中的身份切换，以实现"一人一空间"，也支持不同角色用户的互联互通和各类公共应用服务的汇聚与调用。网络学习空间分为个人空间和机构空间：个人空间包括学员空间、坊主空间、管理者空间等，提供诊断测评、自主选学、课程学习、工具使用、资源推送等自主研修功能，同时具有互动讨论、活动参与、资源共享、成果点评等注重互动交流功能；机构空间包括班级空间、区域空间等，能够调用公共应用服务，具有成员管理、生成性资源管理、信息发布、活动组织和活动分析等功能。[①]

五、学习评价模块

学习评价模块是对教师学习效果、学习过程以及学习结果等的测评和反馈，混合式学习平台则主要依据评价工具开展测评。该模块包含评价的基本功能和拓展延伸功能两部分，如图4-7所示。基本功能部分包含即时评价（如在线考试、题库练习等）、单元测验、作业管理、模拟考试和过程评价。拓展延伸功能主要包括：①通过对教师学习前期阶段的知识生成量和学习后期阶段的知识生成量进行对比量化考核，以此来测评教师网络学习前后知识量的生成情况和学习情况；②混合式学习平台提供评价工具，如试题、问卷、检核表和平台自制的各种检测表，以此来支持自主评价、教师互评等评价活动的开展。

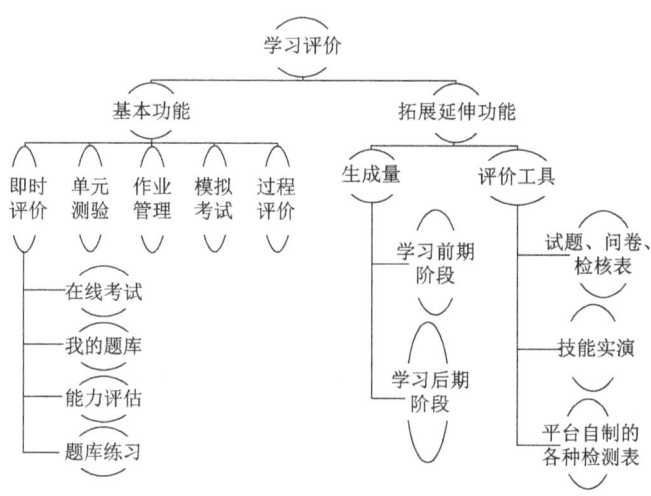

图4-7 学习评价模块

---

① 教育部. 2019-05-13. 教育部关于印发《网络学习空间建设与应用指南》的通知. http://www.moe.gov.cn/srcsite/A16/s3342/201805/t20180502_334758.html.

第三节 教师网络学习平台[①]的构建现状

一、调查设计与实施

（一）调查对象的选取

本次调研对象为参与宁夏"国培计划"网络培训的中小学教师和承担宁夏"国培计划"教师网络培训的机构（分别是 X 机构、L 机构、Z 机构）。

（二）调查工具设计

1. 调查问卷设计

（1）调查问卷的主要内容

依据本书对中小学教师混合式学习平台基本内涵的界定，并参考相关研究，笔者编写了中小学教师网络学习平台研究调查问卷（附录 2）。问卷主要分为两部分，即参与网络学习教师的基本信息和中小学教师网络学习平台建设与应用情况。其中，教师的基本信息主要包括性别、任教时间、年龄、最后学历等方面；教师网络学习平台建设与应用方面是依照中小教师网络学习平台构成要素，分别从信息资源学习（流畅、稳定），交流与互动（研讨、互动、交流、资源的生成与整合），提供个性化服务（推优、统计、反馈、跟踪），管理中心（导航清晰、操作便捷、简洁指南、框架），平台所带来的便利性，满意度和评价工具方面入手。整套问卷共涉及 28 道题目，问题设置全面、分类明确、表达自然。

（2）问卷可靠性分析

问卷设计完成后，笔者到所实习的 Y 中学进行问卷发放，共发放问卷 90 份，回收 84 份，回收率为 93.33%，回收问卷中的有效问卷为 76 份，

[①] 本节及本章第四节为实证调查，涉及的网络培训机构开展更多的为线上培训与学习，因此，这两节的节标题以"网络学习平台"为核心。

有效问卷回收率为 90.48%。随后，笔者运用 SPSS22.0 对问卷进行了可靠性分析，得到问卷的信度为 0.802，说明该问卷可靠性较强，可以正式发放。

2. 访谈提纲设计

为了详细了解"国培计划"相关的网络学习平台的建设与应用现状，以及补充和完善中小学教师网络学习平台研究调查问卷的内容，笔者制定了中小学教师网络学习平台研究访谈提纲（附录 3），该访谈提纲从管理中心、信息资源学习、交流与互动、学习评价、个性化学习五个方面进行设计，通过与教师的访谈，深入了解中小学教师网络学习平台建设与应用中存在什么样的问题，以及教师对中小学教师网络学习平台的评价与建议等。

3. 编制观察记录表

依照中小学教师网络学习平台的构成要素，笔者从管理中心、信息资源学习、交流与互动、学习评价、个性化学习、用户体验六个模块，针对选定的"国培计划"的三家网络培训机构进行观察量表设计，与教师讨论并修改后得出观察量表（附录 4）。

（三）调查实施

1. 问卷的发放

本书研究的问卷调查对象为参加"国培计划"网络培训的宁夏中小学教师，笔者于 2018 年 9—12 月，通过全国最大的网络问卷收集与统计平台进行问卷的发放、回收和统计。采取随机抽取样本的方法，共发放问卷 600 份，回收有效问卷 546 份，问卷的回收率在 90% 以上。

2. 访谈与观察

2018 年 11—12 月，通过与教师面对面的交谈及微信和 QQ 交流等形式，笔者选取 S 市 2 所小学、M 市 2 所初中和 N 市 1 所高中的部分教师进行了深度访谈，之所以选择这三个市，是因为它们是本次示范性项目所在市，具有一定的引领示范作用。为确保所收集信息的代表性，访谈选取的教师来自不同学校和不同学科。

笔者分别以用户、管理者、工作坊教师等身份，登录 X、L、Z 三家网络学习平台观察体验，并对平台所提供的管理中心、信息资源学习、交流与互动、学习评价、个性化学习等相关模块的建设和应用进行客观的记录与分析。

二、教师网络学习平台的建设现状

（一）平台的管理和总体完善情况

1. 平台基本功能完善，管理运行较好

调研发现，多数教师表示其所在的网络学习平台的功能模块比较完善，有 27.38% 的教师认为平台的功能非常完善；53.57% 的教师认为平台的功能比较完善，基本可以满足他们开展活动的需求。同时，多数教师认为网络学习平台对其学习目标的制定、学习内容和资源的使用方法、工具的使用说明、学习行为的约束、线上测试、作业和考核要求、知识和技能的运用等进行了说明。这些均表明网络学习平台已尽可能为教师提供了全方位的功能，教师能获得较好的学习体验。

2. 平台部分功能模块的操作不够便捷

目前，支持宁夏"国培计划"项目开展的几家网络学习平台，在具备基本功能的基础上也各有特点，但也存在功能不完善、操作不便捷、交流评价功能实用性不强等问题。调查显示，有超过一半的教师认为自己所在的网络学习平台运行稳定、网页打开速度快、视频播放流畅、页面布局合理、美观大方、使用体验好，但还有 14.29% 的教师认为其所在的网络学习平台存在运行不稳定、导航不清晰、操作不便捷、使用体验欠佳等问题。

（二）平台对信息资源学习的支持情况

1. 资源的呈现与接收

（1）平台为学员提供了较为全面的预设性课程资源

通过对三家网络学习平台的观察和体验，笔者发现，三家网络学习平台对预设性课程资源建设都十分重视。图 4-8 是 L 机构学习平台预设性资源分类呈现的截图，中小学教学资源、教研资源、科研资源、培训资源等在平台的呈现和分类都很全面，能满足学员的不同学习需求。

图 4-8　L 机构的学习平台资源呈现模块

在对教师关于资源的呈现与接收的调查中，有 59.52% 的教师认为自己所在的网络学习平台所提供的资源较好，有 14.29% 的教师认为自己所在的网络学习平台所提供的资源一般。笔者通过对实际的网络学习平台的观察和对问卷调查数据的分析发现，各个网络学习平台对预设性课程资源的建设和呈现都非常重视，提供了较为全面的预设性课程资源，但从整体来看，选修课程资源、生成性资源的建设相对不足。

（2）部分资源质量不佳，学科资源不均

根据与教师的访谈以及对网络学习平台的观察、问卷数据的整理和分析，各个网络学习平台虽然提供了大量的预设性课程资源，但存在部分资源质量不佳的问题，主要表现在部分视频的画面模糊不清、音量时大时小，尤其是课堂实录的问题比较严重，如视频时间太长，不够简练；同时发现平台所提供的资源大部分都偏向于语文、数学、英语等学科，而体育、心理健康、信息技术等学科的课程资源建设有待提高和改善。例如，访谈中有不同教师谈道：

在观看课堂实录视频时，画面会出现抖动、倾斜等现象，音量也时大时小，可能是现场摄影的机器故障或者摄影老师操作不当引起的。

我是信息技术老师，网络学习平台中关于信息技术课程方面的资源很少，已有的也是电子文档或PPT，希望有关信息技术课程和资源的建设能引起有关部门及学校的重视。

（3）未开发符合当地教育实际的优质资源

教师更喜欢学习和使用本地一些教师的优质教学资源，希望能在网络学习平台中找到更多身边的、融理论和实践为一体的、接地气的本土化资源，如一线优秀教师的教学案例等，但实际情况是这方面的资源无论是从质量上还是从数量上都不尽如人意。

2. 资源的生成与整合

平台未提供关于生成性资源加工与整合的技术和手段，对生成性资源的利用不够。网络学习平台虽然提供了资源上传模块，但上传到平台的资源还处于原始状态，平台未提供一定技术来支持对资源的二次加工；另外，平台的专家未对学员上传的资源进行筛选、加工和整合。这样就浪费了大量优质的本土化资源，同时也不利于了解学员实际学习情况和真实的反馈。

生成性资源是参训教师经过实践不断打磨形成的优秀资料，上传到网络学习平台后，并未得到及时的筛选、分类和汇总，从而未形成可供其他教师学习的资源。由此可见，生成性资源的利用并未得到足够的重视。

（三）网络学习平台对互动协作学习的支持情况

网络学习平台一般具备手机应用程序（application，App）等多样化的互动支持工具。通过调研发现，目前大部分平台实现了通过手机端App登录学习的功能，部分平台也推出了公众号和小程序的登录方式，相比传统的只支持PC端登录和下载软件的方式，现在教师免去了下载和安装软件的步骤，能随时随地开展灵活的学习，实现了随时随地的即时学习和即时反馈。随着网络和信息技术的不断发展和更新，微信、微博、QQ 等通信手段的广泛运用，多样化的通信方式极大地方便了教师之间的交流与互动。在对教师获得培训网站帮助的方式的调查中，选择"24 小时 QQ"的教师占 46.43%；同时选择微信、论坛、电子邮件的教师也都在 30%以上。这表明学习平台为教师提供了多样化的交流互动工具，方便了教师的选择和使用。

（四）网络学习平台对个性化学习的服务情况

1. 提供的个性化信息推荐服务不佳

在网络学习环境下，网络学习平台除了应为学习者提供一些常规的资源支持服务和工具支持服务外，还应提供一些个性化服务和个性化的学习环境，最大化地为不同的用户提供不同的服务，以满足不同学习风格和处于不同学习水平的学习者的需求。个性化服务通过收集和分析用户信息来分析用户的兴趣、需求、特征、行为，从而主动地为用户推荐网络学习平台上的相关课程资源、最新动态等信息和服务；个性化服务技术能充分提高网络学习平台的用户黏度和服务质量，从而吸引更多的访问者和用户。调查显示，有部分平台具备为教师推荐优质课程和资源的功能，有 22.62%的教师表示自己所在的平台会推荐课程和资源，但推荐的内容不符合自己实际的学习需求；有 10.71%的教师表示自己所在的平台没有此功能；还有 13.10%的教师并没有关注自己所在平台是否提供推荐优质课程资源和链接的服务。从中我们可以发现，网络学习平台关于个性化的推荐服务还不健全和完善，一方面是部分平台的功能还不是很完善，尚在建设和发展中；另一方面是教师的个人应用能力和信息素养欠缺。

2. 提供的个性化信息检索服务不佳

个性化信息检索服务是在个性化信息推荐服务的基础上产生的，随着网络学习平台资源的不断丰富，数据库系统也越来越多，因此要找到某一相关的主题或课程资源，必须对不同的数据库进行多次检索，检索时间长且耗费人力。笔者通过对网络学习平台的观察和体验发现，目前关于资源检索，平台大多还未应用如图片识别技术、语音识别技术、视频识别技术等先进技术来降低用户查找数字化资源的难度，减少用户的检索时间，从检索层面简化用户的操作，降低资源的获取成本，从而提高网络资源的利用率和检索效率。快捷、准确、更广泛的搜索范围是个性化检索服务的更高要求和准则，也是未来个性化检索服务的发展趋势。目前，网络学习平台个性化的信息检索服务大都处于起步阶段，尚在建设和完善中。

3. 对移动学习的支持有待增强

（1）大多平台支持移动学习，且推出了相关App、公众号和小程序

移动技术的发展为移动学习奠定了坚实的基础。移动学习主要利用移动通信技术、数字技术等新媒体传播的便捷性、交互性等特点，为学习者提供随时随地学习的平台和环境，这不仅突破了学习者时刻都要坐在电脑前的局限性，同时也为大众提供了新的信息服务方式和交互方式。调查显示，超过一半的教师表示其所在的平台支持移动学习，26.19%的教师对移动学习不是很清楚和了解，20.24%的教师表示其所在的平台不支持移动学习。这说明移动学习的发展空间还很大，今后应进一步加强移动学习平台的构建和应用。

（2）电脑学习与手机学习的内容和功能存在不一致的情况

调查数据显示，有1/3的教师表示电脑学习与手机学习的内容和功能基本一致；有10.71%的教师表示电脑学习与手机学习的内容和功能完全一致；也有36.90%的教师表示电脑的功能和学习内容比较完善，而手机只能观看学习视频、浏览文本资料，不能写作业、反馈心得体会等；还有17.86%的教师既没注意到，也不是很清楚电脑学习与手机学习的内容和功能是否一致。

（五）学习评价

1. 支持多种评价考核方式

笔者通过对问卷调查结果的统计和对网络学习平台的观察与体验发现，网络学习平台除了支持常规的评价考核方式，如在线测试、同伴互评、自我评价等外，还支持专家学者评价、阶段与总成绩相结合的评价、线上评价与线下评价相结合、学校或师资培训中心组织的线下测评的多种方式相结合的

评价考核方式。其中应用最多的还是常规的在线测试、同伴互评、自我评价，其次是阶段与总成绩相结合的评价方式。这说明网络学习平台支持多种对学习者进行全方面评价的考核方式，并以此来提高平台教育资源的输出及服务应用能力，确保学习者的学习效率。

笔者通过调查发现，各个网络学习平台对工作坊坊主、学员、专家、管理者等都有相应的考核维度和评分细则。例如，某网络学习平台对工作坊主持人的研修策划（行动方案、研修总结）、研修组织管理、研修指导（示范案例、活动组织、作品点评、答疑解惑）和研修学习等方面进行了全方位的量化考核，并将量化考核的分数作为平台评价工作坊主持人的重要参考依据，以此来提高工作坊主持人的工作积极性和效率，从而提高学员整体培训的效果。网络学习平台对学员的考核评价，主要从理解教材、找准关键点、研习示范课、总结和选修课程五个方面对学员的课程学习、研修活动、实践任务、作品集进行量化考核评价，以此来督促学员的学习进度和平台整体资源及服务的输出。

2. 教学支持工具和研修支持工具提供不足，甚至部分图标无实际功能

教学支持工具和研修支持工具是辅助教师开展日常教学所需的工具，但笔者通过对问卷调查的统计和对网络学习平台的观察与体验发现，目前网络学习平台关于教学支持工具和研修支持工具存在提供不足，甚至部分只有图标而无实际功能的问题。调查显示，39.29%的教师表示自己所在的平台提供相应的教学支持工具和研修支持工具，34.52%的教师表示自己所在的平台只提供部分教学支持工具和研修支持工具，9.25%的教师表示自己所在的平台不提供相关的教学支持工具和研修支持工具，还有16.67%的教师不清楚自己所在的平台是否提供教学支持工具和研修支持工具。这说明网络学习平台对教学支持工具和研修支持工具提供不足。据笔者观察，部分网络学习平台的研修工具模块只有原型图和相应的工具介绍，而并无相应的功能或者链接。

第四节　教师网络学习平台的应用现状

一、教师对平台使用的满意度、情感投入与体验感

（一）便利性不足，满意度尚可

参与调查的教师中，有 58.33%的教师对网络学习平台的满意度较高，有 29.76%的教师对网络学习平台的满意度很高，有 11.91%的教师对网络学习平台的满意度一般。超过一半的教师对自己所在的网络学习平台很满意，说明网络学习平台的应用空间很大。同时通过对教师的访谈了解到，网络学习平台存在"登录界面太花哨不够简洁""操作起来不顺手""严格要求登录时长和学习时长"等问题，说明网络学习平台的便利性还不足，有待提高。

（二）缺乏趣味性，教师情感投入不足

笔者在调研中发现，虽然各个网络学习平台都积极推出了提高平台黏性的活动和用户访问量的机制，如竞赛答题积学分、论坛回帖积学分、互动讨论积学分等活动，但平台本身的设计和推出的活动的趣味性并不高，教师在网络学习平台学习的过程中并没有产生依赖感和认同感。另外，教师对网络学习平台投入的情感不足，热衷度不高。例如，有教师在访谈中说道：

> 平台虽然有时会发起一些线上活动，但活动规划大都是通过答题、回帖、讨论等来积学分，没有任何创新点吸引我去参加，我已经对这种积学分的活动习以为常了。
> 现在，网络学习平台通过各种手段和活动来增加其趣味性，以此来增加用户的访问次数和黏度，师资培训中心和学校也越来越注重教师对网络学习平台的情感投入，如举办线下讲座、研讨会等活动来增加教师的情感投入。我经常参加此类专题活动，已经有些疲倦了。

在网络学习过程中，线上学习主要就是看视频完成作业，有时候是自己学科需要，有时候是为提升自己的能力，有时候是为了凑学习时长，时间一久就熟悉了这个流程，逐渐会对学习平台失去兴趣，希望学习平台能推出更多的趣味性活动，以达到劳逸结合的效果。

（三）基础功能体验较好，高阶功能体验效果不佳

对教师使用网络学习平台功能的满意情况和体验效果的调查发现，教师对网络学习平台功能满意度较高的是基础课程学习和资源上传、下载功能，分别占 83.33%和 67.86%；其次是教学研修工具和辅助工具及教师工作坊，分别占 55.95%和 39.29%；其他的，如生成性资源的加工和整合、资源的检索和推优、线上学习和线下学习的同步、导航功能等的体验并不是很好，所占比例都很低。这说明教师对网络学习平台的一些基础功能的使用体验较好，对网络学习平台提供的高阶功能的使用体验并不是很好。

二、网络学习平台学员的学习情况和资源应用情况

1. 学习情况

参训率和学习率达到了较高水平，但互动协作方面不足。

从各个平台对学习情况的统计看，各县（市、区）参与培训的登录人数、学习人数、合格人数都达到了要求，平均观课时长、发布作业数量等也达到了较高水平，学员的参训率和学习率都达到了 100%，且合格率也为 100%。

但学员间的交流和互动几乎流于形式。网络教育理论认为，交流和互动是网络学习的重要形式，交互水平决定着网络学习的质量和效果；如果教师在网络学习平台的学习单纯以视听为主，会使教师产生孤独感，因此加强交互式学习设计，既符合教师学习的特点，也体现了网络学习的原理。交互主要有人际交互（教师与教师之间、教师与专家之间）和人机交互（教师与平台课程之间）。调查发现，有超过半数的教师认为人际交互基本没有，如有教师谈道：

在网络学习平台学习已经很占用时间了，至于交流和互动，一般没有，有交流也只是因为考核制度里有这一项评分，只有对别人的评论发表意见才能获得一定的分数。

部分教师表示学习过程中的问题没有得到及时有效的解决，并且在论坛中的讨论以自发为主，缺乏临场感，辅导教师对讨论的参与和引导明显不够。这就启示网络培训机构要采取相应的措施营造良好的交互氛围，扩大和提高交互的范围与质量。

2. 资源应用情况

1）对网络学习平台重要性的认识不够。部分学校和教师对网络学习平台的重要性认识不到位，没有从信息化学习和教学的角度认识网络学习平台的作用，没有很好地利用网络学习平台开展学习和实践应用，这在一定程度上阻碍了教师网络研修的深入推进。

2）为了减轻教师学习负担，减少重复学习，促进教师学以致用，将教师网络研修与教师绩效挂钩，推行学分互认制度是比较可行的方法。调查数据显示，目前教育局或学校支持"国培"学分互认的占 76.19%，教育局或学校不清楚和不了解 "国培"学分互认的占 21.43%，教育局或学校不支持"国培"学分互认的仅有 2.38%。这说明相关教育行政部门和学校对"国培"学分互认的支持力度较大，将教师对网络学习平台上教育资源的应用纳入教师的日常教学管理及考核中，并与教师的职务晋升、评优选优、工作绩效、福利待遇等挂钩，有利于促使资源真正走进课堂，面向学生。

3）资源应用不够深入，网络研修与校本实践的结合程度有待提高。当地教育局、师资培训中心、学校需要开展多种形式的线下活动，来促进教师将网络研修中所学知识运用于实际，从而解决教育教学问题。调查数据显示，有 45.24% 的学校开展了线上研修与线下应用相结合的活动；有 36.90% 的学校偶尔开展这样的活动；有 5.95% 的学校的线上研修内容与线下应用完全脱轨。综上来看，目前这种线上研修与线下应用相结合的混合式学习活动进展一般，教师的学以致用需要得到进一步重视。

4）教师对教学资源的应用以"呈现式"为主，缺少"参与性"的使用。

通过调查发现，首先，各个网络学习平台均为教师提供了非常丰富的教育教学资源、教与学的工具和研修工具，但实际上教师线下应用最多的还是多媒体课件和书本资料，大部分资源的利用率并不高；其次，教师对教学资源的应用以"呈现式"为主，缺少"参与性"的使用。教师使用最多的资源是多媒体课件，以演示和播放的"呈现式"为主，主要是为了创设情境，突出教学重难点，很少用于调动学生学习的"参与性"，以及探究、合作等方面。[①]有不同的教师在访谈中说道：

> 我都教了大半辈子书了，用惯了黑板和粉笔，偶尔上网，也只是查查资料，刚学会使用投影仪，又多了个电子白板，天天学习这些新技术，哪有时间安心备课，况且我也快退休了，真的不想折腾了。

> 我比较年轻，虽然愿意接触和尝试新的教育教学方式和手段，如在平时的课堂上会展示一些优秀案例，也愿意推陈出新地在自己的教学中使用新的教育技术和工具，但毕竟刚教学没几年，压力较大，学校又以升学率来考核教师，所以是心有余而力不足啊。

> 我是体育老师，网络学习平台上与我所教学科有关的资源是少之又少，大多都是与语文、数学、外语相关的，偶尔也会通过网上学习的方式获得一些体育学科中的教学技巧。

三、利用网络学习平台开展校本教研的不足

网络学习平台提供了丰富的课程、资源、服务等，能够很好地支持教师开展线下校本教研，但实际情况并非如此，主要表现在三方面：一是部分学校的校本教研没有和网络学习平台上的课程资源联系起来，线上学习和线下教研两张皮，网络学习平台的应用率不高；二是目前网络学习空间刚刚实施，多数教师还没有建立个人网络学习空间或者还没有参与进来，对网络学习空间的使用也比较陌生，网络学习空间的应用率也较低；三是教师对网络学习

---

① 贾巍,黄兰芳.2012.农村中小学教师远程教育资源应用的特征、成因与对策.内蒙古电大学刊,(5):76-80,86.

平台提供的教学支持工具和研修支持工具（如网上测评、电子书包等）的使用率较低。

第五节　教师混合式学习平台建设与应用的改进建议

一、要吸纳信息技术最新发展成果，以更有效地支持教师混合式学习

中小学教师混合式学习平台不仅仅是简单地对预设性课程资源进行跨地域、跨时空的传递和接收，更重要的是要支持问题解决、个性化学习、互动生成。一是要支持问题解决。除了课程资源的呈现之外，混合式学习平台还应具有开放、协同编辑、互通共访的社会化学习支持等功能，以促进协同化问题解决。二是要支持个性化学习。以学习者为本，通过数据挖掘等技术建立学习者模型，包括学习者的学习行为、学习风格、学习兴趣、相似性等；通过搜索引擎技术、移动 Agent 技术、协同过滤技术或混合技术等个性化推荐技术，为学习者推荐适合其个性特点的资源。[①]三是要支持互动生成。在互动方面，混合式学习平台要支持教师与辅导教师、专家之间的互动，技术上可以依据数字化学习内容封装规范（IMS Common Cartridge），实现学习活动和学习资源的动态结合、学习活动和学习工具的动态结合，学习者不仅能够浏览内容，而且能够在学习相应内容的同时利用多种学习工具参与和内容密切相关的互动活动，以获得更好的学习体验。[②]在资源生成方面，要为教师、辅导人员开发支持资源生成的工具，并使这些工具能够支持互动学习、资源分类聚合、数据自动记录、评价等。

[①] 杨晓宏，贾巍. 2013. 现代学习理念导向下的数字化学习资源构建研究. 中国电化教育，（3）：84-88，95.

[②] 程罡，徐瑾，余胜泉. 2009. 学习资源标准的新发展与学习资源的发展趋势. 远程教育杂志，（4）：6-12.

二、加大对混合式学习平台的政策支持力度，优化平台管理

省级教育行政部门应重视对混合式学习平台建设的政策支持，加强平台建设的规范化和标准化管理。从混合式学习平台的建设、生成性资源的开发、支持服务的创新及运行维护等方面建立整体推进方案，实施标准化管理，进一步优化和完善平台管理服务，为教师提供高效便捷的信息管理、学习过程管理、资源管理等服务，促进教师高效学习。

三、混合式学习平台应增加多种互动机制

依据学习过程和学习需要，混合式学习平台应该从主题讨论、互动答疑、群组协作三方面满足学习者与同伴、课程、平台之间进行互动和交流的需求，以营造学习氛围和增强学习者的归属感。因此，混合式学习平台应该支持四种互动，即教师和教师间的互动、教师和平台间的互动、教师和专家间的互动、教师和课程间的互动。良好的互动机制有利于学习者和同伴、课程、平台间进行流畅的、无障碍的交流和沟通，有利于学习者获得最佳学习体验，提高学习者的积极性，有利于网络学习平台保持较高的用户黏度和良好的用户体验。

四、运用人工智能、大数据等为教师提供个性化服务

网络研修支持服务机构要有效利用大数据、云计算、移动教学等分析手段，根据教师的学习风格、学习方式、学习兴趣、偏好、学习起点、前测分析等建立学习者模型，以有效记录并反馈教师研修行为及成效。通过分析教师的学习风格是聚合型、同化型、调节型还是发散型，学习方式是喜欢讲授式学习、自主学习、协作学习还是混合式学习，是偏好静态的文本、图片还是动态的音频、视频等，自主推送优质且适合教师偏好的课程资源，统计教师网络学习时长、及时反馈学习过程中出现的疑难和问题、跟踪教师学习，形成个性化资源推荐模式。个性化的推荐是通过一定技术手段收集用户信息来分析和统计用户兴趣和行为，发现个人用户隐藏的兴趣和群体用户的行为

规律，从而根据收集到的这些信息制定相应的服务策略和服务内容，按照用户的个性化信息主动地推荐信息和提供服务。个性化的检索服务是混合式学习平台根据用户的爱好和特点，即学习行为进行检索，并返回一些与用户学习行为及需求相关的数据。由于平台所面向的用户是中小学教师，他们有不同的学科背景、不同的知识结构、处于不同年龄段，而个性化的服务就是考虑用户的差异，提供一套个性化的信息检索服务，可以大大提高检索的效率。个性化推送和咨询是信息过滤技术的延续与发展，是通过对用户在网络学习平台上的历史行为记录进行分析的基础上做出的个性化推荐，具体来说是，推荐系统基于用户的特征、兴趣、学习行为及学习习惯做出数据分析和统计，从而根据这些信息推送相应的匹配资源，为用户做出最优化的推送和咨询服务。构建以学习者为中心的个性化服务，激励教师学习，提高教师学习和发展的积极性。

五、优化平台功能，开发多样化的研修工具和评价工具

优化和简化平台的一些操作功能，如简化登录、研修学习、交流互动、评价等操作，提高平台使用的便捷性。教师混合式学习平台面向的是中小学教师，平台开放后会有较高的访问量，因此，对视频点击率、文件的上传和下载等功能的稳定性及系统性能提出了较高的要求，平台应在较多用户并发访问时仍然可以保持一定的响应速度，在较多人观看视频以及上传和下载文件时尽量保持流畅以减小对服务器的压力。例如，在网页浏览速度上，页面响应速度控制在 500ms 内，平均小于 1.5s；在视频的浏览速度上，视频码流为 800k 左右；在并发承受能力上，支持 10 万人的实时并发访问，120 万左右的人同时在线学习；在系统稳定性方面，采用异地双活、节点 BGP 多线、分布式存储结构、服务集群部署、高效的节点同步策略，能够应对用户各种复杂网络环境，完善网络、服务器监控体系，保证混合式学习平台的高度稳定性和可用性。修订课程内容结构和学时，避免学习内容庞杂且学时安排过长。同时支持多样化的研修工具，如学情诊断工具，利用互联网技术将教学和服务相结合，覆盖各科目重要知识点，提供详尽的答案解析，呈现个性化做题统计报告，帮助教师发现短板，为教师提供可靠的服务；提供教学设计

工具，主要包括同步备课、集体备课以及云盘备课，实现教师的轻松备课，帮助教师完成教学中的协作、沟通任务，提高教师的教研水平，实现优质资源共享和实时访问；提供大量协同备课工具，如优质教案模板，用户可以选择系统推荐的教案生成自己的教案，支持教案的在线编辑，提供教案管理工具，如可以对教案进行分类和修改；提供音频、视频互动工具，教师可以使用微课助手实现快速录制和编辑功能，以及观课磨课工具、网络社交工具和视频会议室等；同时支持多样化的评价工具，如平台辅导教师自制各科测验、各类标准测验、创作、作品分析、技能实演、实验报告、研究报告、考察报告、各类奖惩等。优化和简化网络学习平台的操作并为教师提供多样化的研修工具和评价工具是提高培训效果的保证。

六、加强学习平台对生成性资源建设的支持

加强生成性资源建设，从平台专家和平台技术两个方面对教师在学习过程中生成的资源进行再加工、再聚合，协同当地县（市、区）政府及学校收集、加工培训过程中的生成性成果和学员结业成果，建立区域与学校资源库。

第五章
教师混合式学习课程设置

第一节 教师混合式学习课程设置的含义

一、课程

关于什么是课程？笔者通过研究相关的文献发现，课程的定义较多，但归结起来，可以分为两类：广义的课程定义和狭义的课程定义。《中国大百科全书·教育》对课程的定义是，"课程是指所有学科（教学科目）的总和，或学生在教师指导下各种活动的总和，这通常被称为广义的课程；狭义的课程则是指一门学科或一类活动"[1]。孙俊三在综合国内外关于课程的定义后，指出："国内外关于课程的定义，有广义和狭义之分，广义的课程是指为了实现教育目标而规定的所有学科的总和，其中不仅包括学校课程表中所规定的课程，还有配合课内外教学所组织的全部活动，以及在整个学校生活中教师和学生集体的情感、态度、价值观，以及行为方式等；狭义的课程是指某一门学科，如语文、数学、英语等。"[2]何克抗分析了国内外关于课程的定义，认为课程是为了达到一定培养目标所需要的全部教学内容与教学计划。[3]

综上所述，广义的课程既包括课程资源（学习材料）本身，也包括课程

---

[1] 转引自百度文库. 2019-05-14. 课程的基本理论与基本理念（1）. http://wenku.baidu.com/view/1fec18f9e2bd960590c677d1.html.

[2] 孙俊三. 2001. 教育原理. 长沙：中南大学出版社：236-243.

[3] 何克抗. 2004. 现代教育技术和优质网络课程的设计与开发. 中国电化教育，（6）：5-11.

实施（一系列教学设计与实施活动），因而，广义的课程是学习资源和教学的统一。狭义的课程包括学习内容、学习材料、学习资源等，是学习者赖以学习的对象，不包括教学。

本书采用狭义的课程定义，即课程是专门供学习者进行学习的学习材料、资源等，不包括课程实施。

二、网络课程

什么是网络课程？关于网络课程也有广义和狭义的理解。

广义地理解，我国《CELTS-31：教育资源建设技术规范》关于网络课程是这样定义的：网络课程是远程教育的基本单元，是通过网络表现的某门学科的教学内容及实施的教学活动的总和，它包括两个组成部分：按一定的教学目标、教学策略组织起来的教学内容和网络教学支撑环境。[①] 其中，网络教学支撑环境指支持网络教学的工具和软件、教学资源以及通过网络教学平台实施的教学活动。武法提认为，"网络课程是在课程论、学习论、教学论指导下通过网络实施以异步自主学习为主的课程，是为实现某学科领域的课程目标而设计的网络学习环境中教学内容和教学活动的总和"[②]。

狭义地理解，一般情况下，网络课程是传统课程基于网络环境下的重建，是老师、学生、媒体教材、网络环境四方面互相作用的总称，我们通常所说的网络课程是指狭义的网络课程，即网络教材。[③] 它可以作为传统课程的辅助内容，也可以作为独立于传统课程而存在的专门课程。

本书着重研究课程设置问题，所以采用狭义的网络课程界定，即网络课程是基于网络环境，为了达成某种学习目标而开设的线上课程，是专门供学习者进行学习的网络学习材料、资源等，不包括课程实施（教学活动）。

---

① 教育部教育信息化技术标准委员会. CELTS-31：教育资源建设技术规范. http://www.edu.cn/html/keyanfz/yuanchengjiaoyu.shtml.

② 武法提. 2007. 网络课程设计与开发. 北京：高等教育出版社：2-3.

③ 陈宝军，杨改学. 2003. 试论网络课程的教学交往本质. 中国远程教育，(1)：25-27, 30.

三、中小学教师混合式学习课程

（一）面向中小学教师混合式学习的课程

面向中小学教师混合式学习的课程，即课程的设置和开发要服务于教师个性化自主学习和互动生成学习以及面授集中学习这三种形式的混合式学习。

（二）面向中小学教师混合式学习课程的构成要素

诸多学者在对课程的研究中，对课程的基本构成有不同的探讨。施良方教授认为课程的构成要素分为课程目标、课程内容、课程实施和课程评价。[①]武法提教授提出网络课程是由教学内容、学习资源、教学策略、教学活动、学习支持和学习评价六个要素组成的。[②]

借鉴上述学者关于课程构成要素的理解，首先，本书采用狭义的课程理解，即本书认为课程的构成要素包括课程目标、课程内容和课程评价要素。其次，课程评价是一个较为概括的概念，包括对课程目标、课程内容等的评价，因而，本书将课程评价界定为课程反馈的狭义理解，即仅从课程的直接用户（即学习者）层面来看他们对课程的满意度、意见、建议等。最后，除了课程目标、课程内容、课程反馈三要素之外，笔者认为还应包括课程结构，即课程以什么样的结构来达到目标，这是一个很重要的因素。因此，本书将面向中小学教师混合式学习课程的构成界定为四大要素：课程目标、课程内容、课程结构、课程反馈（图5-1）。

课程目标是课程设置的起点，它制约着课程设置、规划的方向，规定着课程的构成、课程内容的选择、课程结构的设置以及课程要达到的预期效果。[③]其中，课程要达到的预期效果，是课程的重要构成要素。由此看来，课程目标是首要要素，它决定着课程设置的方向和基本标准，通过课程内容、课程结构、课程反馈等体现。

[①] 施良方. 1996. 课程理论——课程的基础、原理与问题. 北京：教育科学出版社：83-97.
[②] 武法提. 2007. 网络课程设计与开发. 北京：高等教育出版社：3.
[③] 李允，周海银. 2008. 课程与教学原理. 济南：山东人民出版社：85.

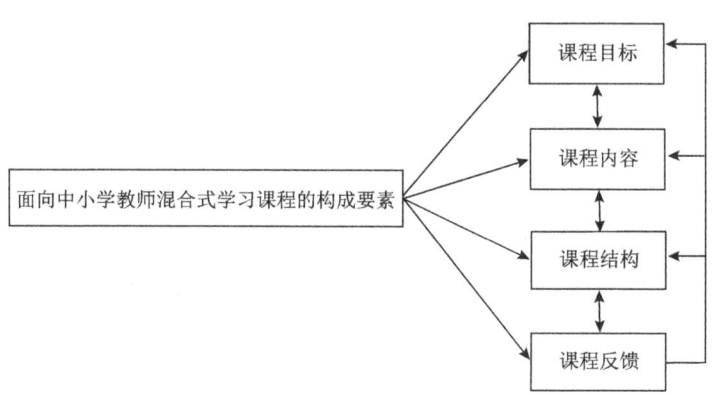

图 5-1　中小学教师混合式学习课程的构成要素

课程内容是学习者的直接作用对象，是学习者赖以学习的材料、资源等，体现课程目标的基本思想，一般包括课程内容本身、课程内容的组织形式等。

课程结构是课程内部各要素、各成分的内在联系和相互结合的组织形式。[1]从宏观层面看，有国家课程、地方课程、校本课程；从中观层面看，有学科课程和综合课程；从课程性质看，有必修课程和选修课程。[2]针对中小学教师而言，从宏观层面看，主要是国家开发的培训课程、地方培训课程和校本培训课程；从中观层面看，主要是学科培训课程和教师素养综合课程；从微观层面（课程性质）看，主要是必修课程和选修课程。

课程反馈是课程目标的达成程度，体现着课程目标的达成结果。

这四个要素是相辅相成、共同作用的相互关系。其中，课程目标是统领全局的要素，是对中小学教师远程培训理念的根本体现，决定着课程内容、课程结构的基本方向和课程预期效果；课程内容是中小学教师远程学习的直接对象，是其远程学习质量的重要影响因素，课程内容必须体现课程目标，是课程目标的具体化；课程结构是课程内容类型、性质、比例等结构性的具体安排，体现课程目标的要求；课程反馈是基于用户（学习者）的课程体验、满意度、意见和建议等的信息回馈，是课程目标的达成程度，也是课程改进和质量保证的重要途径。

---

[1] 廖哲勋，田慧生. 2003. 课程新论. 北京：教育科学出版社：231.
[2] 李允，周海银. 2008. 课程与教学原理. 济南：山东人民出版社：99-100.

四、教师混合式学习课程设置

关于什么是课程设置，代表性的定义有以下几个：《简明国际教育百科全书》指出：课程设置是指学校或其他机构安排的课程的整个范围和特征。它也可以指在既定时间里，如一学年、一学期、四个月或一段特定时间里安排的那些课程（包括讲习班、自学、实验和其他正规的教学情境）。[①]《中国中学教学百科全书（教育卷）》指出：课程设置就是对教学科目体系的组织与规划。[②]这些定义指出了课程设置的核心是对科目体系或各类课程的设立、安排和组织等。

笔者认为，课程设置应当关注三个方面：第一，设置即设立、布置、安排、规划等；第二，课程设置必须在一定指导思想（可以是标准、原则等）下进行，必须体现课程安排的基本理念；第三，设置的内容，即课程的构成要素（即对什么要素进行设置），一般包括课程目标设置、课程内容设置、课程结构设置、课程反馈等。

由此，中小学教师混合式学习课程设置就是依据一定的标准和原则，对中小学教师远程学习课程的四大要素（课程目标、课程内容、课程结构、课程反馈）进行综合安排和规划的过程。具体理解如下。

中小学教师混合式学习课程设置的标准和原则包括：①标准。课程设置要严格按照《"国培计划"课程标准（试行）》进行，体现该标准的基本精神和要求。课程的设置需要考虑参训教师的需求、国家对教师培训的要求、受训学校对教师培训的要求以及受训学科的自身特点等因素。[③]②原则。第一，课程设置要体现成人学习的特点。成人学习的特点是基于问题解决，带有明确的实践性、实用性、自主个性化，是针对自身实际的、自主的选择性学习过程；注重合作、交互的学习。[④]第二，课程设置要体现远程学习特性，

---

① 转引自黎丹. 2011. 基于教师专业发展的体育人文本位课程设置与实施研究. 重庆：西南大学硕士学位论文：1-46.

② 中国中学教学百科全书总编辑委员会，教育卷编辑委员会. 1990. 中国中学教学百科全书（教育卷）. 沈阳：沈阳出版社：172.

③ 孟艳. 2016. "国培计划"短期集中培训课程研究. 扬州：扬州大学硕士学位论文：1-87.

④ 纪河. 2004. 远程教育中成人学习特性的研究. 中国远程教育，（15）：9-15, 78.

而这一特性综合体现在远程网络课程上。远程网络课程既应当体现远程学习的灵活性、自主性的基本特性,也应当关照和体现学习者差异,体现个性化、互动性、生成性。①

对中小学教师远程学习课程的四大要素进行综合安排和规划的过程,即将上述课程设置的标准和原则等指导思想综合体现在中小学教师远程学习课程的四大要素里。具体内涵界定分别如下。

(一)课程目标设置

1. 课程目标

课程目标是指在课程设计与开发的过程中,课程本身要实现的具体要求。它是一定阶段内,学生在品德、智力、体质、素养等方面所应达到的程度②,是确定教学目标和教学方法的前提与基础,是整个课程编制过程中最为关键的指导准则。

2. 网络课程目标的设置

依据上述中小学教师混合式学习课程设置的内涵,网络课程目标的设置要依据的标准和原则有以下两个:一是依据《"国培计划"课程标准(试行)》;二是要结合远程网络课程学习、成人学习的特点。《"国培计划"课程标准(试行)》指出:骨干教师通过主题式培训,研究问题,分析案例,总结经验,提高师德修养,更新知识,提升能力,形成学习共同体。

我国学者武法提教授在《网络课程设计与开发》一书中对网络课程目标进行了系统的论述,他把网络课程目标分为行为性目标、生成性目标、表现性目标。③行为性目标是用具体的、可操作的行为形式对课程与教学目标加以陈述,它指明了课程结束后预期学生行为的变化。生成性目标强调过程,强调学生、教师与教育情境的交互,强调问题解决,是在学习的过程中、师生和生生的交互中的问题解决方案或新观点等的生成。随着问题的解决,学

---

① 贾巍,黄兰芳. 2015. 农村中小学教师远程学习:内涵、现状与改进策略. 教育探索,(12):124-128.
② 钟启泉. 2004. 课程与教学概论. 上海:华东师大出版社:59.
③ 武法提. 2007. 网络课程设计与开发. 北京:高等教育出版社:6.

生获得了运用所掌握的理论知识解决实际问题的能力，同时会产生新的问题和新的目标。表现性目标是学生在与具体教育情境的种种"际遇"中所产生的个性化表现，强调个性化、创造性、多样化的表现，具有开放性，不像行为性目标那样具有封闭性、规定性，强调学生的个性发展和创造性表现。

教师作为成人学习者，首先，教师学习具有明确的目的，如通过网络课程的学习，教师要能更新专业知识、提升专业技能，这属于行为性目标；其次，教师学习是基于问题解决的，具有明确的针对性，因此，网络课程要关注和体现教师学习的这种诉求，这正是网络课程的生成性目标，教师在网络课程的学习过程中，与专家、学习伙伴、课程等进行充分的交互，注重问题解决，生成各类问题解决的方案等；最后，教师本身是具有丰富教育教学经验的、个性化的学习者，因而，网络课程应该提供个性化服务，应注重教师的个性化、创造性、多元化等表现，这正是网络课程的表现性目标。

下面对这三种目标进行具体阐述。

1）行为性目标。中小学教师在完成课程的过程中研究问题、分析案例，总结经验，提高师德修养，更新知识，提升能力，把学习到的新技术、新理念、新感悟运用到教学工作中，从而加强自身的专业素养。例如，课程完成后，教师促进了自身的专业发展，完善了自身的学科知识体系，学会了运用新的媒体、教学手段去辅助教学，得到了教学设计的新思路等。

2）生成性目标。在学习的过程中，教师应积极参与学习互动，积极思考问题，形成自己的理解和感悟，并与其他教师分享观点，共同学习，逐渐养成在学习中思考、共同分享的习惯和理念，促进生成性资源的产生，从而不断优化学习资源。例如，教师通过学习，运用新学到的知识和技能完成自己学科的单元设计、教学设计、课程PPT等。同时，对学习的课程内容提出自己的想法和理解，不明白的地方可以在论坛上与培训教师或专家进行讨论。

3）表现性目标。不同阶段教师的教学经验、学习能力和知识水平存在着较大差异，即使学习同样的内容和课程，最后达成的目标也不尽相同。例如，新手教师更多的是以学习经验、知识为主，不断地提高自己的专业能力，在学习中遇到难以理解的知识可以主动去查阅相关的资料和链接课程，也可以在学习论坛上向专家和成熟老师寻求解决方法。骨干教师更多的是在思考中进行批判性学习，选择并不断内化对自己有用的知识，从而形成有自己特点的资源；可以提出课程以外的有价值的学习建议，对学习中的问题可以给出相应的解决方式，并上传与他人分享。在完成一个阶段的学习后，成熟教师会去探索新的学习内容，产生新的问题和新的学习目标。

中小学教师混合式学习课程目标的设置，就要体现上述课程目标的三种导向，注意教师的学习特点，每个教师之间都存在差异，课程目标的设置就要考虑到教师的个性化特征。另外，教师本身便是一种资源，在教师学习完课程后，要注意引导教师重视生成性资源、生成性目标的达成。

（二）课程内容设置

课程内容是指各门学科中特定的事实、观点、原理和问题，以及处理它们的方式。课程内容是网络课程的重要组成部分，课程内容的好与坏直接影响网络课程学习的整体效果，也严重影响网络课程的质量。

《"国培计划"课程标准（试行）》提出"建议课程内容设计原则遵循：思想性与专业性相结合，既加强师德和专业理念教育，激发教师发展动力，又遵循学科教学规律和教师学习规律，提高教师专业能力；理论性与实践性相结合，既注重理论知识学习，又注重帮助教师在实践中改进技能和方法；适应性与引领性相结合，既适应教师现实需求，又突出课程内容对教师专业成长的引领"。

中小学教师远程培训课程的内容设计需要考虑教师群体的学习特征，从而确定应该选取什么课程内容来培训教师、选择什么方式来呈现课程内容、内容的呈现要选取哪些信息技术工具等。根据《"国培计划"课程标准（试行）》中的规定，中小学教师远程培训课程内容应该包括以下方面。

1. 课程内容的选择

为了保证课程质量，教育部组织学科专家研发制定了《"国培计划"课程标准（试行）》，该标准主要从专业理念与师德、专业知识、专业能力三个维度设置课程内容。每个学科都有其课程标准，但都是按照这三个维度来设计培训课程的，每个维度分成几个模块，每个模块又分成一些专题，培训机构可依据此课程标准开发相应的课程内容。

2. 课程内容的表现形式

网络课程内容的表现形式主要以文本、PPT、视频、音频、动画为主。通常，使用媒体的目的有以下五个：呈现事实、创设情境、提供示范、解释原理、探究发现。每种表现形式都有其优缺点，也都有适合其的课程内容。文本形式的课程内容详细，方便翻阅和查找相关内容，适合于教学设计、基础专业知识点的学习。但是文本形式的课程内容过于单调，容易引起学习者的疲惫感，或者走马观花式地学习，导致对其中的知识点不能很好地理解。音频较少出现在教师的远程培训课程中，因为这种形式的局限性比较大，且通常也要与文本形式的课程内容一同出现。视频形式的课程内容出现最多，因为这种形式生动形象，教师不仅可以展现出想要教授的知识点，还可以结合实例讲解，能够大大提高学习者的学习效率和学习质量。视频中间还可以穿插一些课堂互动，如设置一些课堂问题，让学习者即时给出反馈，这样也可以防止学习者在上课过程中走神、疲倦等。平台的课程设计者要根据课程内容选择合适的课程呈现形式。例如，专业知识可以选择文本形式来展示；案例分析可以利用文本和视频相结合的形式，这样既有讲解，又有文本资料；信息技术与学科融合类的实践操作式课程利用视频来展示效果较好。

3. 学习资源

学习资源有广义和狭义之分。广义上，学习资源指一切可为教学目标服务的人和物；狭义上，学习资源指网络课程中独立于教学内容、可供学习者使用的一切事物。

网络课程中的学习资源可以划分为两大类，武法提指出：根据学习资源进行知识传递的顺序和组织方式，可将网络课程的学习资源分为结构化资源和非结构化资源两类。[①]

（1）结构化资源

结构化资源是指经过设计，按一定的结构组织起来的补充学习的资料、练习、测试题等。中小学教师远程培训课程中的结构化资源主要有两种：一

---

① 武法提. 2007. 网络课程设计与开发. 北京：高等教育出版社：38.

种是教师培训课程中相关内容的拓展性学习资源，补充说明课程内容的视频、文本、音频等（优质课堂展示、优质PPT展示、教学教案展示等）；另一种是教师学习后的在线练习题和课程最后的测试题，此类资源用来检验教师的学习效果，同时有利于课程学习效果的数据收集，如分析哪些课程教师的学习效果较好，哪些课程教师的学习效果欠佳，以方便课程的设计者优化课程内容。

（2）非结构化资源

非结构化资源包括网络教师、学习伙伴、同步或异步交流内容、网络外部链接等。非结构化资源不稳定且内容变化较大，一般采用非线性的知识传递方式。中小学教师远程培训网络课程的非结构化资源包括教学助理、专家答疑辅导、学习伙伴、同步或异步交流内容、网站论坛、学习坊、网页超链接等。非结构化资源的设置不仅要适应教师学习的灵活性、个性化特点，而且要有供教师灵活选择的个性化课程资源。也要注意，教师作为有经验的学习者，本身就是一种学习资源，应为参训教师建立交流工作坊，发掘和整理课程实施过程中学员研讨时产生的有价值的、有意义的生成性资源，并尽可能提供给每位学员，以供其学习和交流。

前几年，中小学教师远程培训课程资源大多还以文本形式、视频形式为主，在课程学习结束后或者一个单元模块结束后，通过练习题和测试题来测试教师的学习效果。近几年，越来越多的平台开始加强非结构化资源建设，更加注重教师与教师之间的学习交流、教师与专家之间的交流、专家对教师的指导作用，以及教师本身生成性资源的分享。因此，平台的课程资源设置应该更加注重非结构化资源的建设，合理分配结构化资源和非结构化资源的比重。

（三）课程结构的设置

施良方认为，课程结构指"课程各个部分的组织和配合，即探讨课程各组成部分如何有机地联系在一起的问题"[①]。课程结构一般包括必修课和选修课、实践课和理论课。

---

① 施良方. 1996. 课程理论——课程的基础、原理与问题. 北京：教育科学出版社：83-97.

针对不同的学习群体，课程结构的设置也应有所不同，教师具有较明显的自我导向学习特征和较强的自主选择意识，能够对自己的需求做出判断，明白自己的短板在哪里，什么样的内容和技能适合自己，并且具有较强的自我控制和自我管理的意识，因此，教师可以更加主动地寻找学习的内容。针对中小学教师混合式学习课程而言，其课程结构需结合《"国培计划"课程标准（试行）》中对课程结构的要求，即专业理念与师德、专业知识、专业能力三个维度，分别占总课程比重的10%、40%和50%来设置。从此要求来看，专业能力所占比重最高，所以提高教师的专业能力是"国培计划"中尤为重要的一项。由此，中小学教师混合式学习课程结构的设置，需要做到实践课程和理论课程有机结合，以提升教师在实践中运用理论知识的能力。课程结构的设置也需要尊崇一个合理的选修课与必修课的比重，虽然目前没有相关方面的明确规定，但是课程的设置者、教育机构需要结合教师的需求和学习特点来调整课程结构。教师有一定的学科基础以及教学能力，教师可以根据自己的需求，在完成必修课程的前提下，通过选择选修课来弥补自己的不足，提高自己的专业技能、增强专业理念与师德以及丰富专业知识。

（四）课程反馈

课程反馈是基于用户（学习者）的课程使用体验、满意度、意见和建议等的信息回馈，是课程目标达成的程度。课程反馈在一定程度上可以说是课程评价的一种方式，指按照一定的标准和准则，收集相关的信息，从而对学习者通过学习产生的变化和满足个人需求的程度做评估，从而为课程的制作者提供有用的信息和建议，这是课程改进和质量保证的重要途径。结合中小学教师远程培训课程的内涵，教师课程反馈维度见表5-1。

表5-1 教师课程反馈维度

维度	要素
课程目标	整体性
	阶段性
	层次性

续表

维度	要素
课程内容	全面性
	科学性
	规范性
	先进性
	适用性
	多样性
	差异性
	针对性
课程结构	合理性
	规范性
	科学性

第二节 教师混合式学习课程设置现状调查

本次的调研对象是参与宁夏"国培"教师混合式网络研修的教师和承担培训的远程机构的学习平台。调查内容包括两方面：第一，调查教师在学习中、学习后对课程的意见、感受、体验以及满意度等，主要从课程目标、课程内容、课程结构、课程反馈四个方面对教师展开问卷调查和访谈，了解课程设置的现状和问题；第二，从课程目标设置、课程内容设置、课程结构设置、课程反馈四个方面对中小学教师混合式学习课程进行观察、记录和分析。

一、课程目标

作为课程中重要的一部分，课程目标有着举足轻重的地位。通过对混合式学习平台的观察和研究发现，在每一次培训开始之前，都会有研修安排这一项内容。Z 网络学习平台的整体安排包括四个方面，即阶段主题、阶段目标、研修时间、研修方式，分为四个阶段，每个阶段都有相应的目标和研修方式。其中第二个研修阶段的内容包括四部分，即阶段目标、坊员如何学、坊主如何学以及预期成果。该阶段的介绍相对详细，参与培训的教师可以通过该介绍大致了解这次培训的目标以及课程目标。

（一）课程目标可以体现整个培训计划对课程的要求，符合教师发展特点

教师在培训后需要达成的目标是制定课程目标时需要重点考虑的因素，目标的设定既要符合教师发展的需要和特点，又要引导教师学以致用。Z 网络学习平台的学科培训项目对目标的设定是相对准确的，以语文学科的培训为例，此次培训的目标就是对新编教材的解读与学习。平台分阶段地制定培训目标，先整体解析教材再开始重难点的学习，充分体现了学习循序渐进、由易到难、由整体到局部的过程，而且第一阶段的目标就是整体把握新教材，完全考虑到了教师已经是成人学习者，具有一定的知识储备，可以进行专业的和有针对性的培训的这一情况。每个阶段的目标达成之后，教师可以通过总结部编教材教学实践，撰写一篇"我与新教材"的教育故事。这不仅要求教师在学习中读懂教材、分析教材，还要求教师把新教材的知识运用到实践中，充分体现了此次培训的目标。在调查问卷中，关于"课程目标可以很好地反映出整个培训计划对课程的基本要求"这个问题，有 50.63% 的教师认为符合，26.16% 的教师认为非常符合，只有 2.95% 的教师认为不太符合。

通过对教师的访谈得知，教师在学习之前会大致浏览一下研修安排，此时就需要平台给出明确、清晰的课程目标和培训计划。例如，有教师说：

> 每次培训之前，我都会浏览一下学习平台的网页，以了解培训都有哪些内容，主要学习些什么。大部分的培训网站都有这方面的文件或者通告，基本上都写清楚了要学习的内容，最后需要达到的效果。
>
> ——张老师

所以，现阶段课程目标的制定基本可以体现整个培训计划对课程的要求，符合教师发展的特点。

（二）课程目标结合学科特点和中小学教师层次制定的情况一般

远程培训网络课程要根据中小学教师自身的层次和学科背景来开设。不同于中小学生，中小学教师是在一定的学科背景和基础上提高自己的专业技能和弥补自身不足的。在设定课程目标时，要注意教师表现性目标的达成，要结合学科本身的特征制定。语文、数学、英语三门主要学科的学科特征都不同：语文课程的教学主要是对情感和思想的升华，通过对课文的深刻剖析来引出其中的深层思想；数学课程的教学主要是带领学生进行逻辑推理并找出解决问题的方法，锻炼学生的思维能力；英语课程的教学主要是对英语的学习，包括词语、语法等基础内容，而英语课文的教学无法做到像语文课文一样深入剖析，更多的是对知识点的教学。那么，对教师的培训内容，就要更多地关注教师所授学科的特点。在问卷调查中，关于"教师学习的网络培训课程是否可以根据学科的特点及中小学教师层次制定目标"这个问题，有20.83%的教师认为是非常符合的，有54.63%的教师认为符合，有20.37%的教师认为一般符合，有4.17%的教师认为不符合。虽然教师的反馈较好，但是通过对平台的研究发现了一些问题，以中小学语文教师研修的目标为例，对阶段性目标的描述较为宽泛，语言不够准确，要求不够具体，如"把握""领会"等词语的应用，使得该阶段应该达到的目标比较模糊，更没有体现出语文教师对语文教材应该如何研究。

通过采访了解到，有些教师对课程目标的制定不满，例如：

> 每个老师的知识储备情况和教龄都不相同，接受新事物的能力也不相同，且教师的课余时间相对较少，不一定能够完全按照时间阶段进行学习，而且阶段目标的设置不够详细。
>
> ——语文学科董老师

平台对不同学段的教师制定了不同的目标，如初中教师与小学教师在培训中要达到的目标就有所不同。但是不同教龄教师的课程目标却是相同的，课程的设计者更多的是制定不同学段、不同学科教师所要达到的目标，而较少有关于不同教龄教师的个性化课程目标。教师对自主学习的要求不同，不同教龄教师的需求也不尽相同，所以个性化课程目标的设置十分必要。因此，学习平台不仅要考虑到教师整体需要，也要考虑到教师个体需求。

（三）行为性目标体现较好，生成性目标不足

笔者在对平台的课程目标进行解读后发现，课程目标的设置多强调教师在学习后应满足哪些要求，或者应达到什么水平，以及强调课程效果的达成。相较而言，教师的生成性目标的达成情况较差。在共同学习的工作坊中，教师间的互动和上传的资料较少，教师学习后生成自己的思想和资源的能力较弱，表明平台在促进教师生成性资源方面略显不足，没有相关的具体要求和监管体制。教师本身就是一种资源，只有在学习后生成自己内在的东西，并积极分享给大家，形成学习共同体，才能达到学习目标。

二、课程内容

课程内容是课程中最为重要的一个环节。通过调查发现，网络学习平台存在以下现象和问题。

（一）学习阶段设置合理，重难点清晰

通过对平台的观察发现，平台对课程阶段的分类相对合理，每个学习阶段都有一定的学习内容和学习目标以及学习后需要达到的效果。不同阶段的课程内容会根据不同阶段的目标以及整体的课程目标来设置，一般以 3—4 项内容为主，第一阶段学习哪些内容、第二阶段学习哪些内容都有明确的规定。每个阶段都有重难点的解析和学习，每个阶段的第一课时基本上会从整体入手对该阶段的学习内容进行整体分析，在第二、第三课时进行重难点的学习，第四、第五课时进行总结学习，其中还会穿插一些实践课程内容。在教师的问卷调查中，关于"网络课程中，学习单元或学习模块的设计与划分合理"的问题，有 18.06%的教师认为非常符合，54.63%的教师认为符合，这说明大部分教师还是比较认可网络学习平台中的课程学习单元和学习模块的划分的。关于"网络课程内容符合循序渐进、由易到难的特点"的问题，有 57.87%以上的教师表示比较满意。

（二）课程内容不全面，理论内容多、实践案例少

平台中的课程模块主要包括聚焦课堂、教师成长、教师怎样做教育科研、学科教学法等几个方面，而课程形式主要采用视频课程、经典案例评析、学习资料、思考活动等表现形式。根据对平台的观察和调查问卷结果，现阶段平台中的课程内容主要分为以下几种类型：信息化教学、新课改培训、教材解析、高效课堂教学策略、学科教学法。在"教师希望增加哪方面的培训内容"的调查中，排在前四位的是信息化教学、新课改培训、高效课堂教学策略、教材解析，由此可见，课程的内容不够全面，还无法满足教师的要求。另外还有很多教师提出希望开设关于学生心理健康教育和班级管理的课程。例如，在访谈中有老师谈道：

> 现在的中学生思想比较早熟，处于叛逆期的比较多，这对班级管理造成了很大的困难。学生的注意力容易被新鲜事物吸引住，我们老师之前学习的大都是学科教学相关的知识，而对学生心理健康方面的知识不太了解。虽然之前学过教育心理学知识，但都停留在理论知识层面，具体问题还得具体分析，所以希望可以设置关于学生心理健康之类的课程。
>
> ——H中学初三4班的班主任袁老师
>
> 现在的孩子不太喜欢与长辈交流，这样不方便教师了解学生的心理状态，发现问题没有办法及时解决。教师不仅要教好知识，还要教学生如何做一个健康积极向上的人。
>
> ——语文学科王老师

通过调查发现，提升教师学科专业能力的课程基本上是围绕教学展开的，比较注重信息化教学、新课改培训、高效课堂教学和教材解析，究其原因，笔者认为，现在学校大多倡导运用一些新型的教学方法，而且大部分学校已经配备了电子白板、投影仪等先进的信息化设备，但是一些年纪稍长的教师对信息化设备的运用能力较差，所以需要增加更多实用性强的信息化教学课程。教材是教师上课必不可少的，因此，教师只有非常熟悉教材，才能更好地教授学生新知识。近几年教材的几次改版和重编，也对教师提出了挑战，

因为新的教材有新的课程目标，需要教师对教材重新解读，所以教师更希望多一些关于教材解读的课程，带领他们一起全面地学习新教材。

（三）课程资源形式单一，非结构化资源较少

教师远程培训课程资源除要有针对性、有效性、科学性、实用性之外，还要为教师提供形式多样、内容丰富的课程资源供教师选学。

经过对平台的观察和对教师问卷调查数据的统计发现，目前平台提供的主要是结构化课程资源，而非结构化课程资源相对较少。结构化课程资源主要是按照一定的结构组织设计的、以线性或层次性的表现方式构建的，主要有讲座、辅助资料、作业、测试题等。问卷调查显示，有53.7%以上的教师认为平台中讲座、辅助资料、练习题等结构化资源比较多，对自己的学习有一定帮助，但不能满足自身的个性化、开放性的学习需求。

平台中的非结构化资源，如论坛资源、书签资源、博客资源、网络外部链接等较少，如来自专家、学习伙伴的知识、观点和想法较少，教师在工作坊中的互动不多，经常处于一种较封闭的学习状态。以论坛为例，从对教师的访谈中了解到，教师之间的交流比较浅。在评价他人的作业和问题时，通常会用"很棒""值得学习""很有价值"这些词，而没有提出自己的想法。例如，有老师谈道：

> 本身对网络培训比较感兴趣，但是可能是因为教师彼此之间都不熟悉，对其他教师的作业或者作品进行评价时总有些不好意思，如果不是特意开展此类交流，可能不太会对他人评价过多。
>
> ——语文学科戚老师

> 论坛是对所有老师同时开放的，本次培训是生物和数学老师在一个培训组合中，但由于论坛没有学科的区分，我们无法对数学老师的作品做出评价，更多的是了解和欣赏吧。
>
> ——生物学科封老师

关于"您在完成一个模块的学习后，可以在论坛上提问，分享心得，并有专家进行解答辅导"的问题，有46.41%的老师认为符合，有24.89%的老师认为一般。

大部分理论性课程和技能提升性课程的讲解都是由专家进行的，这些课程让我学到了很多知识，能力也得到了提升，但是专家的精力和时间是有限的，没有办法长时间在线为大家解答困惑，所以就出现了大家学习完后提出的问题长时间得不到解答的情况。

在信息技术方面的学习中，有较多的问题，但是又觉得问题过多，不好意思向专家请教。虽然有的课程会要求教师在论坛进行一定的讨论，但大部分的讨论内容过于敷衍，基本上处于有问题无人回答的状态，导致论坛形同虚设，利用率不高。

——英语学科杨老师

（四）资源质量堪忧，且针对性资源较少

第一，课程内容形式单一且质量一般。笔者通过对平台的观察发现，平台中大多是以课件、文档、教学设计和课堂展示的 PPT 为主的资源，内容较为浅显并且重复率较高，甚至有的教学设计和课堂设计只呈现一半的内容。在视频资源中，课堂实录资源较多，但是也存在着较多问题，主要是视频画质模糊，杂音较大。第二，课程资源相对陈旧，针对性差。一些优质课程的录制存在内容过旧、形式单一、学科前沿性不足的问题。通过与参训教师的访谈得知：

有些教学案例不够与时俱进，虽然有些案例仍有较大的学习价值，但是对现代信息技术的运用较少，既不符合时代进步的要求，也不符合教育不断发展的理念。

教师所处的发展阶段、学习兴趣等不同，对学习的需求也不同。目前，平台上的课程比较注重通识性，个性化需求的满足还不到位。

为了提升课程资源的针对性，笔者对教师的课程需求进行了调查，结果显示，有 84.72%的教师需要增加关于课堂教学案例评析的课程资源，76.85%的教师需要增加精品课堂资源，62.5%的教师需要增加关于教育教学技能的课程资源。多数教师表示，应多一些贴近实际的教学资源，理论知识枯燥乏味，而实际的教学资源能与教师的教学活动连接起来，能促进教师对理论知识的学习和理解，而且在网络资源极为丰富的今天，教师可以自行上网学习理论知识，在有限的培训时间中，他们更需要的是实践应用方面的指导。

（五）学科资源分布不均

笔者通过与参训教师的访谈发现，课程设置存在着年级差异和学科差异两个重要问题。语文、数学、外语等学科的学习资源相对较多，教师可用资源也较丰富，而美术、音乐、体育等学科的学习资源就相对较少。

> 作为美术老师，我们可用的资源较少，观摩别的学科的优秀老师的课程设计肯定是行不通的。我认为音乐、体育、美术等学科也是十分重要的，希望可以增加这些学科的学习资源。
> ——美术学科花老师

> 不同年级的教师需要不同的学习资源，但是现阶段初中、小学教师可用的资源较多，而高中教师可用的资源较少，一些案例资源基本上常年不变，这对我们的学习很不利，我们需要更多有针对性的、新的教学资源。
> ——地理学科徐老师

（六）课程中体现学科前沿和贴近课改的内容较少

每一次教师培训都有项目类型，有的是学科培训，有的是校本培训、能力提升培训、信息技术应用培训等，但不论是何种培训，都需要学科前沿资讯。在问卷调查中，关于"网络课程中课程内容应体现学科前沿，适当渗透该学科领域的最新进展"这个问题，有 24.54% 的教师认为一般符合，4.63% 的教师认为不符合。

> 很多课程只是讲一些理论知识，对实践涉及较少，一些案例的讲解并没有体现出新的教学理念和教育技术的运用。我之前看过一门讲解函数的课程，案例中的老师运用的就是很传统的讲课方式，而没有运用新的教学理念和技术手段。据我所知，目前有一个可以详细、形象地讲解一些数学问题的软件。但是在课程案例的学习中，

基本上没有此类技术的运用，这让我觉得很遗憾。

——数学学科刘老师

现在的教育工具越来越多，但是能在课堂上得到运用的并不多，如交互式电子白板，大多老师还是把它当作PPT幕布，没有好好地利用它，而且学习的培训课程中也没有相关的使用教学。

——英语学科白老师

笔者通过对平台课程的学习和观察后发现，平台上的理论学习课程和传统课堂较多，翻转课堂、合作式学习等新型课堂教学模式并没有得到太多的展示和示范。另外，关于学科前沿资讯也涉及较少。

三、课程结构

（一）选修课和必修课的比例不合理且选修课的质量有待提高

目前，不同的培训机构有不同的课程结构，从选修课与必修课的设置来看，大部分培训机构都重必修课轻选修课，必修课和选修课的设置比例不是很合理。同时，选修课的质量也有待进一步提升。例如，在访谈中有教师谈道：

选修课不会有考核，也不会被记录到最终的学习成绩中，所以我没有时间的话就不会去看选修课，而且一些选修课的内容过于平淡，我们一线任课老师更多情况下需要的是理论与实际相结合的内容，但是有些选修课是纯理论或者纯案例的。

——历史学科石老师

目前，教师的上课感受欠佳，或者平台本身课程结构的设置存在问题，选修课的上课率较低，因此，选修课不仅要注重满足教师的个性化需求，而且要注重提高质量。

（二）理论课和实践课的排布不合理

大部分教师表示，培训安排的理论内容过多，具有实操性的、针对性的案例分析和优质课展示较少，自我展示更少。理论知识易于接受和理解，在网络资源极为丰富的今天，教师完全可以从网上自学理论知识，在有限的培训时间里，他们更想得到实践应用方面的指导。调研显示，教师对课程内容的选择倾向于具体学科的实践性课程，而对教师成长与科研等理论性课程不太关注；而且教师希望增加有关学生心理健康方面的课程和适切农村学校实际的课程。

四、课程反馈

（一）教师较少参与课程评价

目前，大多课程评价的工作都是由专家完成的，但是一门课程的好坏，最有发言权的应该是课程的学习者。教师作为网络课程的学习者，应该参与课程评价。通过问卷调查得知，有61.11%的教师表示偶尔参与评估并提出建议，但是有21.76%的教师从未提过建议。笔者对选择"从未"的王老师和选择"偶尔"的陈老师进行了访谈。

> 没有什么机会给这些平台提建议，也不知道怎么提，我们的很多课程上完课拿到分数就结束了，我们也没想到过要给平台提什么建议。本来平时的工作就忙，学习这些网络课程很多时候就是为了完成任务，完成后就再也不看了，所以根本想不到提建议。
>
> ——数学学科王老师
>
> 如果有人发调查问卷，就填一下，也算给个评价吧；如果没有人组织或者特地问的话，我一般不会想到去提意见，因为平台上也没有提意见的地方，更别说让我们参与课程的制作了。很多课程的设计和制作是由平台请的专家或者平台专业的课程设计师制定的，我们这些上课的老师基本不会参与。
>
> ——历史学科陈老师

根据这些调查可以发现，课程评价主要存在三个问题：第一，教师本身工作和生活就很忙碌，对评价课程不是很积极，大部分教师完成课程任务后就不会再关心这些了；第二，平台上没有专门供教师提建议的功能；第三，平台的课程负责人忽视了学习者（教师）对课程建设的重要性。

（二）教师普遍喜欢的课程内容和认为需要改进的内容

在学习中小学教师远程培训网络课程中，教师也有自己喜爱的课程内容，笔者通过调查发现，排在前三名的是高效课堂教学策略、教材解析和学科教学法。这充分说明教师还是希望通过培训提高自身教学能力的，平台中关于这些课程的设置也较多，课时也多。排在后三名的是学生管理、信息化教学、教育科研，根据笔者的观察和研究，这三项内容在平台中的涉及没有前面几项多，课时也相对较少。

同时，笔者就需要改进的课程内容对教师做了调查，结果显示，教师认为专家视频、课程培训和论坛学习等内容需要改进。

> 专家视频中的内容都太偏理论了，且过于老旧，气氛也不是很活跃。我更希望专家可以讲一些实际案例及对其的分析、对一些事情的解读，以及一些学科前沿知识。
>
> ——物理学科郑老师

笔者也听了平台中的专家视频，确实存在视频内容老旧、讲授方式过于传统、气氛不够活跃等问题，容易导致教师学习时走神，同时这也是平台的课程设计师需要认真考虑和改进的地方。

（三）培训课时安排较为合理，视频时长合理，但仍存在问题

调查显示，56.54%的教师认为培训的课时安排合理，但仍有21.1%的教师对课程安排的认可度一般。另外，68.35%以上的教师认为网络课程的视频时长合理，只有10.55%的教师认为不合理。笔者访问了认可度"一般"的老师。

> 有的教师课时量较少，一周可能只有三四节课，而像语文、数学或外语学科的教师基本上每天都有课，在繁忙的教学工作下，还要完成跟其他学科教师一样的课时量，让我们感到力不从心，尤其是不太喜欢还必须看至少几个小时的课程这种安排。教师学习需要

发自内心，当他认为某一方面不足时就会去补充学习，而这种强制性的安排会让教师产生厌烦情绪。

——语文学科刘老师

在课程安排的个性化方面，大多数平台还是做得不到位。关于"您所学习的网络课程中，视频、音频都清晰，视频流畅性好？"这个问题，有26.16%的教师选择"非常符合"，45.57%的教师认为"符合"，但也有24.05%的教师认为"一般"，这表示视频的质量还是得不到全部教师的认可。根据笔者的走访调查，此类问题产生的因素主要包括三方面：第一，视频本身制作不过关，有的课堂实录画质不清晰、声音不够清楚；第二，教师本身所在地区的网络条件不好，网速不够快，这也是视频不够流畅的原因；第三，教师本身所用的电子设备过于陈旧、内存不足等问题都会影响视频和音频的播放。

（四）教师学习后的满意度较高

调查问卷的结果显示，有近八成的教师表示愿意再次选择网络学习，并且愿意将网络学习的经验迁移到日常教学中。现在，各个地区都在提倡教学改革，鼓励教师用先进的教学方法和教学思想来进行教学。远程培训是一种新型的学习手段，教师通过一系列的培训，可以在专业知识、专业技能等方面得到不同程度的提升。调查显示，通过网络远程培训，有73.15%的教师表示他们的教学理念得到了更新，68.52%的教师表示他们的教学方法得到了丰富。从对教师的访谈中我们也看到：

有很多视频课程就是现在非常流行的微课，我完全可以通过学习的信息化技术自己制作。例如，我可以把课前需要预习的内容制作成微课，放在班级网站上，让学生课前自行学习，这样既提高了学生的课前预习质量，也提高了课堂效率。这样我就可以紧随现在提倡的智慧课堂的脚步。

——英语学科周老师

笔者经过走访发现，一些对网络课程不太积极的教师，基本上是年龄较大的教师，他们表示自己快要退休了，加之使用电子设备的能力有限，所以不愿意参加此类的网络学习。但是总体来说，教师对网络培训课程的学习还是比较满意的。

（五）影响课程质量的主要因素

结合调查结果和对平台的观察，影响课程质量的主要因素有以下几种。

1）课程形式的多样化程度。课程形式不能只局限于文本讲解，或者传统灌输型的视频讲解。68.06%的教师认为课程形式的多样化很重要。网络学习是与传统学习不一样的新型方式，如果网络学习内容还是局限于传统的学习内容，只是把内容从线下放到了网络上，那么这种网络学习的效果就会大打折扣。

2）媒体资源的丰富性。网络是一个大的资源储存空间，大部分教师已习惯于通过网络解决问题，同样，教师想要把通过网络学习到的知识迁移到日常教学中去，就需要大量的学习资源的补充和扩展，如果网络课程中只有教学视频而没有学习资源，显然是不能满足教师需求的。教师需要教学设计、PPT展示、案例解析、论坛互动等资源，这对教师的学习和工作有很大帮助。因此，资源的丰富性在一定程度上影响着教师学习的质量。

3）课程内容符合教师需求的程度。课程内容是网络课程的核心，56.02%的教师认为课程内容符合其需求这一点很重要。让教师在短暂的培训中学习到有用的知识，并且学好、学扎实才是培训机构需要关注的问题。如果一味地开设一些远离实际教学的课程，那么就会影响教师对网络学习的态度和学习质量，平台的课程负责人需要了解教师到底需要什么样的课程，并研究如何合理安排课程等问题，以便为教师提供高质量的、符合其需求的课程。

第三节 教师混合式学习课程设置的改进建议

一、课程目标的设定要遵循教师自身层次和学科特点

（一）设定分段式、分类型的课程目标

参训教师有各自的教学功底、知识储备、学历水平，以及不同的年龄层

次。一次培训如果只设定一个总的学习目标或分阶段的学习目标，显然不能关照到教师本身的层次差异。因此，培训机构要关注教师发展阶段的不同、学习需求的差异性，以制定差异化的课程目标。建议学习平台对参训教师进行基本情况的调查和统计，依据调查结果，按年龄阶段、教龄、专业发展阶段等进行分类，然后针对教师不同的类别特点设置相应的课程目标，且每个阶段的课程目标也要有所区别，要考虑教师的实际情况。

（二）根据不同学科设定不同的课程目标

各个学科教师的教学方式和思维方式都有所不同。较为宽泛的分类方式便是将教师分为文理科两大类。文科教师在讲授知识的同时，也会对学生的情感、态度和价值观进行潜移默化的影响，且文科教师接受知识的方式较为感性，所以需要逐步渗透式的课程安排；而理科教师的授课方式较为直接，大多采用有逻辑的推理方式，且理科教师接受知识的方式更加直接和理性，所以需要安排有探究性的课程。文理科教师在相同的培训中会产生不同的培训结果。课程的设置者要充分分析教师的学习方式和学科背景，设置不同的课程目标，如课程可以分为文科模块和理科模块，可以为每个老师设定单独的学习页面、个性化学习空间，针对其自身情况设定学习目标和任务。

（三）开设共同学习坊，促进教师生成性目标的达成

平台可以制定专门的规则和制度来督促教师生成生成性资源，如可以在成绩评估的规则中加入硬性要求，对教师上传自己的资料进行加分奖励，或者其他奖励。平台还可以提供一些加密的、有价值的课程资源，教师自己上传的有价值的资源越多，便可以解锁越多的平台提供的优质学习资源。这样形成一个良性的循环，在提高教师积极性的同时，又促进了教师生成性目标的达成。

二、调整课程内容，提高课程质量

（一）开发多门课程，注重课程内容的实践性

第一，教师对课程内容有更多的需求，但平台的课程内容不够全面。为

改变这种情况，平台在开设课程之前，可对将要参加课程学习的教师进行关于想要学习课程内容的问卷调查，根据调查结果，平台可以增加相应的内容。此外，平台也可以通过定时在后台收集每项课程的点击率来分析和研究哪些课程较受欢迎、哪些课程的选择率较低等。第二，平台应定期删除过时、难以理解或者乏味的课程，多制作一些理论与实践相结合的课程。因为培训时间有限，纯理论的课程完全可以以课程相关资源的方式出现。教师更希望学习如何把理论知识运用到实际当中，从而提高自身的专业能力。

（二）课程内容要紧随学科前沿

现在，大部分学校在实行教学改革。远程培训机构应多设计一些紧追学科前沿资讯的课程，如一线城市优秀教师的课程、专家讲解的先进的教学方法及教学理念、前期参加培训的教师的优秀案例（身边的案例更能激发教师的学习兴趣）以及新课改的解析与学习等课程。同时，也应该结合地区实际情况，多安排一些本土优秀教师和专家的讲解课程，在了解学科前沿资讯的基础上，结合本地区的实际，改进教学方法和教学手段，不断深化教师的教学认知和完善教师的教学理念。

（三）增加教学资源的多元性

第一，平台要为教师制定多种多样的特色课程，不仅要制定《"国培计划"课程标准（试行）》中要求的课程内容，也要制定一些供教师自主选择的课程内容，特别是关于信息能力提升、软件运用、技术操作等方面的内容。这样教师在学习规定的课程的基础上，还可以学习自己需要的知识。第二，设立电子资料室。电子资料室可以收集教师学习的每节课的内容，按种类和类型区分，这样教师可以轻松地搜索和查看学习过的内容。如果教师需要学习直播课程，那么该资料室也可以提供课程的录像，供没有赶上直播课程的教师学习。电子资料室还可以收集教师的优秀作品，供教师互相交流和学习使用。第三，加强非结构化资源的建设。平台中关于视频、音频等资源的数量较多，而非结构化资源的数量较少。资源要以多种形式吸引教师，提高教师学习的积极性。例如，可以从视频方面入手，多制作精良的、具有交互性的视频资源。非结构化资源更多地强调教师间的互动和对学习效果的检测，这有利于提高教师的参与度，促进生成性资源的产生，锻炼教师在学习中思考的能力。平台中有很多的资源还是以文本的形式呈现，这样会对教师的学习热情产生不利的影响。平台在进行课程设计时，应选择合适的课程形式，注重资源的多元性，以满足广大教师的需求。

（四）保障资源的质量

资源的质量一直是网络课程的重点，质量不过关，教师的学习质量就会下降，学习效果就不理想。

在教学案例方面，平台应推陈出新，定期检查教学案例资源的合理性；更新资源，收集新的、更贴合课程要求的案例资源，增强案例资源的时效性。学习平台在设计案例资源时，不宜照搬照抄，完成案例设计后可邀请专家或者骨干教师对其进行修改和完善；收集参训教师的优秀作品存至资料库，既方便今后的学习者借鉴和学习，也提高了资源的利用率。

在视频资源方面，确保视频的完整和流畅，安排专门的技术人员定期检查视频的质量，对教师反映的问题及时修改，以确保视频的高质量。专家和骨干教师在录制教学视频时，可以采取多种形式，不一定非要在教室中授课或者利用 PPT 等讲课，可以运用现代教育手段、新媒体技术等来展示课程，这样的形式更加生动形象，在教授教师相关知识的同时还可以教授新技术的运用及其与教学的融合，对教师今后的课堂教学起到引领作用。

关于学科教学资源分布不均的问题，平台可以利用学科的相关特性进行"搭档学习"，对有内在联系的学科进行联合培训，也可以把文科的科目和理科的科目进行整合，这样既可以节省时间，又可以同时学习相关联的科目，充分利用资源，从而让教学资源的分布更加均衡。

（五）建立健全资源的个性化推荐机制

首先，需要对教师进行前期、中期、后期的测试和记录，前期需要了解教师的基本情况、优势和劣势、专业基础、专业技能等，以及教师是否可以熟练地运用学习平台，以为不能熟练运用平台的教师提供使用指南。对完成测试的教师进行分组，依据教师实际情况进行课程选择。中期需要记录教师对选择课程的学习情况，什么样的课程的点击率高、学习次数多，以及教师参与的积极性等，都要做详细记录和分析，从而可以了解不同学科、背景、教龄的教师的课程喜好。后期需要记录教师的课程学习完成情况，完成一门课程后都会有测试题，且每个教师都有不同的测试题，平台对教师的测试成绩进行科学的量化评定，分析教师学习中的短板，从而更加科学合理地为教师推荐符合他们特点、能力和需求的课程。

三、增加选修课比例及实践课程的设置

（一）增加选修课比例

大多数平台以整齐划一的必修课为主，而体现教师个性的选修课较少。为此，平台可以在教师选择课程之前，设置相关页面测试来了解教师的喜好，测试结束后自动生成选修课推送。据教师反映，目前选修课的内容针对性不强、不够吸引人，教师学习的积极性不高，加之没有学分的要求，教师的学习效率就更低。因此，选修课可以用一些新颖的方式来授课，如互动、微型动画、任务闯关等。课程内容建议以实用型课程为主，如微课的制作、剪辑软件的使用、多媒体处理等。课程氛围尽量轻松活泼。这样可以大大提高教师的学习效率和积极性。

（二）增加实践课程的设置

网络平台可以设计超链接，把纯理论的知识放在超链接中，教师如果在学习中有不明白的，可以在超链接网页上搜索相关内容，这样搜索式的学习更加适合教师；还可以设计不同的课程套餐，合理设置每个套餐中的课程比例，依据《"国培计划"课程标准（试行）》制定特色课程，教师则根据自己的需求选择套餐，套餐里的课程要以理论和实践相结合的方式开展。通过课程学习前的学情测试，平台自动推送2—3个套餐供教师选择，套餐中每个模块有2—3门课程可以与其他套餐的课程进行互换，教师可以根据自己的需求组合最适合自己的学习套餐。另外，一些平台不太注重师德方面的课程的

设置，所以建议平台设定专项学分，督促教师学习师德方面的课程，如教师只有完成此类专项学分才可进入下一阶段的学习。近年来，师德问题引起了社会的广泛关注，"国培计划"对教师师德培训和提升提出了明确要求，教师的专业素养固然重要，但师德修养更是不可缺少的，各大平台要落实相关精神，并按照要求设置师德师风课程。

（三）重视教师对课程的评价

教师作为远程培训课程的直接体验者，对课程质量的优劣最具有发言权，因此应重视教师对课程的评价。平台可以在每一次培训课程结束后，设定专门的页面，通过选择题和问答题的形式来收集教师对本次培训课程的看法、学后感、满意度。例如，可以在课程目标、课程内容、课程资源、课程效果、教师满意度等方面设置题目，让教师对课程进行一个全面的评价；还可以通过需求调研和学习后的座谈、访谈等形式深入了解教师对课程的评价，从而及时改进和完善课程。一次课程就像是一次产品的使用，要想提高产品的质量，不仅要从理论入手，更要结合实际使用情况，也就是消费者的感受，全方位地对产品进行评价，这是保证和提升教师学习质量的重要途径。

第六章

教师混合式学习模式

第一节 教师混合式学习模式的含义

一、混合式学习模式

（一）模式的定义

关于模式，《现代汉语词典（第七版）》将其定义为"某种事物的标准形式或使人可以照着做的标准样式"[①]。现在我们通常认为模式是"再现现实的一种理论性的简化形式"，可以从三点对此进行理解[②]：第一，模式是现实的再现。模式是经验与科学之间、现实与理论之间转换的中介，是对现实的抽象概括，来源于实践。第二，模式是理论性的形式。模式是一种理论，而非工艺性方法、方案或计划，具有科学性，不仅来源于实践，更能够指导实践。第三，模式是简化的形式。它排除事物次要的、非本质的部分，来凸显事物的本质，从而使问题简化，使人们更好地认识、解决问题。

（二）学习模式的定义

依据上述可知，学习模式就是关于学习实践的理论性的简化形式。①学习模式是回答如何实施学习的实践层面的问题；②学习模式是一定学习理论

[①] 中国社会科学院语言研究所词典编辑室. 2019. 现代汉语词典（第七版）. 北京：商务印书馆：919.
[②] 南国农，李运林. 2005. 教育传播学（第二版）. 北京：高等教育出版社：30.

的体现，强调学习理论的指导作用；③学习模式是关于学习如何实施的流程、结构、方式、方法等的简化形式。例如，钟志贤指出：学习模式是指在学习环境设计理论与实践框架指导下，为达成一定的学习目标而构建的学习活动结构和学习方式。[①]焦建利等认为，学习模式是对学习过程与学习机理的理论解释，体现的是不同的学习观和审视学习的角度，指明可参照行事的策略、方法和流程。[②]

（三）混合式学习模式的定义

基于以上对模式、学习模式的理解，我们可以认为混合式学习模式是关于混合式学习实践的理论性的简化形式，是在混合式学习理论的指导下，关于混合式学习如何实施的流程、结构、方式、方法等的简化形式。

二、教师混合式学习模式及其理论基础与指导思想

（一）教师混合式学习模式的定义

基于以上对模式、学习模式和混合式学习模式的理解，我们可以认为教师混合式学习模式是指关于教师混合式学习实践的理论性的简化形式，是在混合式学习理论的指导下，关于教师混合式学习如何实施的流程、结构、方式、方法等的简化形式。

（二）教师混合式学习模式的理论基础与指导思想

1. 以教师学习理论为指导

（1）教师学习的特点

教师学习属于成人学习领域，因此成人学习理论的研究成果对教师学习具有指导意义。依据成人学习理论和教师学习实际，笔者认为教师学习具有以下特点：①目的性。教师学习的目的明确，相比于儿童的被动学习，成人

---

① 钟志贤. 2005. 学习模式变革的基础：类型、价值判断和变革取向. 现代远程教育研究，（2）：67.
② 焦建利，何秋琳，詹青春. 2010. 学习模式及其应用——《教育传播与技术研究手册（第三版）》第四部分述评. 远程教育杂志，（4）：41-46.

学习者往往具有强烈的内在学习动机和明确的学习目标,其学习更具有目的性和内在性。②基于问题解决。教师是教育教学领域的实践工作者,学习是为了解决工作中的问题,是带着问题来学习的,学习内容一般与其实际工作息息相关,实践取向明显。③个性化。教师学习是建立在其学习方式、习惯、生活经验、工作经历等丰富背景和基础之上的,因而具有明显的个性化特征,具有不同的个性化需求。④自主性。教师具有明晰的自我概念和主体意识且具备一定的学习能力,倾向于自己主导学习,自主安排学习进度、时间、评价和反思等。⑤交流与交往倾向。教师是有经验、有经历的成人学习者,在学习过程中比较倾向于与周围的人进行交流与交往,分享自己的思想观点等。⑥自我展示需求。依据马斯洛的需要层次说,教师在学习过程中有被认可和被尊重的需要,通过相互交流达到彼此学习和自我展示的目的,有助于激发教师的学习动机,优化教师的学习效果。

(2) 教师学习的建构性

建构主义学习理论认为,学习是在他人的帮助下,在一定的社会文化背景和情境下发生的,学习者在与周围环境相互交互中,逐步构建对外部世界的认识[①],一般包括自主建构和社会建构。自主建构强调学习者借助他人的帮助和一定的学习材料,积极主动地进行个体认知和自我建构;社会建构即群体合作建构,强调学习是个体与他人及其生活环境的相互作用和相互交往中创生的过程,学习发生在互动交流的过程中。建构主义学习理论的核心观点强调学习的互动性、商谈性、超越性。[②]

在建构主义学习理论的启示下,教师学习具有两方面的取向:一是在自主建构理论的指导下,教师学习成为一个自我反思、主观理解与实践的过程,即教师学习不是获得专家教授的知识的过程,而是一个以体验、理解、反思等为主的自我建构的过程。教师通过对个人实践经验的反思,采用自我觉察的方法,主动进行反复的、审慎的内隐性思考与个人理解,以此检视、分析自己原来所持的信念价值与基本假定,从而不断获得对教育教学的新理解,以达到增长专业知识和技能的目标。二是在社会建构理论的指导下,教师学

---

① 何克抗,郑永柏,谢幼如. 2002. 教学系统设计. 北京:北京师范大学出版社:161.
② 郑葳. 2007. 学习共同体——文化生态学习环境的理想架构. 北京:教育科学出版社:86.

习是在群体的互动合作中开展的，但不同的教师之间在知识结构、智慧水平、思维方式和认知风格等方面都存在差异[①]，因此，社会建构注重建立教师间、教师与专家、教师与教育部门等学习共同体，在合作互动、对话交流的社会建构中开展教师学习。

2. 以混合式学习理论内涵为指导

教师混合式学习模式是对教师混合式学习理论内涵的体现，因此要依据教师混合式学习理论来构建教师混合式学习模式。依据教师混合式学习理论，教师混合式学习模式要充分遵循和体现教师学习的特点，基于线上和线下，充分发挥线上和线下学习的优势，进行线上线下一体化设计的、面授（或集中面对面培训）学习、个性化自主学习、互动生成性学习相结合的学习。

3. 体现资源生成进化理论思想

随着 Web2.0 等网络技术的发展，学习者既是学习资源的接受者，也是学习资源的生产者和传播者，资源的建设和生产不再是生产商的事情，学习者参与资源建设已成为现实，并成为资源建设新的智慧来源。一方面，用户可以协同编辑资源内容，用户在消费资源的过程中依据自身需要编辑、丰富学习资源，这种网状裂变式的资源出版模式集合了众人的智慧与力量，大大缩减了资源的生成周期并提高了资源的更新频率。[②]另一方面，学习者在学习过程中会产生一些生成性信息，如对某段学习内容附加的批注、编辑的学习资源、发表的观点、讨论的话题信息、辅导答疑等，通过网络技术可以对这些新的生成性信息进行聚合、分类，从而实现资源的持续进化，以供学习者进一步学习和使用。

同样，教师既是有经验、有思想的特殊学习者，也是学习资源。随着网络技术的发展，教师既是资源的利用者，也是资源的生产者和传播者，一方面，网络技术可以实现教师之间的资源共享；另一方面，教师在学习和互动的过程中会产生新的资源，这些资源是产生于教师身边的、本土的资源，采

---

① 朱旭东. 2011. 教师专业发展理论研究. 北京：北京师范大学出版社，154.

② 余胜泉，杨现民，程罡. 2009. 泛在学习环境中的学习资源设计与共享——"学习元"的理念与结构. 开放教育研究，（1）：47-53.

取网络信息技术手段对这些资源进行分类、整理、聚合、再现，逐步改变单纯依靠专家生产资源、教师消费资源的传统单一模式，从而提高资源的生产质量和效益，促进资源的持续进化与发展。

第二节　教师混合式学习的几种模式

一、教师"个性化自主的学用转化"混合式学习模式

这是对以个性化自主学习为主的线上线下混合式学习具体化，总体思路如图6-1所示。教师学习是以学用转化为核心、线下跟进指导与线上互动交流答疑为支持的五步循环过程。

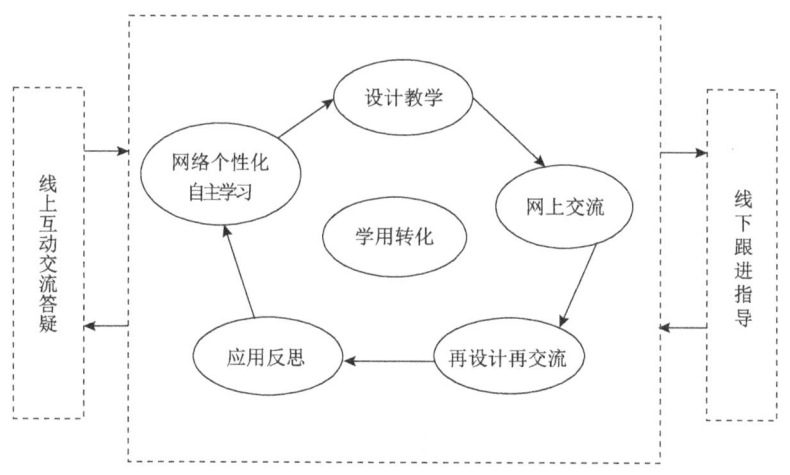

图6-1　教师"个性化自主的学用转化"混合式学习模式

（一）具体实施步骤

第一步，教师基于个性化需求在网上学习课程资源，并对课程提供的教育教学理念和典型案例进行自主学习。在此过程中，由辅导教师等组织开展基于学习内容的研讨交流，以深入理解和领会学习内容。第二步，在学习课

程资源的基础上，设计自己的教学，既可以是个体层面的，即每个人设计自己的教学，也可以是群体层面的，即以小组合作的形式设计教学。在此过程中，由辅导教师组织开展基于个体或群体合作的教学设计活动，然后将教学设计上传到网络学习平台。第三步，网络学习共同体对教学设计方案进行讨论和交流，专家参与指导，并提出各自的意见。第四步，结合大家的讨论及专家的指导，对原来的设计进行修改和完善，完成新的教学设计，再进行互动交流、专家指导，形成最终方案。第五步，带着最新的教学设计去上课，并对教学进行评价和反思，将反思上传到网上，进行再交流、再学习、再指导。

（二）为教师提供混合式学习支持服务

1. 随时随地的线上互动交流和专家答疑

教师在学习过程中如有问题可以在网上发布提问，专家进行同步或异步答疑指导，也可以与其他学习者进行交流和互动，这一支持服务形式贯穿于教师学习的整个过程中。依据远程教育的基本原理，如果单纯依靠网络学习，则学习效果难以得到保证，因此，必须在教师参加网络学习的同时，对其进行面对面的集中辅导，笔者称之为短期集中跟进式指导。

2. 为教师提供短期集中跟进式指导

为教师提供短期集中跟进式指导主要从以下两个方面着手。

1）在教师网上学习的过程中，依托县（市、区）专家资源在本地开展一次短期集中跟进式指导活动，以促进"学用转化"，主要形式包括：①专家和优秀的一线教师下乡进行示范性教学，教师在专家的引领下进行讨论和交流；②专家与教研人员一起走进课堂听教师讲课，并对其教学进行点评，纠正教学中出现的问题，指导教学的开展。③引导教师树立问题意识，推进教师学习、反思、研究习惯的养成，最终促进终身学习习惯的养成。

2）在教师网上学习结束后，开展省级的短期集中跟进式指导活动，促进"学用转化"。选取一定数量的参加网络学习的一线骨干教师，以省级教育部门的组织为主，聘请国内外教育专家，在省级部门集中开展跟进式指导活动。具体思路是专家报告（学情分析报告）—研讨交流—现场诊断—网络视频—

再认识。专家报告：主要包括有效课堂教学技能与方法；新课程学科教学问题与对策；新课程改革中的问题与反思；教师综合素养提升与行为习惯养成；写教学日志，反思学习行为的培养等。研讨交流：学习者（教师）带来自己的教学设计或课堂实录由专家进行初次评价和指导，然后，到省级学校观摩教学，并与学校的教师开展座谈。现场诊断：在实地考察的学校开展课堂教学，专家进行现场诊断，与考察学校教师开展互动交流。网络视频：教师回到工作岗位后，开展再实践、再认识，并制订研修计划，使网络学习及其应用常态化，并随时将学习应用后的产品——实际课堂教学设计与课堂实录反思等上传到网络教学平台上，由专家对上传的资料进行观察、评价和教学分析与指导。再认识：学习者（教师）通过观看不同地区教师的课堂实录，学习他们的教学经验，并开展基于网络的交流和互动，从而促进网络研修的持续发展，促进"学用转化"，并逐步养成网络学习的习惯。

二、"互动生成"的教师混合式学习模式

（一）基本思路

1. 创建共同体，设计互动生成的学习任务

要实现良好的互动，应当建立远程学习共同体，制定一致的目标，发挥共同体成员各自的优势，尊重彼此的诉求，在互动协同的关系中使教师具有归属感、认同感和责任感，从而实现共生共长、协同发展。中小学教师远程学习共同体可以由学习者（教师）和助学者（教育教学专家、教育技术专家、辅导教师、教研员等）组成；基于共同体和真实问题解决，设计线上与线下相结合、自主学习与协作学习相结合的学习任务，促进互动生成。

2. 利用远程平台技术支持互动生成性学习

在互动方面：①利用好学习平台现有的互动功能，如论坛研讨、工作坊、学习空间等；②吸纳信息技术最新成果，加强对互动功能的完善和技术开发。例如，增强学习平台的开放、协同编辑、开源技术支持、互通共访、深入协

作互动的分布式的社会化学习支持功能,促进协同互动的问题得到解决。[①]在生成方面:①对线上与线下互动过程中产生的典型问题、经典案例、优秀课例、教学设计、思考想法、专家点评、指导方案等生成性资源进行聚合、分类和整理,生成相应的资源库,供大家进一步学习交流或作为今后的培训资源。这些生成性资源既是互动交流的成果,也是教师喜闻乐见的本土资源;既解决了资源的适切性问题,也实现了资源的持续进化与发展。②远程机构要开发和完善支持资源生成的工具(如分类聚合、分析评估等),保障和促进资源的生成和再利用。

(二)学习模式

依据上述关于互动生成的现实依据和理论内涵的界定,笔者提出了教师互动生成的远程学习活动模型(图 6-2)。具体流程为:组建学习共同体—共同体任务设计—协作完成任务—评价总结与反馈。在共同体的互动学习过程中会生成相应的资源库,用来满足教师多元化、持续化的学习需求。

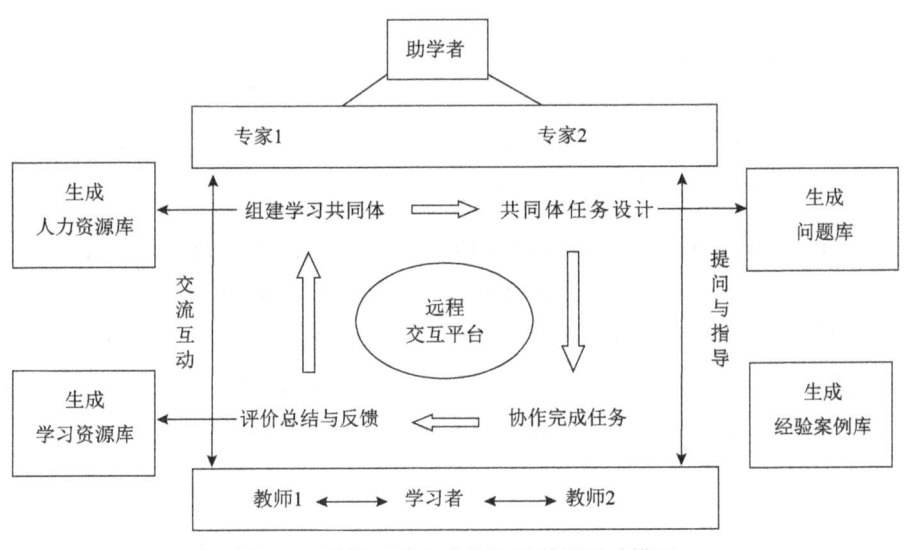

图 6-2 教师互动生成的远程学习活动模型

[①] 贾巍,黄兰芳. 2015. 农村中小学教师远程学习:内涵、现状与改进策略. 教育探索,(12):124-128.

1. 组建学习共同体

（1）学习共同体的组成

教师网络学习共同体主要由教育技术专家、教育专家、一线优秀教师、教研员、校长、学习者（教师）、网络学习的辅导教师等组成。

（2）学习共同体的组成方式

学习共同体的组成方式包括自组织与他组织。自组织指的是在网络技术平台的支持下，不同地区、不同学校之间的教师、专家、教研员等自发建立网络学习共同体，形成跨地区、跨校、跨学科的人际组织，开展学习交流。这些共同体的成员一般具有相同的学科背景，共同的兴趣、目标、话语等，借助于网络而自发地形成学习团队，以学习共同体的形式开展学习。

他组织一般有两种组建方式：一种是同质组建方式，即由具有相同学科背景或共同经验的教师、研究专家、教研员、辅导老师等组成的学习团体。这种学习团体形式既有优势，也有不足之处。其优势体现在相同学科背景的学习团体有共同的话题，有助于经验分享和深入互动与交流，对专业成长很有帮助；其不足之处体现在局限于同质的圈子里，不利于思维的发散和视野的开阔。另一种是异质组建方式，即由同一年级不同学科的教师或不同背景的专家学者等组成学习团体，共同研讨、解决教育教学中的共性问题。[①]在具体实施中要根据具体需要来决定采用哪种方式。共同体的人数规模一般在6—8人为宜，要注意男女比例，以做到优势互补，并选出一名组长，协调团体内的各种关系，协助辅导教师开展工作等。

（3）生成人力资源库

学习共同体的组建有利于生成可供学习者持续学习的人力资源库。主客一体的学习观认为，学习是知识的社会协商，知识存在于社会的共同体中，学习者不仅需要特定领域的内容等物化资源库，更需要适合的学习伙伴或专家等人力资源库，从而持续不断地获取知识和智慧。因此，这种人力资源库为教师的持续学习提供了智力支持，教师在学习过程中可以随时访问人力资源库，获取相应的智力帮助和支持，从而形成持续学习的人力资源关系网，

[①] 张超. 2010. 教师远程培训的学习干预研究. 上海：华东师范大学博士学位论文：31-34.

实现学习者群体智慧的共享。

2. 共同体任务设计

（1）任务性质

第一，群体互动性。群体互动性的任务设计思想是对互动生成性学习观的具体体现，基于群体之间的互动和协同任务的设计与实施，既有助于调动学习者（教师）的学习积极性，也有助于发挥集体智慧，实现互动生成性学习。第二，真实性。学习任务的设计要有意义，要是教师教育教学生活中所关心的、与教师自身密切相关的真实的学习任务。

（2）任务类型

第一，基于课程资源的学习任务设计。这类任务是基于网络课程学习和应用设计的，即网络课程为教师提供了丰富的学习资源、先进的教育教学理念和实践案例等，这些课程资源为教师提供了理论指导和实践参考，教师通过学习，有应用于自己教学实践的冲动和需要，由此可以设计应用类任务，将从网络课程中学习到的理论和方法应用到课堂实践中，实现网络资源进课堂，以及网络资源受益于学生，受益于教师，受益于学校发展。教师将应用后生成的优秀教学设计、案例等上传至学习平台，从而生成本土化的教学案例和学习资源。

第二，真实问题解决的学习任务设计。这类任务是基于教师真实的教育情境，教育教学生活中的真实问题、困惑等设计的。借助于网络学习共同体，以教师实际问题解决为核心，能够极大地激发他们的学习积极性，提高他们的学习质量和效益。这些问题一般有共性问题和个性问题。个性问题可以通过网络学习共同体的交流和互动予以解决，如果不能解决，则通过网络学习共同体的共同讨论和协商，形成具有代表性和普遍意义的共性问题，建立相应的课题研究，进行新的研究任务设计，以共同体合作的形式开展问题解决的项目研究，从而达成学习目标。

（3）任务表现形式

第一，产品型任务。教师网络学习共同体通过协作完成学习产品，如问题解决方案、教学设计方案、调研报告、微型研究成果、学习作品等。第二，过程型任务。这种类型的学习任务注重共同体的学习过程，如头脑风暴、交流研讨等。

（4）生成问题库

依据对任务来源的分析可知，教师在学习、实践应用、实际工作的过程中都会有问题产生，对这些问题进行分类，可将其分为共性问题和个性问题，这些问题都是发生在教师身边的真实问题，将这些问题形成问题库，一方面，有助于当前学习的有效开展，即为学习共同体的进一步学习提供有意义的任务，有助于激发教师的学习积极性，使教师由被动的外在推动式学习变为解决自身问题的有意义学习；另一方面，有助于后来的学习者在该库找到类似的问题或者增加新的问题，从而为教师学习提供有价值的、真实的资源。

3. 协作完成任务

整个学习任务的完成是网络学习共同体共同协作的结果。专家、一线优秀教师、教研员等为学习任务的完成提供指导和帮助。辅导教师一方面组织和开展网络学习共同体成员之间的互动交流、推进学习任务的进行；另一方面协调来自学习共同体内部或外部的冲突，如学习者之间的冲突、心理上的不适应等，增强学习共同体的凝聚力，维持和促进学习共同体的发展。学校校长要积极发挥组织和支持作用，从学校层面为教师学习提供各种支持，做好联系教育行政部门和教育专家等工作，保障教师学习的顺利进行。学习者（教师）在专家、辅导教师的指导和帮助以及学校的相关支持下，明确学习共同体的规范、任务和各自职责，积极互动，共同完成学习任务。

（1）基于课程资源的学习任务设计的实施

"基于课程资源学习任务"的主要实施路径是：网上学习课程资源—线下进行教学设计—提交到网上接受专家指导—完善教学设计—课堂教学实践—专家线下课堂诊断、评课、再指导—教师再完善教学设计—最终形成教学案例—专家审核—上传资源库。

（2）真实问题解决的学习任务设计的实施

它是以教师教育教学中的真实问题为学习起点，以远程课程资源为解决问题的"养料"，以专家和学习伙伴的引领与互动交流为依托，以问题研究为主要形式，开展基于网络的互动生成性学习。操作思路主要有两种：①提出个性问题—网上学习—问题解决—生成经验案例库。教师带着自己的真实问题学习远程课程，开展网上交流，尝试解决问题，在问题解决后，形成问题解决案例并上传到相应的经验案例库里，生成新的学习资源以供其他教师进一步学习和研究使用。②产生共性问题—立项研究—形成学习资源库。如果个性问题未能解决，教师可将自己的实际问题发布到远程学习平台上，通过共同体的讨论和协商，形成具有代表性和普遍意义的共性问题，建立相应的课题研究，以共同体合作的形式开展问题解决的项目研究，形成学习资源库。

（3）生成经验案例库

共同体协作完成任务的过程中会生成相应的经验和案例，将这些经验和案例通过网络信息技术进行聚合、分类，生成经验案例库，以供教师培训、研修之用。在网络信息技术的支持下，后来的学习者也可以编辑、丰富经验案例库，从而进一步生成新的资源库。

4. 评价总结与反馈

该模式下的学习评价注重对互动和生成的评价与反馈

（1）学习过程评价

一方面，重视对学习共同体互动质量的评价，主要有对专家与教师的互动频率、互动深度等的评价，对学习者（教师）与学习者（教师）之间的互动频次、互动质量的评价，对学习者（教师）与课程资源的互动频次、互动质量的评价；另一方面，重视对学习生成的评价。

（2）学习结果评价

学习结果评价主要包括共同体内自评、专家点评、共同体之间的交流评价。任务完成后，辅导教师要组织共同体成员进行自我评价，以进一步完善学习成果，在此基础上，组织各学习小组上传学习成果，进行网络汇报和展示，然后共同体之间对此进行交流，专家进行点评，最后辅导教师进行总结。

（3）学习结果反馈

反馈有两种：一种是针对教师学习行为的；另一种是针对教师学习认知的。针对教师学习行为的反馈有助于教师调整学习行动过程中的行为表现；针对教师学习认知的反馈有助于教师反思并改善自己现有的心智模式和思维方式，促进教师认知的发展。

（4）总结生成学习资源库

学习共同体努力完成任务的过程中会生成很多学习资源（包括问题产生、问题分析、问题解决方案、经验分享、策略方法等）。在这些资源中，有一部分是素材性资源、经验性资源，还需要对其进行进一步抽象，从而将教师的经验概括为具有指导意义的理论资源，进而形成可供学习的资源库，这一工作的完成需要专家和教师的互动协作。

三、基于问题解决的教师混合式学习模式

（一）基于问题解决的教师混合式学习模式的含义与特点

1. 含义

依据教师混合式学习的内涵以及教师学习的特点可知，问题解决是教师学习的重要出发点和落脚点，基于教师的真实问题，是连接线上线下的有力抓手，是教师混合式学习的重要形式。因此，基于问题解决的教师混合式学习模式就是以教师实际教育教学活动中出现的问题为抓手，开展线上线下的学习、教研活动，以学习共同体为学习资源共生共享的最小单位，以网络研修平台为支撑，以校本研修为辅助手段，以实际教学活动为实践场地，在专家、学习共同体成员、支持服务者的共同努力下，充分发挥网络研修与校本研修的优势和调动教师学习积极性的学习模式。

2. 特点

（1）针对性

关于针对性，可从两个方面进行理解：一是针对传统模式没有做好的线上线下一体化混合设计，该模式以教师教育教学活动中的真实问题为抓手，有效地联结了线上和线下，是切合教师学习特点和实际的学习模式；二是在设计基于问题解决的教师混合式网络研修模式前期，必须有的放矢地对参训教师进行充分调研，以了解其真实需求，分析其教育教学中存在的个性问题、共性问题、突出问题、关键问题等，充分了解不同教师的教学问题，如新手教师、骨干教师、专家型教师存在的不同问题，以他们在教育教学、专业发

展中的问题为出发点和落脚点,以指导教师实践应用、解决实际问题为目标,设计线上线下混合式学习活动。

(2)常态化

基于问题解决的教师混合式网络研修模式追求教师学习的常态化,体现了终身学习的理念。实现常态化设计可以从以下几个方面考虑:一是研修平台要打破阶段性的培训工作,建立长期服务机制、激励机制、评价机制,只有得到即时的反馈和帮助,教师才能逐步形成不断学习的意识;二是利用网络大数据分析,定期向教师推送他们自己的学习数据,这些数据更能直观地反映教师的学习进程,从而达到督促学习的目的;三是强化校本研修的作用,制定校本研修激励机制,将校本研修的主题与网络研修、日常教学结合起来,立足于教学实践,多方联动才能更好地发挥作用,如果只学不用,研修难以达到 1+1≥2 的效果。

(3)迭代循环

有言道:"行之力则知愈进,知之深则行愈达",教师参与网络研修活动时,只有经历认识—实践—反思—再认识—再实践—再反思的过程,才能更加深入地研究教学,发展自我,实现教学创新。基于问题解决的教师混合式学习模式注重对教师学习的持续性支持,通过网络平台,线上专家能够提供有梯度、有层次的专业支持,教师可以随时随地地获取在线专家的资源支持,开展认识—实践—反思—再认识—再实践—再反思的迭代循环式学习,最终使自己的专业水平和教育教学能力得到不断提升。

(4)互动生成

基于问题解决的教师混合式学习模式也体现了互动生成的学习理念:第一,该模式注重教师与专家、学习伙伴等之间的互动合作,强调在互动合作的过程中解决问题,同时也注重学习共同体的建立和运用;第二,通过在互动合作中解决问题,来实现教师与专家的共生共长和生成性资源的形成。对于教师来说,其在平时教育教学实践中积累的个体知识、隐性知识在实践中实现了理论提升、显性化,从而生成自身的知识和能力;对于专家来说,其理论与知识在实践中得以检验和完善。在这一过程中生成的新资源,可供教师进一步学习使用。

（二）基于问题解决的教师混合式学习模式的具体内容

针对教师网络研修中出现的研修内容不接地气、针对性不强，教师研修积极性不高，研修流于形式等问题，并结合现有教师网络研修模式的不足，以及关于其现状调研的统计结果，本书以混合式学习为设计思想，以针对性、应用性、常态化、迭代循环、互动生成为设计原则，构建了基于问题解决的教师混合式学习模式。

该模式的构成要素主要包括诊断教学问题、分析问题、阐明问题、网络研修活动、专家指导、基于问题解决的学习共同体、线下研修活动、实践反思修正、生成性资源库、成果应用辐射。

该模式是以同步集中学习为主的混合模式的具体体现，以教师教学中存在的问题为导向，以基于问题解决的教师混合式研修为主线，强调教师活动与专家活动并行，既凸显了教师的学习能力，也凸显了专家引导的价值，并在实践中不断反思和修正，以达到研修有针对性、研修内容接地气的目标。基于问题解决的教师混合式研修过程是，诊断教学问题—整合分析问题—组建学习共同体—阐明问题并选择研修主题—在研修平台提交个人问题解决方案—开展线下专题研讨会（展示优秀方案）—打磨设计、开展教学实践—生成学习资源库—辐射、应用。该过程把教师活动与专家活动分开了，如图6-3所示。

1. 诊断教学问题

诊断教学问题的方式主要分为两种，即自查与他查。自查是指教师在自己的教学活动中发现的问题，但自己难以解决，需要寻求帮助；他查是指网络研修活动设计团队深入课堂，以现场观摩的方式发现教师教学中的问题，如课堂教学环节设计、课程内容的掌握、教学活动设计、学生管理、学生心理辅导、教育理论、心理困难等方面的问题，需要进行详细甄别和记录。

2. 整合分析问题

这一阶段主要由线上专家主导，有一万个教师在线学习，就有一万个不同的问题，专家需要从教师的问题中发现共性，从而引导教师开展基于问题解决的研修任务。完成上一阶段的他查与自查任务后，培训机构需要将研修团队人员与教师组织起来，开展一场座谈会，来帮助教师梳理问题，引导他

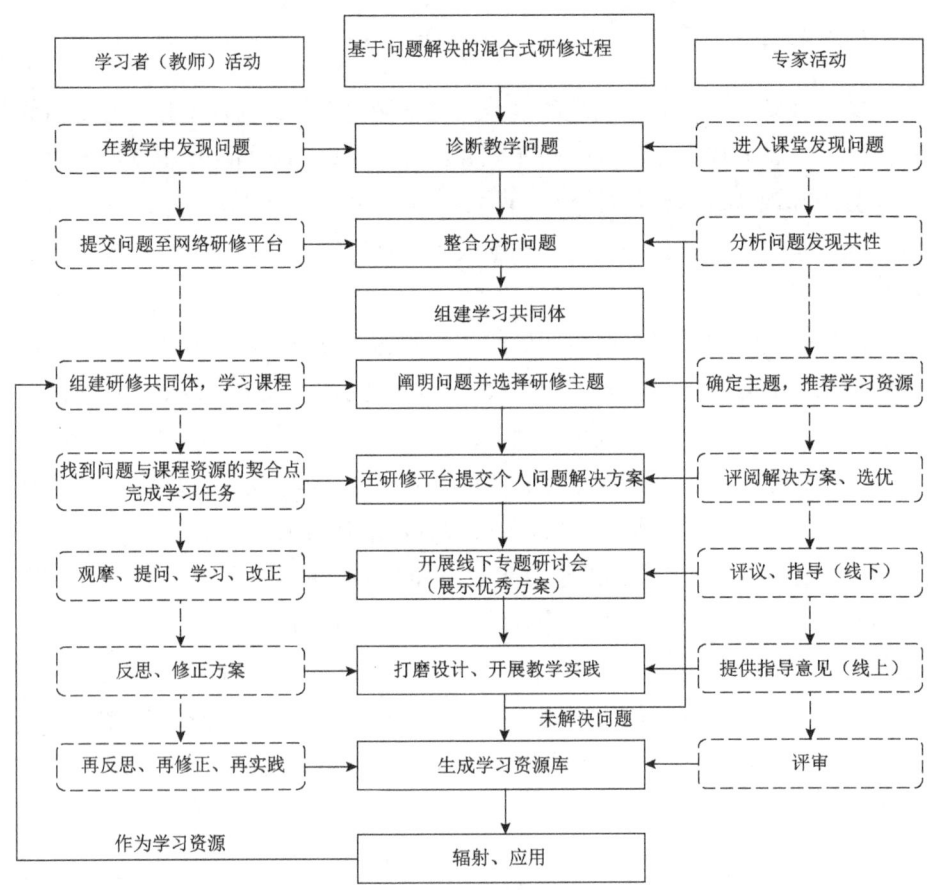

图 6-3 "基于问题解决"的教师混合式学习模式

们学习并尝试自己解决问题,为相关问题的深度解析提供指导,明确主要问题。整合分析问题之后按照问题的分类(教学实践类、教育理论类、教师专业发展类、技术类、心理类等)为教师推荐合适的学习资源。

3. 组建学习共同体

该模式中的学习共同体的组建既包括网络研修共同体,也包括校本研修共同体。网络研修共同体是指在网络研修中,教师通过网络研修平台为解决共同感兴趣的问题组建工作坊,在线上专家和组织者的引领下开展主题教研活动,互相交流并深入研讨,以期得到一个完善的问题解决方案。校本研修共同体是指在本校内,由教研组长依据学科划分,将本学科教师教学中存在的共性问题整理出来，并设计主题研修活动，在此之前教师已经在网络研修平台上学习并尝试拿出解决方案，而校本研修的目的就是结合本校实际将这些方案落到实处，将混合式学习的思想落到实处。

4. 阐明问题并选择研修主题

教师在应用技术、设计教学中遇到的问题更多地来自教学实践，因此对问题进行良好的阐明是非常重要的。阐明问题一方面需要确定所产生的问题是基于真实情境的，这样有助于调动教师解决问题的积极性；另一方面需要分析问题产生的原因、背景以及情境限制条件，包括学生的学习能力和学习习惯、学校所提供的硬件资源、教师个人专业素养、学习共同体的综合素质等，明晰这些条件能帮助教师设计并选择最优解决方案。在这个过程中，教师可以自己尝试阐明问题，也可以向专家寻求帮助，因为教师所提出的问题可能是简单的事实问题，需要专家对问题进行汇总并从中找出共性，为之设置一个复杂的情境，这种设置可以帮助教师发展高级思维，使其能在复杂的情境中解决问题。小组学习也能扩展教师解决问题的思路。

5. 在研修平台提交个人问题解决方案

教师在学习完线上课程资源后，要找到教学问题与课程任务的契合点，从而设计能实际操作的问题解决方案。在研修平台提交个人问题解决方案的主要流程有四步：一是学员认真学习专家推荐的课程资源，在此基础上对自己的教学问题有新的认识；二是学员利用好学习资源，思考如何设计问题解决方案；三是学员提交个人问题解决方案，在平台上展示和交流，并互相评阅，专家对方案进行审阅并提出指导意见，进而将问题整合出来，找出共性问题；四是专家评阅并选择优秀的方案为下一步的线下研讨会做准备。

6. 开展线下专题研讨会（展示优秀方案）

该阶段采用线下交流指导的方式开展：一是专家从学员提交的解决方案中选择几份优秀的案例；二是专家需要对这几份优秀案例进行专业指导，进一步形成可操作的解决方案；三是开展线下交流研讨会，进行优秀方案汇报分享，分享问题分析过程、解决思路、实践效果，邀请专家做现场指导；四是其他学员通过听、议、评对汇报的方案进行现场诊断；五是专家现场点评解决方案，侧重于问题解决的深度、解决思路的广度及方法选择的有效度，全方位引领教学问题解决。

7. 打磨设计、开展教学实践

教师一是需要总结专家指导后的收获，提升分析和解决问题的能力；二是结合所学到的新收获、新体验，修改和完善自己的初步方案，形成更加完善的解决教学问题的新方案；三是在校本研修活动中，交流各自的方案，相互借鉴、启发，探讨共同关心的问题，并根据所思、所想写一篇交流心得上传至研修平台和其他教师进行讨论和交流，线上专家需关注并及时解答重点问题，指导学员完成各自的问题解决方案；四是要将本次研修所学的内容运用在实际教学中，以检验其可行性和有效性。在实践的过程中，教师可邀请研修共同体成员作为观察者，检验效果、发现问题并记录下来；实践结束后，教师进行自我反思并汇总大家的意见，形成修改报告，提交给指导专家，请求他们给予修改意见。在教学中不断地开展实践—反思—修改活动，逐步完善各自的研修方案，最终生成一份有价值的、既符合当地实际情况又能提升教师参与积极性的研修资料。

如果问题在该阶段没有得到解决，则将其返回到之前的整合分析问题阶段，重新分析问题并尝试解决该问题，以此形成一个问题解决流程。

8. 生成学习资源库

传统的学习资源由培训机构自主设计并上传至网络研修平台，教师在平台上选课并学习，但这样的学习资源既缺乏针对性，又难以引起教师的共鸣，逐渐导致教师失去学习的兴趣。培训机构生产资源教师消费资源的生产消费模式将被教师与培训机构共建共享的开放建设模式所取代。方式有两种：一是教师在线上平台学习的过程中，产生了大量的生成性资源，网络研修平台可以通过大数据等手段将这些资源进行聚合、分类和整理，从而生成学习资源库，供学习者借鉴和使用，这是教师喜闻乐见的、身边的本土资源，是最受教师欢迎的学习资源；二是经专家整理教师的共性问题生成的专题研讨方案，教师由此设计符合自己教学实际的教学方案或解决方案，并将该方案应用于实际的教学活动中，这种经过实际教学检验的资源会是今后培训内容的重要组成部分。这些资源既可以在学习阶段使用，也可以在常态化的教学中使用。通过以上两种方式的逐步积累，教师的研修资源将逐步实现本土化，可用性更强，有利于实现研修资源的持续进化与发展。

9. 辐射、应用

学习资源库中大多是供教师学习的本土文化资源，这些资源是经过实际教学检验的、教师喜闻乐见的草根资源，可辐射和应用于教师学习中；无论是对新教师的成长，还是对骨干教师的再发展，都具有学习价值。教师既可以在学习阶段使用这些资源，也可以在常态化的教学中学习和借鉴。

四、基于案例研讨的教师混合式学习模式

基于案例的研讨式学习是教师学习的重要形式，也是教师学习的实践取向的具体体现。依据教师学习特点和混合式学习理论，笔者构建了如图 6-4 所示的基于案例研讨的教师混合式学习模式。

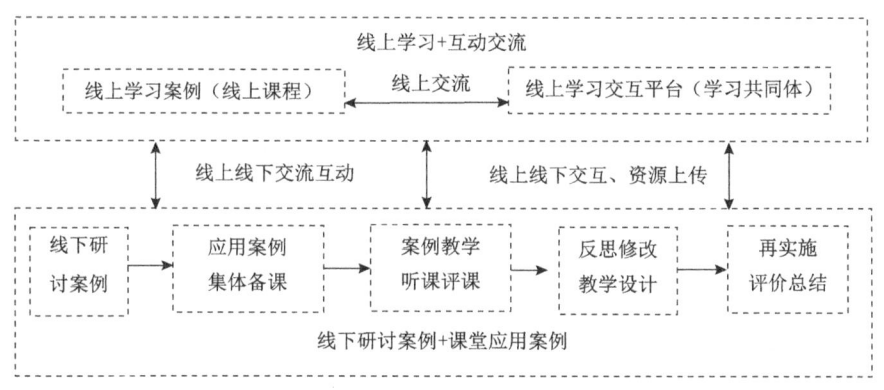

图 6-4 基于案例研讨的教师混合式学习模式

该模式也是以同步集中学习为主的混合模式的具体体现，是线上学习案例、线下研讨案例、课堂应用案例的三位一体的学研用混合学习模式，线上学习平台提供案例资源和交流互动空间，线下校本教研提供研究主题和资源，教师经过线上学习、线下研讨、课堂应用，实现线上线下有机联动。

（一）线上学习案例

典型案例是教师线上学习课程的重要内容，网络培训机构为教师设计丰富的教学案例课程与资源，这些案例一般包括学生教育典型案例、学生管理案例、教学经典案例、教师专业发展案例、信息技术教育教学应用案例、课题研究案例等；案例的展示形式可以是视频，也可以是文本等。

教师线上学习案例的主要操作思路为：首先，网络培训机构与教师所在学校共同设计每学期的案例学习活动，做好进度安排；其次，按照进度安排，学校及其教研组要配合网上学习进度安排，组织教师准时登录和按期完成线上学习任务，同时学校要建立有效的评价和鼓励机制，激励教师学习；最后，教师登录网上研修平台，根据学段、学科和个人需求选择案例，教师要及时记录自己在学习过程中的所得或疑惑等，为线上线下研讨做准备。

（二）线下研讨案例

线下研讨阶段是针对学习过程中的所思所想、学习获得、疑惑、问题等进行以教研组为单位的研讨，线下研讨案例的具体操作思路分为以下几步。

1. 确定研讨内容

教师通过线上学习案例，积累了一些理论和案例知识，对自身水平有了较为清楚的认识，反观、反思自己的教学，会发现需要改进的地方，或者需要尝试应用案例中使用的教学方法的地方等，然后，通过与教研组的讨论，共同确定教学方法或需要深入研究的问题等。

2. 共同开展教学设计

确定研讨内容后，教师根据学科划分学科研修团队，分学科进行集体备课、共同开展教学设计，根据案例中的理念、方法等，分析学情、确定教学目标和重难点，结合学生情况，进行具有自身特点的教学设计。

3. 课堂实施教学，开展听课、评课活动

研修团队教师通过同课异构教研活动，将教学设计应用到具体的教学课堂中，并互相听课、评课，指出讲课教师在课堂中对教材内容的处理方法和

教学手段的亮点与不足，以此改进教学，这个过程是教师相互促进的过程。

4. 反思并修改设计

教师经过教学实践和听课、评课活动后，反思自己的教学，与线下研修团队讨论，并将教学设计上传至网络交互平台，与线上研修团体共同讨论，通过线上、线下的交流，再次修改教学设计。

（三）课堂应用案例

教师运用修改后的教学设计上课，通过反复磨课、同课异构等方式，优化教学效果。这个过程与线下研讨是相互作用的，如果教学效果改善不明显，那么教师需要重新与线上、线下研修团队反思、交流、修改教学设计。课堂教学是个循环过程，这个过程可以帮助教师更好地解决问题，从而形成科学的校本教研方式，提高教学质量水平。

在这个过程中，教师根据所需，借助网络研修平台学习课程，与网络研修平台的专家、教师相互交流，讨论在实际教学应用中产生的问题，进一步完善教学。网络研修与校本教研是相互促进的，是线上、线下的有机结合，这种有机结合非常有助于教师案例学习和应用效果的提升。

通过这种研修方式，形成优质的教学资源和新的教学方法、理念、手段，然后将这些资源上传至网络交互平台，实现资源的生成与共享，从而为其他教师提供借鉴和学习的资源。

第七章

教师混合式学习评价

第一节 教师混合式学习评价的含义及基本构成要素

一、教师混合式学习评价的含义

（一）学习评价

学习评价是对学习价值的衡量，对学习具有促进和导向作用，"以评促学"是学习评价的重要功能；学习评价是按照学习目标，采用一定的评价标准和方法对学习者的学习情况进行综合评判，并为学习和教学决策提供依据的活动，学习评价对学习或教学具有调节反馈、改进和激励等功能。相关资料和文献对学习评价的概念有如下理解：刘葭认为，学习评价是指评价者参照一定的标准，运用合理的方法对作为评价对象的学习过程和结果做出价值判断，是教育评价中学生评价的一部分。[1]熊建华指出，学习评价作为教育评价的一部分，是依据学校教育目标，对学生学习的具体情况，包括学习过程与学习表现进行的一种评判。[2]涂艳国指出，学习评价，从广义上讲，是指评价主体依据一定的教育目标，确定学科的具体标准，通过测验、测量等多种方法对学生的学习情况进行系统分析和综合判断，并在此基础上对学习者形成价值判断的过程；从狭义上讲，学习评价的内容主要有学生对学科知

---

[1] 刘葭. 2009. 远程学习评价量规的设计研究. 重庆：西南大学硕士学位论文：1-80.
[2] 熊建华. 2003. 论以学生发展为中心的学习评价取向. 辽宁教育研究，（9）：61-63.

识的掌握，学习能力的发展，操作技能的熟练程度，学习中的情感、态度、价值观的形成情况等。[①]

综上所述，学习评价是指评价主体在学习评价理念的指导下，依据学习目标，通过多种评价方式和评价指标，对学习者的学习活动过程和结果进行的系统分析和综合判断。评价内容一般有学习者对知识与技能的掌握程度，学习能力发展情况，情感、态度、价值观的形成情况等。学习评价是评价理念、评价标准、评价指标、评价方式的综合体。

（二）教师混合式学习评价

教师混合式学习评价是指评价主体在教师学习评价理念的指导下，依据教师混合式学习目标，利用多种方式和评价指标，对学习者（教师）的学习过程和学习结果进行的系统分析和综合判断，一般是指对教师专业理念更新程度、知识与技能的掌握程度、专业能力发展情况等的综合评判。

（三）评价指标体系

评价指标体系是由表征评价对象各方面的特性及其相互联系的多个指标所构成的、具有内在结构的有机整体。评价指标体系的建立应遵循系统性原则、典型性原则、动态性原则、科学性原则等。教育评价指标体系包括三个系统，即指标系统、权重系统、标准计量系统。教育评价指标体系具有三个基本特征：完整性，指能根据评价目标要求反映评价对象本质特征的整体；协调性，指指标体系的质的统一性与和谐性；比例性，指各层次指标和要素之间存在的一定的数量比例关系。

二、教师混合式学习评价的基本构成要素

（一）评价主体

评价主体是关于谁来评价的问题，教师混合式学习是一项系统工作，需要各方协作，因此，教师混合式学习应坚持多元评价主体，多方面收集信息

---

① 涂艳国. 2007. 教育评价. 北京：高等教育出版社：1-33.

的原则，这样有助于更客观、合理、有效地实施评价。教师混合式学习是由当地教育行政部门、承担培训任务的远程培训机构与高校、教师所在学校等共同组织开展的，同时，混合式学习是以学习者为中心的，因而教师也是学习评价的主体之一。多元评价主体包括远程培训机构、高校、教育部门、教师及其所在学校。其中，远程培训机构主要负责评价教师的线上学习情况，高校负责评价教师面对面的集中培训学习情况，教育部门主要负责总体评判和认定教师学习业绩与专业发展水平，教师作为学习主体开展自我评价，教师所在学校主要对教师的学习过程进行监测和评估。改变以往单一主体的评价理念，坚持多元主体评价是教师混合式学习评价的必然途径。

（二）评价方式

1. 坚持自评、他评与互评相结合

在多元评价主体的前提下，教师混合式学习评价的方式也是多元的。例如，自评，即教师自我评价；他评主要有专家评价、承担培训任务的远程培训机构和高校的评价、教师所在学校的评价；互评，即教师与教师之间的评价。改变以往单一的评价方式，坚持教师自评、他评和互评相结合，是教师混合学习评价有效性的必然要求。

2. 过程与结果相结合

教师混合式学习评价既要注重对教师学习过程的评价，也要注重对教师学习结果的评价。按照一定的权重，将学习过程和学习结果结合起来进行综合评价，有助于客观、合理地开展教师学习评价。

（三）评价内容

1. 面向教师混合式学习，开展线上线下评价

评价对教师学习具有导向作用，要实施好混合式学习，就要重视线上学习评价和线下学习评价，并将线上线下结合起来开展综合评价，引导教师既重视线上学习，也重视线下研修与应用，这样有助于教师线上线下学习的相

互促进。因此，教师混合式学习评价要求我们改变以往只注重线上评价而忽视线下评价的单一做法，开展面向教师混合式学习的综合评价。

2. 开展知识、能力、情感等多维一体的评价

教师学习既是专业理念的更新、知识和技能的提升，也是能力发展和情感满足的体现，因而，评价教师混合式学习要注重全面性，既要关注教师对知识的掌握程度，也要关注教师解决实践性问题的能力，交流交往，对学习的认识、态度和学习行为等方面的变化情况以及教师的能力发展情况等。

综上，教师混合式学习评价就是以教师学习为中心，坚持多元主体、多种方式相结合，开展面向学习过程和学习结果、线上学习和线下学习混合的、多维一体的评价。

第二节 教师混合式学习评价的现状

为进一步开展中小学教师混合式学习评价的研究，笔者选取了承担宁夏教师工作坊研修项目的 5 家教师远程培训机构，对其对教师学习效果的评价方式进行了分析，出于研究伦理和保护各远程培训机构隐私的需要，本研究对这 5 家机构分别以 X 机构、Y 机构、Z 机构、K 机构、L 机构相称。这 5 家机构有着较强的技术支持服务能力和较专业的教师研修团队，自"国培计划"实施以来，各自不同程度地承担了全国中小学教师网络研修培训项目，积累了丰富的经验，选用它们进行分析，具有一定代表性。以下所分析的考核指标均来自 2018 年承担宁夏"国培"教师网络研修项目的这 5 家机构的项目方案，这些项目有"国培计划（2018）"——中西部项目乡村教师工作坊研修项目[①]、宁夏"国培计划（2018）"——宁夏乡村教师工作坊

[①] X 机构. 2018.《"国培计划（2018）"——中西部项目乡村教师工作坊研修申报书》，宁夏回族自治区教育厅内部资料：45-47.

研修项目[①]、宁夏"国培计划（2018）"——宁夏中西部项目培育性示范县（M县）中小学教师专业能力提升研修[②]、宁夏"国培计划（2018）"——中西部项目乡村教师工作坊研修申报书（培育性项目县中小学教师工作坊研修）[③]，其既有一定的权威性和确定性，也保证了资料来源的可靠性和真实性。

一、网络研修机构的学习评价分析

（一）X机构

X机构的学习空间提供了多种形式的教学内容，支持视听、阅读、讨论、作业、小组协作、工作坊等教学活动，能够以多种渠道实现各角色间的有效沟通，学员可同时进行多个项目的学习，每个项目可分阶段设置多个学习任务供学员选择，并且提供课程反馈和评价功能，支持高度交互的异步网络学习模式，学员可根据需要调整研修内容和流程。

通过分析得知，X机构研修学员的考核分为任务学习和拓展学习两部分。任务学习为必须项，包括参加集中研修、线上研修和线下研修；拓展学习为选做项，旨在帮助参训教师借参加培训项目之机，逐步实现常态化网络研修。在分值设置上，任务学习的分值满分是100分，其中线下研修占30%，线上研修占60%，集中研修占10%；而拓展学习只有积分，对任务学习的考核主要包括课程学习、线上活动、课程作业、不同主体的评分等，其中，合格成绩为60分，学习成绩不设上限，且排行前50%的学员可成为备选对象，工作坊主持人、助理、小组长会在备选对象中根据坊员参与研修的质量确定优秀坊员（表7-1）。

[①] K机构.2018.《"国培计划（2018）"——宁夏乡村教师工作坊研修（H县教师专业能力提升研修）》，宁夏回族自治区教育厅内部资料：90-91.

[②] Y机构.2018.《"国培计划（2018）"——宁夏中西部项目培育性示范县（M县）中小学教师专业能力提升研修》，宁夏回族自治区教育厅内部资料：49-51.

[③] Z机构.2018.《"国培计划（2018）"——中西部项目乡村教师工作坊研修申报书（培育性项目县中小学教师工作坊研修）》，宁夏回族自治区教育厅内部资料：76-79.

表 7-1　X 机构参训学员学习考核指标表

考核指标	评价指标	得分细则			
任务学习考核细则	集中研修	个人考勤：1 分	同伴互评：3 分	组长评分：3 分	坊主评分：3 分
	线上研修	完成必修课程：15 分	完成选修课程：10 分	完成线上活动：10 分	完成阶段作业：25 分
	线下研修	完成小组作业：15 分	同伴互评：5 分	组长评分：5 分	坊主评分：5 分
拓展学习考核细则	贡献积分	鼓励学员主动上传、分享自己的成果	考量的指标有上传日志、上传资源、积极发帖		
	活跃积分	鼓励个人、群组以积极、主动的态度参与研修	考量的指标有评价他人作业、他人资源，互助问答等		
	魅力积分	鼓励学员贡献有质量的资源	考量的指标有上传资源、作业被推优、上传的资源被下载		
得分说明	拓展学习积分包括贡献积分、活跃积分和魅力积分 每 15 个积分折合为 1 分 学员总积分无上限；学员每天的积分有上限，最多每天为 40 积分				

（二）Y 机构

Y 机构的学习空间可实现自主学习与社会性学习相结合、学习内容与学习活动相整合、线下活动展示与线上共享和交流相结合，支持工作坊活动的开展以及跨工作坊研修，提供跨校研修活动的组织与管理功能等。个人空间是集学员研修及活动于一体的学习空间，既提供诊断测评、自主选学、课程学习、工具使用、资源推送等自主研修功能，也提供学员的互动交流功能，包括互动讨论、活动参与、资源共享、成果点评等，还提供动态信息提醒、成绩实时查看、各级区域社区等一系列辅助研修功能。

通过分析得知，Y 机构的考核指标分两个维度进行评价，即学习参与度，占 40%；研修成果，占 60%。考核以终结性评价为主，以过程性评价为辅，即通过监测学员的参与讨论、完成作业以及作业互评等活动来了解学员参与网络学习的情况，通过监测学员参加话题讨论以及研修活动的情况来了解学员学习的积极性，通过监测学员每个阶段结束后的任务完成情况来了解学员学习的收获（表 7-2）。

表 7-2 Y 机构参训学员学习考核指标表

维度	考核指标	具体要求	分值
学习参与度	课程学习	完成规定的 80 个学时的课程学习，包括观看课程视频、阅读文本资料及拓展资源等，在线学习时间总计不少于 30 个小时，不足 30 个小时的系统会根据百分比自动折算分数	20
	课程研讨	积极参与课程内主题研讨及问题讨论，课程评论数全程不少于 8 条（被设置为精华帖加 2 分，被设置为超精华帖加 4 分）	8
	线上研修活动	参与工作坊内的研修研讨活动及坊内专家在线研讨答疑活动；全程活动参与次数不少于 3 次，参与一次记 2 分	6
	线下研修活动	研修过程中，线下参与不少于 3 次研课磨课活动，在线上提交研修活动记录单，并由坊主审核，提交一次记 2 分，满分为 6 分	6
研修成果	研修计划	根据项目研修安排制订个人研修学习计划	5
	研修日志	发表研修日志（研修过程中的心得体会），发表一篇记 1 分	4
	资源建设	积极参与学科资源建设，在资源中心分享区上传和分享原创教育教学资源，满分为 5 分	5
	考核作业	完成师德素养提升模块的 1 次作业（考核作业一：撰写一份"最美乡村教师的师德故事"） 完成学科技能提升模块中的 1 次作业（考核作业二：我的教学微案例分享）	40
	作业互评	积极参与作业共享、互评活动，对其他学友的作业提出有价值的建议和思考，评论 3 次得满分	6
总分			100

（三）Z 机构

通过分析得知，Z 机构对教师学习的评价采取过程性评价与终结性评价相结合、线上数据分析与线下研修记录相结合、合格性评价与激励性评价相结合的方式。参训教师在研修前进行自我诊断，对自己有初步认识；研修过程中开展相应的研修任务，并记录参训教师的学习行为；根据参训教师完成研修任务的整体情况形成终结性评价。网络研修平台自动统计参训教师的研修行为数据并进行分析，从而折合成相应的成绩；线下研修记录由各负责人对参训教师的具体表现进行打分。合格是被考核对象的最基本标准，激励是指按照评优标准，根据成绩排行，遴选出优秀参训教师，并对其进行表彰。项目结束后，根据考核标准，遴选出优秀学员、优秀工作坊主持人、优秀管理员及优秀教师工作坊进行表彰,并颁发证书。对于表现较差、成绩靠后的工作坊主持人、管理员,Z 机构会将相关信息反馈到相关教育行政部门,以保证研修团队的整体质量。对参训学员的考核主要包括网络课程学习、线上活动、实践研修、线下研修、拓展研修等内容,满分为 100 分,60 分为合格分(表 7-3)。

表 7-3　Z 机构参训学员学习考核指标表

评价指标	考量标准	分值
网络课程学习	依据研修任务学习网络课程,累计学习时间大于等于 1200 分钟,满分为 30 分。若实际学习时间不足 1200 分钟,则此项考核成绩=实际学习时间/1200(分钟)×30 分	30
线上活动	参与线上活动 1 次,得 5 分,满分为 15 分	15
实践研修	提交 1 篇个人研修计划,得 10 分 提交 1 篇学生发展指导案例,得 15 分 提交 1 篇个人研修总结,得 10 分	35
线下研修	由工作坊主持人根据学员参与线下研修的出勤情况和活动表现进行打分,满分为 10 分	10
拓展研修	在线交流(满分为 5 分):在研修过程中积极参与论坛交流、发帖、回帖等,每条有效帖得 0.5 分;资源评论(满分为 5 分):参与评论作业、日志、公告、简报等,每条有效评论得 0.5 分	10

(四)K 机构

K 机构坚持多元立体评价考核方式,采用"合格+激励"的评价机制,被考核对象的行为表现可通过平台自动记录或基于现场研修活动表单记录,并由负责人赋分,如图 7-1 所示。

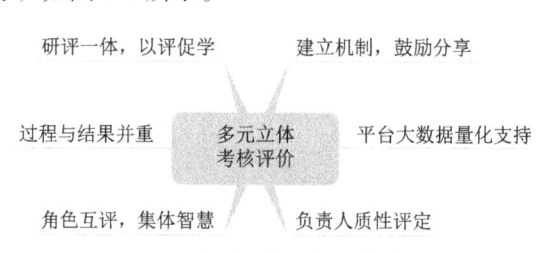

图 7-1　多元立体考核评价模型

通过分析得知,K 机构的考核维度包括三个方面,即参与学研情况、问题解决与实践改进成果、成长加油站。满分为 100 分，额外鼓励加分为 15 分，其中参与学研情况占 70 分，主要包括课程学习、参与活动、完成作业三个方面；问题解决与实践改进成果方面主要是考核分主题研修成果，分值为 30 分，主要由平台的主持人进行考核评分；成长加油站的分值为 15 分，主要考核贡献和分享、参与及影响、成果影响力等三个方面（表 7-4）。

表 7-4 K 机构学习考核指标（学员考核办法）

考评维度	考评指标	考评标准	满分	考评人
参与学研情况	课程学习	网上学习时间累计达到 1200 分钟记 30 分，小于 1200 分钟时，则此项考核成绩=实际学习时间/1200（分钟）×30 分	30	自动统计
	参与活动	参与 4 次线上主题研讨活动，每次记 4 分 平时交流研讨，每发布一个帖子记 0.2 分，满分为 4 分	20	
	完成作业	作业 1：提交个人参训计划（10 分） 作业 2：提交 1 篇 "传统文化涵养师德" 心得体会（10 分）	20	平台统计
问题解决与实践改进成果	分主题研修成果（3 选 1）	课堂教学案例。被评为优秀，记 30 分，被评为良好，记 25 分；被评为合格，记 20 分；被评为不合格，记 10 分；抄袭记 0 分	30	平台统计 主持人评分
		教学疑难问题解决方案（教学实录、微课、微视频+教学反思）。被评为优秀，记 30 分；被评为良好，记 25 分；被评为合格，记 20 分；被评为不合格，记 10 分；抄袭记 0 分	30	
		个人特色教学风格标志性成果（精品课例、教学示范课、研究论文等）。被评为优秀，记 30 分；被评为良好，记 25 分；被评为合格，记 20 分；被评为不合格，记 10 分；抄袭记 0 分	30	
成长加油站	贡献和分享	主动上传、分享自己的作业研修成果等，分 5、3、1 三档记分	5	平台统计 主持人评分
	参与及影响	积极协助坊主，主动参与工作坊活动、热心助人答疑解惑等，分 5、3、1 三档记分	5	
	成果影响力	研修成果（课例、微课、微视频等）在本项目举行的大型竞赛活动中获奖记 5 分	5	
备注		研修满分为 100 分，鼓励加分为 15 分，累计达 60 分及以上为合格，90 分以上可参与评优		

(五) L 机构

2002 年 12 月,教育部批准"中央电大远程教育公共服务体系建设试点"项目正式启动,并由中央广播电视大学和电大在线远程教育技术有限公司共同组建 L 机构。2005 年 4 月,教育部正式同意建设"现代远程教育公共服务体系",此后现代远程教育公共服务体系正式进入全面运行阶段。

通过分析得知,L 机构的考核维度主要包括基础项和激励项。其中,基础项分研修任务和研修活动,研修任务又包括课程学习和研修作业,分别占 40%和 30%,剩下的研修活动占 30%,包括视频答疑、简报阅读、活动参与三个方面的内容。激励项主要包括日志提交和资源分享,这部分内容主要是作为评优的参考(表 7-5)。

表 7-5 L 机构学习考核指标(学院考核方案)

考评维度	考核内容		考核要求	分值
基础项	研修任务	课程学习	课程学习时间达到每门课程最低学习时间且解锁全部环节 说明:课程学习成绩为过程性成绩,需保证每个环节均解锁通过,且总学习时长不少于 800 分钟,才可得到此部分的满分	40
		研修作业	按照要求完成学习任务中的第三阶段和第五阶段的两篇作业 第三阶段作业(中小学):"教学设计、教学实录(微课)、教学评价案例、教学反思"任选其一完成 第五阶段作业:研修总结 说明:共考评两份研修作业。每份研修作业被坊主批阅为不合格,则不计分;批阅为合格,记 10 分;批阅为良好,记 12 分;批阅为优秀,记 15 分;作业批阅得分总计 30 分	30
	研修活动	视频答疑	在"视频答疑"模块参与专家视频答疑,学习 1 期专家视频答疑得 2 分,总计 10 分	10
		简报阅读	在"简报"模块点击阅读(项目简报、工作坊简报、学科简报、区域简报),学习了解项目信息及动态;阅读 1 期简报得 1 分,总计 5 分	5
		活动参与	在"研修活动"模块参加考核活动,完成一次考核活动,得 15 分,满分为 15 分	15
激励项	日志提交		在"研修日志"模块发表与研修主题相关的教学/教研心得体会等	
	资源分享		在"资源分享"模块提交优秀教学资源(内容包括优秀教学设计、教学实录、教学评价、教学反思案例等),与工作坊学员分享	
说明	本项目评分为基础项和激励项。基础项满分为 100 分,60 分合格;在基础项得分相同的情况下,激励项将作为评优参考			

二、网络研修机构的学习考评制度的比较研究

通过对上述五大远程培训机构的考核评价制度进行分析和梳理，笔者对各个机构的主要评价指标进行了总结和比较分析，结果如表7-6所示。

表7-6 五大平台考核评价比较

考核指标	X机构	Y机构	Z机构	K机构	L机构
课程学习	√	√	√	√	√
线上研修活动	√	√	√	√	√
线下研修活动	√	√	√	√	
研修综合性作业	√	√	√	√	√
阶段性作业	√	√		√	√
研修计划		√	√	√	
回帖发帖	√	√	√	√	
研修日志	√	√			√
资源分享	√			√	√
课程研讨		√			
主题研修				√	
视频答疑					√
简报阅读					√
小组作业	√				
同伴互评	√	√	√		
组长评分	√				

通过对上述5家机构的考核评价制度进行分析可知，当前在评价教师的学习效果时，5家机构基本都将课程学习、作业成绩、研修活动作为指标来衡量，各个机构在评价教师的学习情况时更加注重对学习结果的评价，而弱化了过程性评价与多元主体评价等，但也有部分机构采用多元立体评价指标体系对教师的学习进行评价，如K机构的多元立体考核评价模型，通过过程与结果并重、角色互评、负责人质性评定、平台大数据量化支持等对教师学习进行评价，体现了学习结果与学习过程相结合、评价主体多元化的评价理

念,这都是开展教师混合式学习评价所需要借鉴的理念。

三、中小学教师对混合式学习评价的认知现状与分析

(一)调研的设计与实施

1. 访谈提纲的设计

要进一步了解中小学教师混合式学习评价现状,则需要征求一线教师对混合式学习评价、混合式学习评价标准建立的意见和看法,为此本研究设计了有关混合式学习评价现状的访谈提纲(附录8)。访谈提纲包括评价的基本情况、对评价的满意度、线上评价情况、线下评价情况。

2. 访谈的实施

(1)访谈对象

本章研究选取了M市、A县、S市、B县、N市、G市、C县、W开发区、H市和D县(市、区)的中小学教师为研究对象,既有城市学校,也有农村学校的教学点,所选地区具有代表性,能较好地反映教师对混合式学习评价的认知现状与需求。

(2)访谈内容

①教师混合式学习评价的基本情况,即教师喜欢线上学习还是线下学习、教师在研修之前是否了解考核评价的指标、教师认为线上学习和线下学习的主要目的是什么、学校领导对教师研修的考核评价是否重视等;②教师对混合式学习评价的满意度,即教师对研修的考核评价是否满意;③教师混合式学习评价的线上考核评价,即教师的网络研修是否以作业数量和观看课时时长为主要考核依据、是否对研修过程的评价很重视;④教师混合式学习评价的线下考核评价,即学校有没有组织教师开展线下教研进行互评考核、是否对线下学习进行考核。

(3)访谈形式

访谈主要依据访谈提纲,通过实地访谈、微信在线交流等形式,对来自不同县(市、区)学校的30名人员进行了访谈,包括校长和不同学科的教师,

真实、全面地记录了校长和教师所反映的情况，具有一定的代表性。

（二）调研内容分析

依据上述调查的实施情况，下面着重对中小学教师混合式学习评价的内容进行分析。

1. 教师混合式学习评价的基本情况

1）随着信息技术的发展，很多学习平台进入了中小学教师的视野，教师对混合式学习的看法不一，调查显示，有73%的教师更喜欢线下学习，只有27%的教师喜欢线上学习。一方面，大多数学校的硬件比较陈旧、使用不方便，学习起来浪费时间，容易产生工学矛盾，并且有些教师的信息技术应用能力较弱，学习起来也有困难；另一方面，一些教师认为线下学习可以及时听取其他教师对自己的教学问题的反馈，相对于网络研修平台的反馈，线下的交流和反馈更有利于教师的发展。下面是笔者对不同教师的访谈资料摘录：

> 近年来，伴随着"互联网+"教育模式下的信息化步伐，知识更新速度在不断加快，由此也引发了人们对求知新形式的探索。"线上+线下"课堂的完美结合，正是新教育模式下的一大突破。但是我更喜欢线下的交流学习，首先，和认识的人交流更方便，还有就是同一学科的教师之间交流更方便并且出现问题能得到及时的反馈。其次，教师闲暇时间不多，线下交流更方便。再次，线下交流学习会加入更多的情感因素，这一点要比线上更好，而且对细节、交流的语气把握得更好。最后，就是互动性，我觉得线下交流学习的互动性更强，传递出来的各种信息都能被对方及时接收。

> 我认为线上学习有优势，它可以避免时间和空间上的冲突，可以使我主动地学习一些知识。

2）研修的考核评价体系是考察教师研修效果是否达标的标准，教师是否在研修之前了解研修的考核指标、评价主体是否按照考核指标对教师进行评价，都是影响研修效果的关键因素。通过访谈，笔者了解到，有90%的教师对考核指标有所了解。他们也愿意花时间了解这些考核指标，因为只有这样他们才可以获得相应的分值和培训合格证书。另外，有的教师认为了解考核指标可以间接地掌握学习目标，这样学习的效果会更好。下面是笔者访谈的资料摘录：

> 通常我们都是提前了解考核指标的，因为只有了解考核指标，才能够拿到相应分值。考核指标和实际的考核情况基本上是一致的，我们会根据考核要求完成学习任务。但有的考核指标不够清楚，这样我们就不太清楚学习目标，会影响我们的学习效果。

3）部分教师认为，对教师学习效果进行评价能够促进教师的专业发展，线上学习更能扩充教师的专业知识，提高教师的科学文化素养，而线下学习则更能提高教师的教育教学技能和实践能力，对线上和线下学习的混合评价能促进教师的全面发展。访谈中，大部分教师认为，不管是线上评价还是线下评价都是为了教师的发展，评价的出发点都是好的，但在落实评价时对于有些教师来说，线上的学习评价有些形式主义，不仅不能促进自身能力的提高，还会带来一些负担和压力。下面是笔者访谈的资料摘录：

> 我认为对教师线上学习和线下学习评价的主要目的都是提升教师的专业水平，线下学习评价的主要目的是让教师真正地参与交流、讨论；线上学习评价的主要目的是让教师内化知识，更有思路、有质量地完成学习任务。最终都是为了提升教师的专业能力，更好地服务于学生，服务于教学。

> 对于中层领导来说，不管是线上学习评价还是线下学习评价都是为了促进教师的发展；对于教师来说，线上的学习评价有些形式主义，而线下的学习评价通常能落到实处，教师能根据自身的不足进行弥补，能实实在在地提升自己。

2. 教师对混合式学习评价的满意度

调查显示，有60%的教师对混合式学习评价是不满意的，部分教师认为，线上学习的反馈不及时，还占用教师的工作和休息时间，但对教师自身能力的提升没有太大作用，有些形式主义。例如，有教师谈道：

对线上学习评价不满意，不仅没作用，还占用时间。评选优秀学员时，一般不会按照实际考核结果来定，这对大多数老师都是不公平的，希望学习平台或者校本教研都能实事求是，避免考核中的形式主义，尊重每个老师的学习成果，这样才能激发教师的学习积极性。

3. 线上考核

目前，对教师学习的评价只是以教师观看课程时长和作业数量为主要依据的，并且过程性评价很少，一般只重视结果性评价，导致教师在完成作业的过程中重数量而轻质量，或者大量借鉴其他学员的作业，使考核流于形式。笔者以"您所参加的教师研修是不是以作业数量和观看课程时长为主要考核依据？如果是，您觉得这样考核合理吗？"和"您所参加的教师网络研修对研修过程的评价是否重视"进行访谈，教师对以观看课程时长和作业数量为考核标准看法不一：

我所参加的教师研修主要考核作业数量和观看课程的时长，我觉得这样的考核是比较合理的，因为再没有其他可量化的标准。

我也认为合理。先有理论的学习，这样就有了方向，如果再上交一份自己的实践作业就更完美了。

我所参加的教师研修主要开展过程性评价，但评价过程普遍就是看一看，不痛不痒地指点一下，不够细致，我觉得针对性不够强。

教师对网络研修过程中的评价不是那么重视，认为评价只是参与互动的一个环节而已。

4. 线下考核

线下考核是教师混合式学习评价的关键，地方学校不仅要重视线下考核，更要重视教师之间的互评。然而，笔者访谈的教师几乎没有开展过线下教研考核和互评考核，这样教师对教研活动参与的积极性就会下降，最后导致教师研修流于形式，对教师来说也是一种负担。例如，有教师谈道：

我们学校不重视线下考核，一方面是硬件设备满足不了需求和上级领导不重视；另一方面是教师平时工作过于繁忙，还要完成线上的一些学习，时间和精力都跟不上。

四、教师混合式学习评价存在的问题

综上所述，笔者通过对研修机构考核评价的比较分析，并结合与校长及教师的访谈，最终总结出教师混合式学习评价存在以下几点问题，这为笔者构建新的中小学教师混合式学习评价指标体系提供了充实的依据。

1）研修机构的考核评价指标与实际的评价有一定的差别。通过对研修机构和教师访谈结果的分析发现，虽然网络研修机构的考核指标很明确，但实际考核中只重视教师观看课程的时长和作业数量，并没有对其他内容进行考核，造成考核评价指标成为研修机构应付领导检查的摆设，而没有发挥出它应有的价值。

2）更注重结果性评价，过程性评价较少。目前，对教师研修的过程性评价不足，评价主体更关注对作业、结业测试、网站登录次数等的评价，这种结果性评价便捷且易操作，但此评价方法存在不足，如不能真实反映教师的学习过程，也很难考评教师的实际能力。因此，在教师的研修过程中，应进行过程性评价，如可选用电子档案袋评价方法，这种方法能够一目了然地表现出每位教师的特征，有助于增强教师混合式学习的效果。

3）不重视对研修质量的评价，评价标准主要参考教师的作业数量，容易导致作业质量的下降。教师只要完成作业的数量，研修成绩就能达到合格，使一些教师在网络学习平台开展的讨论流于形式，且教师的研修作业有过度借鉴现象，作业质量有待提高。

4）教育行政部门对教师研修考核评价的监督不到位。通过一系列的调查和研究可以发现，教育行政部门对研修机构的评价仅仅停留在研修结束之后，通过一个简单的测试对教师研修的效果进行评估，而没有对研修中存在的问题提出解决方案或建议，也没有深入地研究问题产生的原因并制定出整改意见，导致整个评价流于形式，并未发挥评价的真正作用，研修效果止步不前。

5）学校领导不重视教师研修考核的结果。对于考核结果，一些学校并没有将其列入教师评奖评优的条件，且领导的不重视，致使教师也不重

视网络研修学习,最终造成研修没有发挥出其实际作用。评价主体应该将教师的线上考核结果和线下考核结果相结合,这样才能更好地促进教师学习。

6)评价主体单一,评价内容缺乏多样性。从调研来看,教师混合式学习评价的主体以远程培训机构为主,教师所在学校开展的评价不足,教师自评和互评开展得也不够,这不利于教师混合式学习的有效实施;同时,评价内容单一,仅仅关注线上学习、学习任务的完成情况等,对线下实践应用、知识更新和掌握、技能提升、教学行为转变等关注不够。随着教育评价多元化的发展,教师混合式学习评价要注重评价主体和评价内容的多样化,力求做到既全面又科学。

第三节 教师混合式学习评价指标体系构建

一、教师混合式学习评价指标体系的构建原则

(一)统一性原则

评价目标需要具体的评价指标来体现,评价指标是对评价目标的细化,因此,指标体系与评价目标应协调统一,而不应互相矛盾。在设计评价指标时,要全面统筹指标体系的各项指标,根据评价目标找出具有代表性的,能客观、准确地反映评价目标特征的评价指标,同时也要从多重角度考虑同一评价指标,从不同方面反映评价目标的要求,力争做到全面和统一。

(二)完整性原则

指标体系要统筹兼顾评价指标的诸多要素,以全面、完整地反映评价目标的要求,防止出现以点带面、以偏概全的情况。完整性原则是指反映上级指标的下级指标必须完整全面。比如,一级指标必须完整,能够全面反映评价目标的属性和特征,每一级指标都应完整地反映上一级指标的属性和特征,这样建立起的评价指标体系才完整。

（三）独立性原则

独立性原则是指上下级指标在逻辑上相互独立，这样在统计指标的过程中，不会发生在某一方面出现重复累计的情况，能够保证评价指标体系的相对独立性。若违反了独立性原则，则某一方面相互交叠的指标会被重复累计，实际上加大了这些指标的权重，导致评价结果不准确。

（四）量化性原则

量化性原则是指将评价指标体系中抽象的内容量化，使评价指标具有可分析性，可以通过直接测量来判断评价指标价值的大小。依据量化性原则，具体量化后的评价指标要具有直观性、可测量性的特点。

（五）简易性原则

简易性原则是指评价指标体系的构建应以应用为目的，在能反映评估目标的前提下，尽可能做到简洁易操作，在保证评价精度的同时去除一些次要指标，突出评价的重点，通过主要的指标框架来反映评价目标的总体价值，避免评价指标体系过于庞大、分支过多，简化工作过程、节约工作成本。

二、教师混合式学习评价指标体系的构建过程

（一）评价要素的确定

根据中小学教师专业发展、中小学教师研修课程指导标准、中小学教师信息技术应用能力研修课程标准和教育部颁发的各种教育政策，初拟评价指标体系的各要素如表7-7所示。

表 7-7 初拟教师混合式学习评价指标体系表

一级指标		二级指标	指标说明
学习过程	线上	讨论交流情况	发帖量和回帖量（量指数量和质量）
		在线提问情况	提问的次数

续表

一级指标		二级指标	指标说明
学习过程	线上	课程视频资源学习情况	课程视频的点击率和观看时长
		在线互评情况	互评次数和评语的撰写
		登录次数	登录平台学习的次数
		单次学习时间	每次登录后学习的时间
		总学习时间	完成所有学习的总时间
		网上交流习惯的养成	是否喜欢网上学习和交流
	线下	交流研讨发言、会议发言	发言次数
		课堂应用	是否将所学内容运用在课堂当中
		课题研究	课题立项研究、文章发表等
		各项应用获奖情况	技能比赛、应用比赛
		测试	学习后的简单测试
		教研活动	在校是否积极参加教研活动
		教学设计方案	是否运用所学知识设计适合学生的方案
学习结果	线上	提交作品	作品是否为原创、有创新性
		按时保质完成课程作业	作业的复制率
		提交研修日志	是否认真撰写
		分享优秀资源	分享优秀资源的次数和质量
	线下	把握了义务教育课程标准2011版的主要内容和要求	是否依据标准设计教学设计
		科研能力的提升	发表核心论文的数量
		校本研修能力的提升	编写校本教材
		解决教学实际问题	在教学中运用所学内容解决问题
		教学中应用信息技术能力的提升	教学中使用恰当技术解决教学难题
		教育教学知识的更新和补充	知识是否得到更新
		课堂教学方法的改进与教学技能的提升	教师技能获奖的情况
		师德的提升	爱岗敬业、关爱学生
		明确了教师的基本专业要求	是否依据要求提升自己
		教育教学观念的更新	是否更新了教学观念

（二）筛选和修订指标

对初拟的指标，笔者采用征询意见的方法依次进行筛选和修改。

征询意见的具体做法是，把初拟指标体系制成调查问卷（表 7-8），发给领导、专家、教师，请他们按照每一项指标对评价对象的作用做出判断。选择项分为很重要、重要、一般、可要可不要、不要，然后收回问卷，统计"很重要"和"重要"两档的人数比例之和（表 7-9），删除低于某数值的指标（一般以低于 2/3 为界），就得到筛选后的评价指标体系（表 7-10）。

表 7-8 教师混合式学习评价指标体系调查问卷表

一级指标	二级指标	指标说明	征询意见				
			很重要	重要	一般	可要可不要	不要
学习过程	线上						
	讨论交流情况	发帖量和回帖量（量指数量和质量）					
	在线提问情况	提问的次数					
	课程视频资源学习情况	课程视频的点击率和观看时长					
	在线互评情况	互评次数和评语的撰写					
	登录次数	登录平台学习的次数					
	单次学习时间	每次登录后学习的时间					
	总学习时间	完成所有学习的总时间					
	网上交流习惯的养成	是否喜欢网上学习和交流					
	线下						
	交流研讨发言、会议发言	发言次数					
	课堂应用	是否将所学内容运用在课堂当中					
	课题研究	课题立项研究、文章发表等					
	各项应用获奖情况	技能比赛、应用比赛					
	测试	学习后的简单测试					
	教研活动	在校是否积极参加教研活动					
	教学设计方案	是否运用所学知识设计适合学生的方案					

续表

一级指标	二级指标		指标说明	征询意见				
				很重要	重要	一般	可要可不要	不要
学习结果	线上	提交作品	作品是否为原创、有创新性					
		按时保质完成课程作业	作业的复制率					
		提交研修日志	是否认真撰写					
		分享优秀资源	分享优秀资源的次数和质量					
	线下	把握了义务教育课程标准 2011 版的主要内容和要求	依据标准设计教学设计					
		科研能力的提升	发表核心论文的数量					
		校本研修能力的提升	编写校本教材					
		解决教学实际问题	在教学中运用所学内容解决问题					
		教学中应用信息技术能力的提升	教学中使用恰当技术解决教学难题					
		教育教学知识的更新和补充	知识更新和补充情况					
		课堂教学方法的改进与教学技能的提升	教师技能获奖的情况					
		师德的提升	爱岗敬业、关爱学生					
		明确了教师的基本专业要求	依据要求提升自己					
		教育教学观念的更新	教学观念的更新情况					

表 7-9　教师混合式学习评价指标体系调查统计结果表

一级指标	二级指标		指标说明	统计结果（%）		
				很重要	重要	合计
学习过程	线上	讨论交流情况	发帖量和回帖量（量指数量和质量）	20	80	100
		在线提问情况	提问的次数	60	20	80
		课程视频资源学习情况	课程视频的点击率和观看时长	60	20	80

续表

一级指标	二级指标		指标说明	统计结果（%）		
				很重要	重要	合计
学习过程	线上	在线互评情况	互评次数和评语的撰写	40	40	80
		登录次数	登录平台学习的次数	60	20	80
		单次学习时间	每次登录后学习的时间	0	60	80
		总学习时间	完成所有学习的总时间	60	20	80
		网上交流习惯的养成	是否喜欢网上学习和交流	40	40	80
	线下	交流研讨发言、会议发言	发言次数	20	80	100
		课堂应用	是否将所学内容运用在课堂当中	60	40	100
		课题研究	课题立项研究、文章发表等	60	0	60
		各项应用获奖情况	技能比赛、应用比赛	20	20	40
		测试	学习后的简单测试	40	20	60
		教研活动	在校是否积极参加教研活动	20	60	80
		教学设计方案	是否运用所学知识设计适合学生的方案	60	20	80
学习结果	线上	提交作品	作品是否为原创、有创新性	80	0	80
		按时保质完成课程作业	作业的复制率	40	60	100
		提交研修日志	是否认真撰写	20	80	100
		分享优秀资源	分享优秀资源的次数和质量	20	60	80
	线下	把握了义务教育课程标准 2011 版的主要内容和要求	是否依据标准设计教学设计	40	40	80
		科研能力的提升	发表核心论文的数量	80	0	80
		校本研修能力的提升	编写校本教材	40	60	100
		解决教学实际问题	在教学中运用所学内容解决问题	60	40	100
		教学中应用信息技术能力的提升	教学中使用恰当技术解决教学难题	20	80	100
		教育教学知识的更新和补充	知识是否更新	40	0	40

续表

一级指标	二级指标	指标说明	统计结果（%）		
			很重要	重要	合计
学习结果	线下	课堂教学方法的改进与教学技能的提升	教师技能获奖的情况	40	20	60
		师德的提升	爱岗敬业、关爱学生	20	40	60
		明确了教师的基本专业要求	是否依据要求提升自己	0	40	40
		教育教学观念更新	是否改变了教学观念	20	20	40

表 7-10 征询意见筛选后的中小学教师混合式学习评价指标体系表

一级指标		二级指标	指标说明
学习过程	线上	讨论交流情况	发帖量和回帖量（量指数量和质量）
		在线提问情况	提问的次数
		课程视频资源学习情况	课程视频的点击率和观看时长
		在线互评情况	互评次数和评语的撰写
		登录次数	登录平台学习的次数
		单次学习时间	每次登录后学习的时间
		总学习时间	完成所有学习的总时间
		网上交流习惯的养成	是否喜欢网上学习和交流
	线下	交流研讨发言、会议发言	发言次数
		课堂应用	是否将所学内容运用在课堂当中
		课题研究	课题立项研究、文章发表等
		测试	学习后的简单测试
		教研活动	在校是否积极参加教研活动
		教学设计方案	是否运用所学知识设计适合学生的方案
学习结果	线上	提交作品	作品是否为原创、有创新性
		按时保质完成课程作业	作业的复制率
		提交研修日志	是否认真撰写
		分享优秀资源	分享优秀资源的次数和质量

续表

一级指标		二级指标	指标说明
学习结果	线下	把握了义务教育课程标准 2011 版的主要内容和要求	是否依据标准设计教学设计
		科研能力的提升	发表核心论文的数量
		校本研修能力的提升	编写校本教材
		解决教学实际问题	在教学中运用所学内容解决问题
		教学中应用信息技术能力的提升	教学中使用恰当技术解决教学难题
		课堂教学方法的改进与教学技能的提升	教师技能获奖的情况
		师德的提升	爱岗敬业、关爱学生

（三）最终的指标体系

根据对 5 名专家的调查，最后依据表 7-9 中的统计结果，将占比小于 50%的指标项剔除。例如，专家指出"各项应用获奖情况"这项指标和其他指标重复；"教育教学知识的更新和补充""明确了教师的基本专业要求""教育教学观念更新"等指标没有办法进行量化评价，所以最终剔除了这 4 个指标，形成如表 7-10 所示的最终指标体系。

三、教师混合式学习评价指标权重的确定

每一个指标在评价指标体系中的相对重要程度就是指标的权重。层次分析法是确定中小学教师混合式学习评价指标体系权重的一种方法。中小学教师混合式学习评价指标体系层次划分很明确，故笔者采用层次分析法[1]来确定评价指标的权重系数，具体步骤包括：首先建立层次结构模型；其次对同一层次的指标进行两两比较，构建判断矩阵，重要程度参考 1—9 的赋值标度，见表 7-11；最后检验判断矩阵的一致性。通常，如果 CR[2]<0.1，则认为该判断矩阵通过一致性检验，否则就不具有满意一致性。其中，平均随机一致性指标（RI）的值如表 7-12 所示，最后进行归一化处理，确定相

---

[1] 郭金玉，张忠彬，孙庆云. 2008. 层次分析法的研究与应用. 中国安全科学学报，18（5）：148-153.
[2] 一致性比例（consistency ratio，CR）。

应指标的权重。

表 7-11 赋值标度表

相对重要程度赋值	含义
1	前与后同等重要
3	前比后稍微重要
5	前比后较强重要
7	前比后强烈重要
9	前比后极端重要
2、4、6、8	介于相应的两等级之间

表 7-12 平均随机一致性指标标准值

矩阵阶数	1	3	4	5	6	7	8	9	10
RI	0	0.58	0.90	1.12	1.24	1.32	1.41	1.45	1.49

在开始确定权重时,笔者制作了权重系数的调查表,邀请了 5 位教师网络研修指导专家和参加研修的教师对每个指标之间的相对重要程度进行了判断,最后借助 yaahp V12.1 层次分析法软件计算和分析权重系数。

（一）一级指标权重的确定

1. 一级指标的层次结构模型图构建

打开 yaahp V12.1 软件,构建一级指标层次结构模型图（图 7-2）。

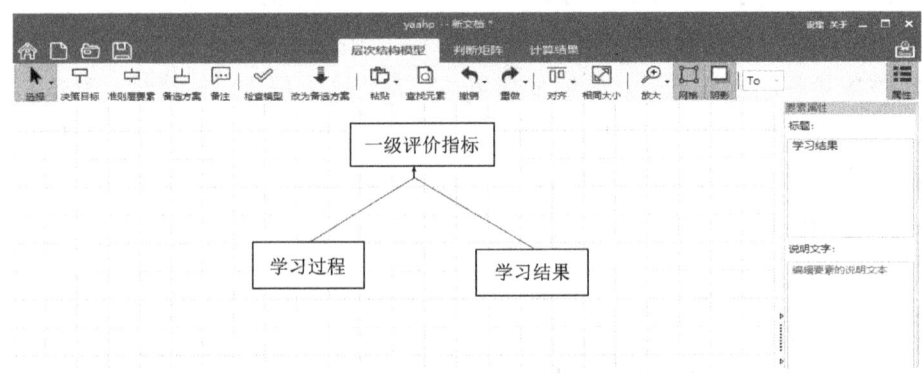

图 7-2 一级指标层次结构模型图

2. 一级指标层次结构模型的准确性检验

模型构建后，在绘图板上单击鼠标右键，在弹出的菜单选项卡中选择"检查当前模型"。经检验，当前所构建的一级指标层次结构模型图是正确的，如图 7-3 所示。

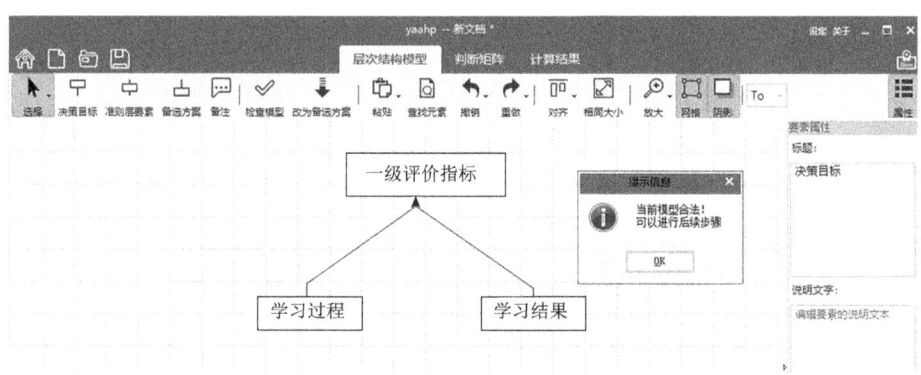

图 7-3　一级指标层次结构模型准确性检查

3. 判断矩阵的输入

鼠标跳转到判断矩阵界面，依据一级指标相对重要程度调查表的最后结果，输入判断矩阵（图 7-4）。

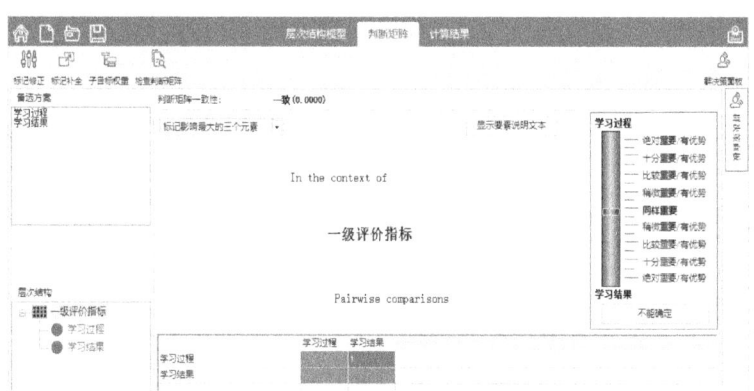

图 7-4　一级指标判断矩阵（专家 1）

4. 检验判断矩阵的一致性

输入判断矩阵后，yaahp V12.1 软件会自动检测矩阵的一致性，并在软件窗口上方动态显示出来（图 7-5）。

判断矩阵一致性： 一致 (0.0000)

图 7-5　判断矩阵一致性动态显示

5. 计算结果显示

在输入判断矩阵之后，单击上方的"计算结果"，就会显示出计算结果，如图 7-6 所示。

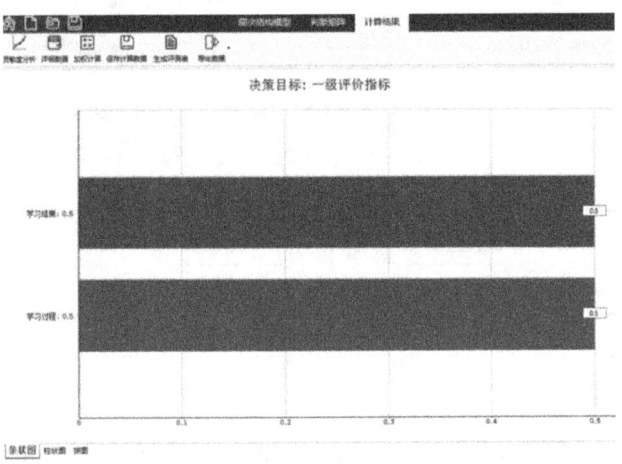

图 7-6　一级指标权重系数（专家 1）

依据上面的方法，输入其他专家对一级指标重要性的打分数据，最后，计算出一级指标权重系数（图 7-7）。

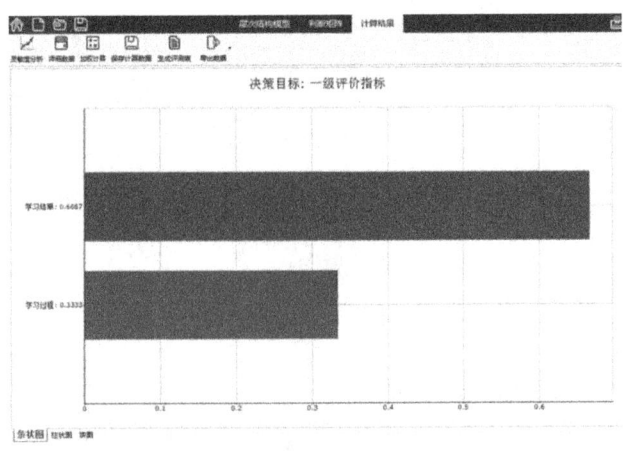

图 7-7　一级指标权重系数（专家 2）

对 5 位专家的打分数据取平均值，得到中小学教师混合式学习评价一级指标的权重（表 7-13）。

表 7-13　中小学教师混合式学习评价一级指标权重

专家	1	2	3	4	5	平均值
学习结果	0.5000	0.6667	0.1429	0.3333	0.2500	0.3786
学习过程	0.5000	0.3333	0.8571	0.6667	0.7500	0.6214

（二）二级指标权重的确定

二级指标的确定过程与一级指标相同，故在此做关键内容的简要陈述。

1. "线上学习过程评价"的 8 个二级指标权重的确定

通过二级指标线上学习过程层次结构模型图的构建、准确性检验、判断矩阵的输入以及专家对二级指标重要性的打分数据，计算出二级指标线上学习过程评价的权重系数。由于专家的权重确定过程一致，故省略其他 4 位专家的确定过程，最终得到 5 位专家的打分数据及其平均值，如表 7-14 所示。

表 7-14　中小学教师混合式学习评价二级指标线上学习过程权重

专家	1	2	3	4	5	平均值
讨论交流情况	0.2250	0.2500	0.3044	0.2076	0.1367	0.2247
在线提问情况	0.0395	0.3062	0.1289	0.3307	0.2907	0.2192
课程视频资源学习情况	0.0496	0.1148	0.1067	0.0270	0.1560	0.0908
在线互评情况	0.1028	0.1056	0.2010	0.0458	0.1091	0.1129
登录次数	0.0653	0.0210	0.0510	0.0390	0.0609	0.0474
单次学习时间	0.1249	0.0524	0.0672	0.0812	0.0476	0.0747
总学习时间	0.3205	0.0670	0.0250	0.0430	0.1009	0.1113
网上交流习惯的养成	0.0724	0.0830	0.1158	0.2257	0.0981	0.1190

2. "线下学习过程评价"的 6 个二级指标权重的确定

通过二级指标线下学习过程层次结构模型图的构建、准确性检验、判断矩阵的输入以及专家对二级指标重要性的打分数据，计算出二级指标线下学习过程评价的权重系数。由于专家的权重确定过程一致,故省略其他4位专家的确定过程,最终得到5位专家的打分数据及其平均值,如表7-15所示。

表7-15　中小学教师混合式学习评价二级指标线下学习过程权重

专家	1	2	3	4	5	平均值
交流研讨发言、会议发言	0.2250	0.3022	0.4210	0.2544	0.3003	0.3006
课堂应用	0.4305	0.3901	0.2096	0.3309	0.2890	0.3300
课题研究	0.0496	0.0120	0.0356	0.0178	0.1090	0.0448
测试	0.0028	0.0010	0.0134	0.0012	0.0034	0.0044
教研活动	0.1653	0.0759	0.0023	0.1424	0.1567	0.1085
教学设计方案	0.1268	0.2188	0.3181	0.2533	0.1416	0.2117

3. "线上学习结果评价"的4个二级指标权重的确定

通过二级指标线上学习结果层次结构模型图的构建、准确性检验、判断矩阵的输入以及专家对二级指标重要性的打分数据,计算出二级指标线上学习结果评价的权重系数。由于专家的权重确定过程一致,故省略其他4位专家的确定过程,最终得到5位专家的打分数据及其平均值,如表7-16所示。

表7-16　中小学教师混合式学习评价二级指标线上学习结果权重

专家	1	2	3	4	5	平均值
提交作品	0.2650	0.3490	0.4444	0.3750	0.4128	0.3692
按时保质完成课程作业	0.2239	0.3140	0.3098	0.2710	0.3091	0.2856
提交研修日志	0.1406	0.2256	0.1209	0.2219	0.1930	0.1804
分享优秀资源	0.3705	0.1114	0.1249	0.1321	0.0851	0.1648

4. "线下学习结果评价"的7个二级指标权重的确定

通过二级指标线下学习结果层次结构模型图的构建、准确性检验、判断矩阵的输入以及专家对二级指标重要性的打分数据,计算出二级指标线下学习结果评价的权重系数。由于专家的权重确定过程一致,故省略其他4位专家的确定过程,最终得到5位专家的打分数据及其平均值,如表7-17所示。

表 7-17　中小学教师混合式学习评价二级指标线下学习结果权重

专家	1	2	3	4	5	平均值
把握了义务教育课程标准2011版的主要内容和要求	0.1609	0.0478	0.1200	0.1109	0.2309	0.1341
科研能力的提升	0.0195	0.0054	0.1760	0.1305	0.0017	0.0666
校本研修能力的提升	0.0496	0.2609	0.2784	0.1903	0.2109	0.1980
解决教学实际问题	0.1028	0.2156	0.1097	0.2300	0.1260	0.1568
教学中应用信息技术能力的提升	0.2953	0.0034	0.1103	0.0014	0.1100	0.1041
课堂教学方法的改进与教学技能的提升	0.2625	0.2590	0.1672	0.2278	0.1674	0.2168
师德的提升	0.1094	0.2079	0.0384	0.1091	0.1531	0.1236

四、教师混合式学习指标体系的形成

通过确定评价指标体系的指标项及其权重，最终形成完整的中小学教师混合式学习评价指标体系（表 7-18）。

表 7-18　中小学教师混合式学习评价指标体系

一级指标（平均值）	二级指标（平均值）		指标说明
学习过程（0.6214）	线上	讨论交流情况（0.2247）	发帖量和回帖量（量指数量和质量）
		在线提问情况（0.2192）	提问的次数
		课程视频资源学习情况（0.0908）	课程视频的点击率和观看时长
		在线互评情况（0.1129）	互评次数和评语的撰写
		登录次数（0.0474）	登录平台学习的次数
		单次学习时间（0.0747）	每次登录后学习的时间
		总学习时间（0.1113）	完成所有学习的总时间
		网上交流习惯的养成（0.1190）	是否喜欢网上学习和交流
	线下	交流研讨发言、会议发言（0.3006）	发言次数
		课堂应用（0.3300）	是否将所学内容运用在课堂当中
		课题研究（0.0448）	课题立项研究文章发表等
		测试（0.0044）	学习后的简单测试成绩

续表

一级指标（平均值）	二级指标（平均值）		指标说明
学习过程（0.6214）	线下	教研活动（0.1085）	在校是否积极参加教研活动
		教学设计方案（0.2117）	是否运用所学知识设计适合学生的方案
学习结果（0.3786）	线上	提交作品（0.3692）	作品是否为原创、有创新性
		按时保质完成课程作业（0.2856）	作业的借鉴率
		提交研修日志（0.1804）	是否认真撰写
		分享优秀资源（0.1648）	分享优秀资源的次数和质量
	线下	把握了义务教育课程标准2011版的主要内容和要求（0.1341）	是否依据标准设计教学设计
		科研能力的提升（0.0666）	发表核心论文的数量
		校本研修能力的提升（0.1980）	编写校本教材
		解决教学实际问题（0.1568）	在教学中运用所学内容解决问题
		教学中应用信息技术能力的提升（0.1041）	教学中使用恰当技术解决教学难题
		课堂教学方法的改进与教学技能的提升（0.2168）	教师技能获奖的情况
		师德的提升（0.1236）	爱岗敬业、关爱学生

第四节 教师混合式学习评价指标体系的应用指南与建议

一、教师混合式学习评价指标体系的应用指南

（一）要在教师学习开始前呈现混合式学习评价指标体系

教学目标是指在教学中，在学生开始学习之前制定的学习目标，目的是告诉学生这节课要学习哪些内容、哪些内容是重难点，以让学生在了解和预习这节课的内容时，能够侧重重难点，从而提高学习效果。和教学学习目标

一样，在开始研修之前，也应该将中小学教师混合式学习评价指标体系呈现给将要参加研修的教师，以让他们在研修开始前了解要研修的内容，由此指导专家也会比较轻松，从而确保教师研修过程的井然有序和研修效果的提高。

（二）教师混合式学习评价指标体系的适用范围

结合该评价指标体系的研究内容和研究对象，笔者认为该评价指标体系适用于区域"国培计划"的乡村教师工作坊研修项目及网络研修和校本研修整合项目中的学员，该评价指标体系的研究对象是"国培计划"中的教师混合式学习，以乡村教师工作坊研修、教师网络研修和校本研修的情况以及5家远程培训机构的教师研修评价标准为研修内容，设置的评价指标体系及具体的评价标准能反映"国培计划"中的中小学教师线上研修和线下研修的过程和行为表现，因此，该评价指标体系适用于"国培计划"中的中小学教师的混合式学习。

（三）灵活运用教师混合式学习评价指标体系

虽然该评价指标体系是相对稳定的、成熟的、明确的导向标准，但教师学习受到学科、学习方式、个性差异、指导专家的指导特点等一系列因素的影响，这就要求在使用该评价指标体系时，按照不同教师的特征调整相应的学习评价指标的权重范围，较准确地匹配研修教师的学习情况，这样才能发挥它的价值，使教师研修的效果越来越好，教师的专业能力越来越强。因此，要重视灵活地运用该评价指标体系。

二、教师混合式学习评价指标体系的应用建议

（一）应认真实施该评价指标体系，发挥其实际效用

通过调研发现，在实际的教师研修中，研修机构制定的考核指标并没有得到真正实施，或落实得不到位。因此，教师应该提高自身的评价反思能力，监督研修机构实施评价考核制度的过程；研修机构也要有责任意识，在研修的整个过程中严格实施教师混合式学习评价指标体系，对每一位教师的发展

负责任。只有做好评价考核工作，才能清楚教师在学习中的表现，教师研修才能发挥其实际效用。

（二）应因地制宜、灵活有效地运用该评价指标体系

教师具有学科、年龄等背景差异，因此在执行学习评价时，应根据教师的这些差异，灵活地运用该评价指标体系开展评价，尊重教师特征指标内容的多样化，确保准确考核教师的真实情况；注重诊断性评价、过程性评价与结果性评价相结合，线上评价和线下评价相结合，突出教师自我评价的主体地位，注重自我反思评价与互评、专家评价、网络平台评价等多元主体相结合的评价。

（三）根据评价指标体系，重视学习过程和生成性成果相结合的评价

通过调研发现，教师研修更重视结果性评价，对过程性评价有所忽视，因此在使用该评价指标体系的过程中，应重视对过程性指标的评价。生成性成果既可以培养教师的创造能力，也可以提高教师的自主学习能力，且有利于教师专业发展能力的提高。

（四）教师所在学校和网络研修机构要保证评价反馈的及时性和有效性

如果没有及时反馈，教师在学习过程中或在学习结束后就不能及时了解自身存在的问题，就会影响教师学习的积极性，因此每次研修结束后的反馈是非常重要的。教师所在学校和网络研修机构要针对教师的不同情况进行及时的反馈，确保教师学习评价反馈的及时性和有效性，这便于教师开展自我反思和总结，发现自己的问题并能够及时修正。

（五）教师所在学校要积极运用该评价指标体系并提出反馈意见

教师所在学校应重视该评价指标体系的运用，并通过运用该评价指标体系，为教师提供及时、准确的学习反馈，促进教师开展混合式学习，为该评价指标体系的完善提供建议，从而促进该评价指标体系的进一步完善。

第八章

教师混合式学习支持服务

第一节 教师混合式学习支持服务的理论基础及概念界定

一、理论基础及其对本研究的启示

（一）人本主义学习理论

人本主义学习理论是以人本主义心理学为基础建立起来的，从其被提出开始，就对教育领域，特别是在教育理论和教育实践领域产生了巨大而深远的影响。人本主义最明显的特征是"以人为本"，其主要观点包括：一是学习的实质是意义学习，即学习的过程不仅能使学习者的知识得以增长，而且能使学习者所学知识与其各种经验融合在一起；二是学习者的学习过程就是其求知或学习潜能自主发挥的过程，即学习是由学习者自己发起，并由其内部动机维持、进行的；三是学习者的意义学习需要在实际生活中进行，因此在教学过程中，要根据学生的知识经验、身心特征等因素去设计各种教学活动，以此促进学生的个性发展；四是需要为学习者创设一个自由宽松的、良好的学习环境，来促进学习者的自我主动学习。

该理论对本研究的启发包括：首先，以学习者为本，为学习者提供的学习支持服务应该能促进其意义学习，促使学习者的各种经验与知识产生非人为的、实质性的联系；其次，为学习者提供能促进其自觉主动学习的服务，即根据学习者的需要、兴趣、学习习惯等提供服务，但这并非意味着为学习者提供"保姆式"的服务；再次，在为学习者提供相关学习服务时，应当注意联系学习者的实际生活，并以其为基点进行帮助，以促进学习者的行为、态度以及个性均发生变化；最后，应该通过学习支持服务为学习者提供一个和谐、融洽的氛围，在这种学习氛围中，促使学习者自觉利用一切学习条件进行自觉、主动的学习。

（二）成人学习理论

成人学习理论的主要代表人物是 M. Knowles，他从成人学习和儿童学习的差异性出发对成人学习的特征进行了分析，发现成人学习的特点包括以下几个方面：①成人更倾向于"自我指导式"学习，以自主学习为主。成人更多地倾向于选择独立自主的学习方式，能自己制订相应的学习计划，同时对所学内容有着较为强烈的责任感。②成人有着丰富的个人经验，易受个人经验影响。成人在生活和学习的过程中积累了大量的经验、学习资源，因此，在选择学习内容、制订学习计划时，均是以其丰富的知识经验为背景进行的。③成人学习以问题为中心开展。这是由于成人学习是一种应用性学习，倾向于解决其生活中的问题或者满足其某一方面的需求。④学习意愿与其社会职责有关。成人的发展在一定程度上受其所应承担的社会任务的制约，因此，成人学习应与其社会任务和职责相适应，对其管理也应更具开放性。

该理论对本研究的启发包括：一方面，要为学习者提供促进其自主学习的个性化服务，这是由于在实际生活和学习过程中，学习者已经获得了大量的知识经验，并且形成了自己独特的学习风格，同时，远程学习主要是通过学习者的自主学习进行的，因此，需要为学习者提供促进其自主学习的个性化服务；另一方面，学习支持服务要为解决学习者的实际问题提供支持，这是由于在远程学习中，部分学习者是因为其已有的知识经验无法解决遇到的问题而进行学习的，同时，学习者在学习中也会遇到各种各样的困难。因此，需要为学习者提供解决问题的支持服务，以此保持其学习的动力，保证学习的持久性，进而提高学习质量。

（三）远程学习支持服务理论

1. 持续关注理论

持续关注理论是由大卫·西沃特在英国开放大学任职期间提出的，他发现，就参与远程教育的学习者而言，不仅需要为其提供适合其学习的材料和资源，还需要同在校学生一样，使其产生归属感、与教师和学习同伴面对面的亲切感。其理论强调以下两点。

一是教学中必须要有教师参与，并且要与学习者产生交流互动，这是该理论的核心。同时，教师的所有行为都要以促进学生有效学习为出发点。二是对学习者的持续关注是保证远程教育系统教学质量的关键点，同时大卫·西沃特认为，学习者的自主学习能力并非与生俱来的，而是在教师和远程教育学院的关注之下培养起来的。因此，为了充分培养学习者的自主学习能力，促使学习者更加有效地学习，学院和教师需要通过各种方式对其予以关注，让其感受到自己是被他人重视的，是受到他人期望的，进而使其有坚定的信心面对学习中遭遇的各种困难。

该理论对本研究的启发为：一方面，为学习者提供与教师交流的服务，即不但要有专门的教师与学习者进行沟通和交流，同时也要为教师和学习者提供交流平台；另一方面，要为学习者提供持续的关注与支持，因为远程学习主要是学习者自主学习的过程，在此过程中，长时间的教师的教与学生的学的分离，极容易导致学习者产生孤独感，从而影响学习者的学习效果和质量。因此，不但要为学习者提供支持其自主学习的各种学习材料、有关学习的服务，也要持续关注学习者，使其感到被重视、被期望，从而增强学习动力，优化学习效果和提高学习质量。

2. 有指导性的教学会话理论

有指导性的教学会话理论是由远程教育界的理论先驱霍姆伯格提出的，该理论强调以下两点。

一是远程教育是在一种轻松愉悦的环境中进行的，是带有目的性、指导性的交流对话教学；二是学习者遇到困难时，主要通过为其提供的特定课程材料和同远程机构教师的双向交流来解决。因此，学习者经常和教师对话，能够增强其学习动机以及学习的持续性，同时有利于教师深入地了解学习者的学习风格及其存在的困难和疑惑。

该理论对本研究的启发包括：一方面，要为学习者创设轻松愉快的学习环境，并在与学习者交流的过程中，有目的、有计划地为其提供教学指导服务，从而加强学习者对远程学习的黏着性；另一方面，学习支持服务要重视同学习者的交流互动，如为学习者提供交流互动的平台、工具，与其交流的专业人员、学习指南等，从而使学习者获得良好的学习效果。

二、教师混合式学习支持服务的概念界定

（一）远程学习

远程学习的概念在国内外都经历了许多演变，不同学者对远程学习有不同的界定，笔者通过对其进行总结，将其分为两类：广义的远程学习定义和狭义的远程学习定义。

广义的理解，如丁兴富认为，广义的远程学习泛指在没有任何助学者（教师）连续面对面传授知识、指导学习的情况下，学习者通过利用各种各样的技术媒体，基于多种学习资源，进行独立自主的学习，发展其思维。[1]同时，德斯蒙德·基更和徐辉富指出，远程学习的主要特征有4个：一是学习者学习不受时间与空间、课程时间表的限制；二是基于远程资源的学习；三是学习者不必为了学习而加入任何学习群体；四是教育是面向所有人的。[2]广义的定义强调远程学习的对象不但包括学校或教育机构中的学习者，而且包括社会生活情境中的个人。只要是基于远程学习资料进行的学习，无论是有组织的还是无组织的，都是远程学习。

狭义的理解，如丁兴富认为，狭义的远程学习是由远程教育院校或机构及其代表为学习者提供的指导和支持服务，包括为学习者提供各种各样的信息通信技术和媒体、建立良好的学习环境、为其发送相关课程及课程材料、提供信息的双向互通，进而促进学习者的自主学习的产生。[3]同时，Holmberg认为，在远程教育中，学生和教师并不出现在同一教室，因而学生并不处于

---

[1] 丁兴富. 2007. 远程教育、远程教学和远程学习的新定义——对远程教育和开放学习基本概念的探讨. 中国电化教育，（7）：47-49.

[2] 德斯蒙德·基更，徐辉富. 1998. 远距离教育：国际终身教育的第一选择. 开放教育研究，（2）：9-12，45.

[3] 丁兴富. 2006. 论远程学习的理论和模式. 开放教育研究，6（3）：17-27.

教师连续的直接的教学指导之下，但是学生仍然从教育组织的计划、指导和教学辅导中受益。①狭义的远程学习观强调远程学习具有组织性、系统性，教与学时空相分离，即学习者与教师不处于同一时空当中，有专业的人员对学习课程、资源进行设计开发，提供相应的服务，并对学习者的学习结果进行评价和鉴定等。

综上所述，广义的远程学习泛指在所有学习与教学相分离的情境中，学习者所发生的学习行为和思维活动，包括由各类远程学校或者其他机构提供的学习，以及社会生活情境中产生的学习。狭义的远程学习泛指与传统学校学习相对的具有其自身独特性和分离性的学习形态，即由远程学校或者专业的远程机构为学习者提供其学习的所需，以学习者的自主学习为主，教师在其学习过程中只起帮助和指导作用。

本研究采用的是狭义的远程学习的定义，即由远程学校或者远程机构所提供的教育，以学习者的自学为主，辅之以合作学习及教师指导与帮助的学习形态，不包括社会生活情境中产生的学习。

（二）远程学习支持服务

随着时代的不断发展、科技的不断进步，在不同的历史阶段，远程学习支持服务的概念不尽相同，目前，还没有一个权威的定义能够高度概括远程学习支持服务的所有内涵。关于远程学习支持服务，不同学者对其也有不同的论述，笔者将这些论述分为广义和狭义的理解。

广义的理解，如西沃特将远程学习支持服务定义为一种组织形式②，学习者在这种组织形式当中能够对机构具有的各种功能的教学服务设施加以利用，并且这些设施均有交互性，能够最大限度地激发学习者的学习动力。罗宾逊认为，"学习支持服务是除了课程资源的设计开发之外的，能够促进和支持学习者更好地进行学习的所有活动和服务"③。他强调要为学习者提供包括平台、课程、资源、学习设计、学习评价、信息咨询、教学服务、软件

---

① 转引自丁兴富. 2001. 远程教育学. 北京：北京师范大学出版社，19.
② 转引自黄清云. 2000. 国外远程教育的发展与研究. 上海：上海教育出版社：155-160.
③ 转引自乔艳埌. 2012. 学习支持服务体系在网络学习资源建设中的应用研究——以某网络大学在线学习课程资源假设的优化研究为例. 上海：上海外国语大学硕士学位论文：11-12.

硬件设备、学分认定、学位证书颁发、财政资助等在内的，所有直接的或间接地作用于学习者的服务总和。丁兴富在各种对学习支持服务的界定和分类的基础上提出了自己的定义：为学习者提供支持服务的是承担远程教学活动的学校或者机构以及教师等，它们都以提供教师和学生之间、学生和学生之间的面授及以媒体技术为基础的双向通信交流为主，包括信息、人员、资源以及设施等方面的服务的总和，以指导、帮助和处理学习者的自觉主动的学习为目的，最终改善和提升远程学习的质量和效果。根据该定义，远程学习支持服务可分为信息服务、资源服务、作业检查和考试、实践教学环节、设施服务、人员服务。[1]他认为学习支持服务涵盖了除课程设计和教学过程以外的方面，而且该定义下的学习支持服务涵盖的范围较广。

  狭义的理解，如周蔚认为，远程学习支持服务是由远程教育学院所提供的资源信息方面、技术设施方面、学习过程方面和行政管理方面的服务，是为了解决远程学习者在学习过程中所遇到的困难与障碍，从而提高远程学习的效果。[2]该观点强调远程学习支持服务与学习者的学习直接相关，即支持服务直接作用于学习者，也就是说，不但要为学习者提供某一门课程或一系列课程认知、智能、知识等方面的学术性支持服务，而且要为学习者提供如建议指导、学习评价、教务管理等方面的非学术性支持服务。陈丽认为，远程学习支持服务是远程教育机构及其代表教师为学习者提供的学术方面的支持，还通过建设以学生为中心的学习环境，向学生提供情感、组织管理和专业素养方面的支持。[3]同时，其将学习支持服务分为管理支持、学术性质的支持、情感方面的支持三个方面。

  综上，广义的远程学习支持服务是指除了课程开发与设计以外的一切有助于学习者学习的服务，包括直接或间接作用于学习者的服务。狭义的远程学习支持服务是指在学习者的整个学习过程中，远程机构和辅导教师在与学习者的交流互动过程中所提供的，直接对学习者的学习、管理、技术和情感等方面的支持服务的总称，既包括对学习者的学术性支持服务，也包括对学

---

[1] 丁兴富. 2001. 远程教育学. 北京：北京师范大学出版社：216-217.
[2] 周蔚. 2005. 论远程教育学习支持服务系统构建的基本原则. 现代远距离教育，（2）：7-10.
[3] 陈丽. 2005. 现代远程教育中学生支持的发展方向. 开放教育研究，（1）：46-50.

习者的非学术性支持服务。

本研究采用的是狭义的远程学习支持服务的定义，包括学习、管理、技术和情感方面的服务，均直接作用于学习者。

（三）中小学教师混合式学习支持服务

1. 中小学教师远程学习

本研究中的中小学教师远程学习指的是"国培计划"中的中小学教师远程培训和学习，也称"中小学教师网络研修"；"国培计划"中的中小学教师远程培训是由教育部、财政部组织实施的，以提高教师师德、专业知识、专业技能等为目的，由专业的远程机构负责具体实施的教师培训项目。依据上述远程学习的概念界定可知，中小学教师远程学习属于远程教育领域，类属于远程学习范畴。因此，本研究依据上述对狭义的远程学习的界定，将中小学教师远程学习界定为：借助网络平台，由远程学校或者远程机构提供教育与学习服务，以中小学教师的自学为主，辅之以合作学习及辅导教师的指导与帮助，目的为提升中小学教师的专业素养的学习形式。它是有组织、有计划、有目的学习活动。

2. 教师混合式学习支持服务

依据上述对中小学教师远程学习、远程学习支持服务的界定可知，中小学教师混合式学习支持服务类属于远程学习支持服务，是指在教师远程学习的全过程中，为教师直接提供学习、管理、技术和情感等方面的支持服务，旨在促进教师的自主学习，提高其学习质量。

中小学教师不仅是拥有文化、知识和经验的成人，而且是具备专业技能的教育者，因此，为中小学教师提供的远程学习支持服务不但要符合成人的学习特点——以解决实际问题为中心，而且要促使教师主动地将其学习内容运用于日常教学中。

同时本研究的研究对象是参与"国培计划"远程培训的中小学教师，该项目强调创新培训模式，务求实效，即要积极探索，采取集中培训、脱产研修、"送教下乡"和远程培训等多种方式的培训模式，因而，该项目与传统的远程学习有所不同，即该项目的中小学教师远程学习模式——混合式学习,是指教师不但要进行线上学习活动,也要进行线下学习活动。此外,该项目为教师提供的远程学习支持服务也不同于传统的远程学习支持服务,其不只考虑线上的支持服务,还考虑对教师线下活动的支持服务。

在本研究中,中小学教师混合式学习支持服务的提供者是面向社会招标的网络教育公司(机构)或者高等学校的远程教育学院、各地的师资培训中心和学校。

综上,基于对教师混合式学习支持服务的定义,结合成人学习的特点——以解决实际问题为中心以及"国培计划"远程培训的课程特点——解决教师教学问题,本研究以问题为中心,将教师混合式学习支持服务分为管理支持服务、技术支持服务、学术性支持服务、情感支持服务(图8-1)。

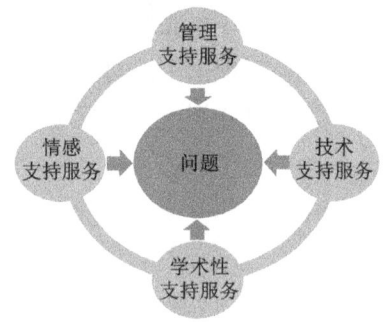

图 8-1 学习支持服务分类

三、教师混合式学习支持服务的构成要素

(一)管理支持服务

良好的课程学习的管理支持服务不仅可以使教师更加投入到学习活动中,同时也可以起到督促作用。虽然教师是成人学习者,具有较强的自主学习能力,但远程培训教与学分离的特点,极易降低教师的学习主动性。因此,良好、全面的课程学习的管理支持服务是教师远程培训获得成功的必不可少的条件之一。同时,与传统的面对面教师培训不同,中小学教师远程学习不但包括线上学习活动,也包括线下实践活动,因此,更加需要通过管理支持服务创建良好的学习氛围,促进教师更新知识,掌握新的教学理论、策略,并在

教学活动中自主运用所学，从而真正提高专业素养，实现专业发展。

本研究将中小学教师远程培训学习支持服务中的管理支持服务分为课程学习管理支持服务、线下活动管理支持服务以及促学机制管理支持服务。图 8-2 呈现了管理支持服务在中小学教师远程培训各个环节的作用。

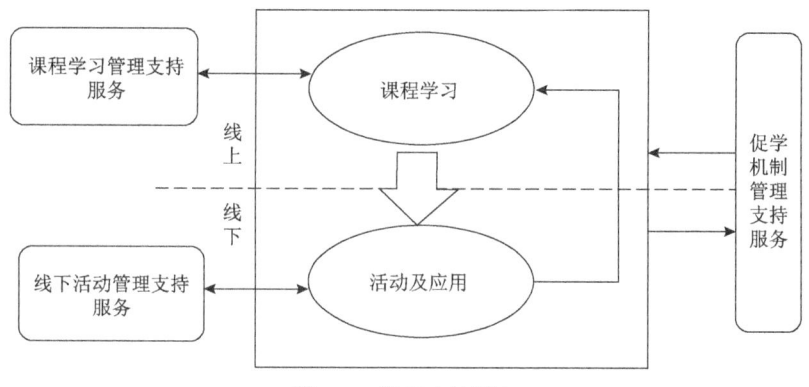

图 8-2　管理支持服务

1. 课程学习管理支持服务

课程学习管理支持服务主要是指远程机构管理人员对学习平台的管理，即对教师平台选课、学习过程、线上讨论活动、学习成绩等的管理。

2. 线下活动管理支持服务

线下活动管理支持服务主要是指当地教育部门的师资培训中心、学校的管理人员对教师线下学习活动的管理，即学校管理人员对教师校本教研、课堂运用等活动的组织安排，以及师资培训中心对其组织的集体培训、专家面对面答疑、课程考核等活动的管理。

3. 促学机制管理支持服务

促学机制管理支持服务主要是指远程教育机构、师资培训中心、学校的管理人员三方联动，通过执行各级教育部门制定的相关规定，促使教师积极、主动地参与学习活动，以及教师学习常态化，即在开始远程学习之前，师资培训中心根据相关政策形成相关文件对教师远程学习活动中的有关奖励进行详细说明，学校的管理人员依据相关文件内容，对教师进行奖励，远程教育机构的管理人员按相关要求对教师线上活动进行推优管理。

（二）技术支持服务

技术支持服务是保障远程培训顺利开展的要素之一，没有专业化的技术团队、与时俱进的技术支持以及符合教师需求的技术支持服务，中小学教师远程学习便无从谈起。目前学者关于技术支持服务这个概念还未达成共识，但袁明关于技术支持服务的定义获得了多数学者的认可：教育机构（院校）为学生、教师、教学管理人员、校外学习中心等解决教学活动过程中的技术问题而提供的各种类型的支持活动和技术保障，以及对整个网络学习环境和教学过程的全方位技术支持服务。①

在本研究中，笔者是这样理解技术支持服务的，即远程培训机构为了保障教师顺利学习，提供远程学习平台操作培训、平台操作手册、技术答疑等技术性服务，同时借助技术手段对教师远程学习进行监控和督促，包括以下两个方面。

1. 线上技术支持服务

线上技术支持服务主要由远程机构负责为教师提供简单、稳定的学习平台，强大的导航服务，学习资料，各类主页，同时通过技术手段对教师的学习活动进行实时跟踪，分析教师的学习习惯、学习兴趣，并结合课程进行个性化资源推送，为教师提供多样化的交流平台，不但能与辅导教师进行实时交流，还能与本地区、全国的同行进行实时交流。

2. 线下技术支持服务

线下技术支持服务主要是指学校以及师资培训中心，在远程学习开始前，通过给教师发放平台操作手册，请专业技术人员为教师进行集体演示、介绍，组建技术指导小组，保证教师在遇到有关技术问题时，能得到及时的帮助。

（三）学术性支持服务

学术性支持服务与学习者完成学业及学习质量有着非常重要的联系。良

---

① 袁明. 2007. 网络教育中的技术支持服务研究. 上海：华东师范大学硕士学位论文：8.

第八章　教师混合式学习支持服务

好的学术性支持服务能增强教师的学习兴趣、丰富教师的学习信息，增强教师的学习动机，保证学习的持续性；同时，还能提高教师的自主学习能力。关于学术性支持服务，不同的学者有着不同的定义，代表性的观点主要有以下几个。

陈丽认为，学术性支持服务是指定义课程、解释概念、提供反馈（正式或非正式的）、提供教学实践、培养学生的学习技能、通过课程跟踪学生的进步、扩展课程学习、分享学习的乐趣等与学生专业学习有关的支持。① Nyondo认为，学术性支持服务是由教学子系统所提供的学习材料或者面授的相关支持。② Moore认为，学术性支持服务是为了帮助学习者解决由其自身引发的问题，而这类问题通常会导致学习者不能按照课程要求以及目标完成学习，获得相应的知识或能力。③

综上，笔者认为学术性支持服务是与教师学习活动相关的所有支持和帮助活动，包括答疑、作业评改、提供学习资源、线下活动的相关支持等，并可分为线上学术性支持服务、线下学术性支持服务（图8-3）。

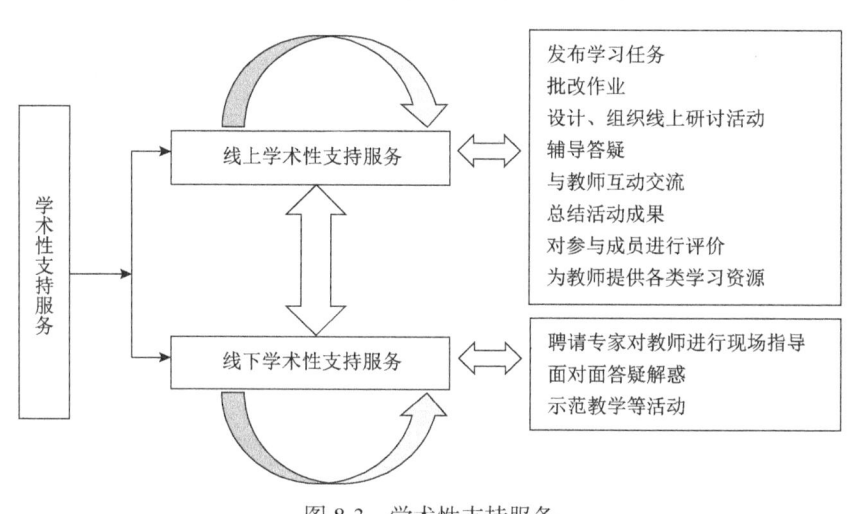

图 8-3　学术性支持服务

---

① 陈丽. 2004. 远程教育学基础. 北京：高等教育出版社：122.
② 转引自项国雄, 张小辉. 2005. 学习支持服务思想溯源. 中国远程教育，（9）：23-26.
③ 转引自刘炳辉, 姚远峰. 2008. 现代远程教育中个别化支持服务的认知误区及完善策略. 现代远距离教育，（3）：36-38.

1. 线上学术性支持服务

线上学术性支持服务主要是指教师在进行线上学习时，辅导教师发布学习任务，批改作业设计、组织线上研讨活动、辅导答疑，与教师互动交流，总结活动成果，对参与成员进行评价以及为教师提供各类学习资源。

2. 线下学术性支持服务

线下学术性支持服务主要是指学校、师资培训中心组织的各类线下运用、指导活动，如聘请专家对教师进行现场指导、面对面答疑解惑、示范教学等活动。

（四）情感支持服务

实践研究证明，在远程教育中，情感、情感信息和情感支持服务对远程学习者的学习具有重要的影响，其中，积极的情感可提高学习者的学习效率、促进其学习的开展，但消极的情感则可能导致学习者的学习失败。[1]不能够获得积极的情感支持，会导致学习者无法对远程学习这种方式产生认同感。在远程培训中，教师也会出现此类问题，所以情感支持服务在教师培训中是保证培训质量的重要环节之一。

目前，依据心理学对"情感"的定义，学界将情感支持服务定义为对满足人主观需要的一种支持，但受到大多数学者认可的是以下两类观点：Meyer将情感支持服务定义为："支持学生进行积极的情感体验，以达成多种课堂目标的、暂时的、可靠的、由教师激发的交往。"[2]Rosiek将情感支持服务定义为"教师运用教育学意义上的类推、隐喻和描述影响学生对特定学科的情感反应，从而在一定程度上促进学习"[3]。

笔者认为情感支持服务是为了促进教师自主学习，提高教师的自我情绪调控能力，使教师获得归属感，由外界向教师提供的所有能增进教师积极情

---

[1] 全丽莉，潘勇. 2008. 情感计算在 E-Learning 系统中的应用探索. 华中师范大学研究生学报，（2）：162-165.

[2] 转引自 Schutz P A, Pekrun R. 2010. 教育的感情世界. 赵鑫等译. 上海：华东师范大学出版社，210-211.

[3] 转引自 Schutz P A, Pekrun R. 2010. 教育的感情世界. 赵鑫等译. 上海：华东师范大学出版社，210-211.

感体验的各类活动。因此，根据中小学教师远程学习的特点，可将情感支持服务划分为线上情感支持服务和线下情感支持服务。

1. 线上情感支持服务

第一，远程机构的辅导教师通过及时地为教师提供批改作业、回答疑问、组织线上讨论活动等学习服务，促使教师认同远程学习的方式，并产生归属感，减少其在学习过程中的孤独感，从而增强学习兴趣、学习信心，自觉、主动地进行自我调节，保证学习的持续性，满足与人交流交往的需求，进而促使教师能够更加投入学习活动。第二，远程机构也需为教师提供心理辅导资源、心理咨询服务等，将集体心理辅导与个别辅导相结合，做到及时发现，及时解决。

2. 线下情感支持服务

第一，学校、师资培训中心通过组织集中培训、校本活动、课程观摩活动、专家座谈会等方式，促使教师与辅导教师之间、学习同伴之间、专家之间进行交流，并且提供足够的时间，以使教师能够与他人进行深入的交流，从而在各种交流活动中获得精神上的鼓励，增强自我效能感，及时调整心态，更加全心地投入到学习活动中。第二，师资培训中心和学校通过组织相关的心理座谈会、减压专题活动，为教师提供专业的心理咨询服务，从专业的角度帮助教师克服在学习过程中产生的各种消极情绪，建立积极的心态，促使教师顺利地完成学习活动，并从中有所收获。

第二节　教师混合式学习支持服务现状研究

一、调研设计与实施

（一）调查对象的选取

本研究以宁夏回族自治区 S 市 "国培计划（2017）" 远程培训项目为例，调查对象为 S 市参与 "国培计划" 远程培训的中小学教师。之所以选择 S 市的中小学教师作为研究对象，一方面是因为该市是宁夏"国培计划"示范性项目地区，也是宁夏教育信息化发展较好的县级市之一，具有一定的引领性，选择该市作为研究对象，具有一定的代表性；另一方面是因为该市共有89所中小学，不但有位于城区的学校，也有位于乡镇、教学点的学校，分布较为广泛。承担这次培训任务的远程机构是Z机构。

（二）调研设计

1. 问卷的设计

1）调查问卷（附录10）的编写参考了本研究界定的教师混合式学习支持服务的基本内涵，以及相关研究。问卷主要分为两大部分：参与远程培训的教师的基本信息和教师对远程学习支持服务的评价两个部分。其中，教师的基本信息主要包括性别、教龄、学历等方面；教师对远程学习支持服务的评价是依照教师混合式学习支持服务的内涵，分别从管理支持服务现状、技术支持服务现状、学术性支持服务现状、情感支持服务现状及教师远程学习的困难与需求五个方面入手，其中管理支持服务类问题有12个，技术支持服务类问题有5个，学术性支持服务类问题有10个，情感支持服务类问题有6个，教师远程学习的困难与需求类问题有5个，问题设置较全面、分类较明确、表达自然。

2）问卷可靠性分析。问卷设计完成后，笔者到所实习的X中学进行了发放，共发放80份，回收74份，回收率为92.5%，回收问卷中的有效问卷为73份，有效问卷回收率为98.6%。随后，笔者运用SPSS19.0对问卷进行了信度分析，得到问卷的α系数为0.851，说明该问卷信度高，可以正式发放。

2. 访谈提纲设计

根据问卷设计的管理支持服务、技术支持服务、学术性支持服务、情感支持服务四个方面，分析回收问卷的问题选项，依据教师评价较低的内容设计访谈提纲（附录11），主要是为了通过与教师的访谈深入了解这四个方面的支持服务各存在的问题，以及教师对学习支持服务的评价与建议等。

3. 编制观察记录表

依照教师混合式学习支持服务的内涵，笔者从管理支持服务、技术支持服务、学术性支持服务、情感支持服务四个方面，对平台进行观察量表设计，与教师讨论修改后得出中小学教师远程学习支持服务现状观察量表（附录12）。

（三）调研实施

1. 问卷的发放

笔者于2018年9—11月通过全国最大的网络问卷收集与统计平台发放调查问卷，共发放2600份，回收有效问卷2571份，回收率为98.88%。本问卷只有参与"国培计划"中小学教师远程培训的教师才可以填写，他们都来自各个中小学。样本都是从参与项目的教师中随机抽取的。

2. 访谈与观察

笔者在2017年11—12月以访谈提纲为主，通过实地访谈、QQ、微信在线交流等形式，对S市的4所小学、4所中学以及2所高中的教师进行了访谈，真实、全面地记录了教师所反映的情况。同时，这30名教师来自不同学校和不同学科，因此具有一定的代表性。

笔者以学习者的身份，登录承担本次培训的远程机构Z机构网站平台的中小学教师远程培训网站进行观察和体验，对平台所提供的学习支持服务进行客观的记录与分析。

历经3个月的时间，笔者完成了整项调查任务。其中，9月初到11月中旬，完成对网络平台的学习支持服务的体验、观察与记录；11月中旬到12月末，完成问卷的制作和发放，并针对问卷结果同教师进行了交流访谈。

（四）调查结果

通过调查得知，教师来自语文、数学、英语、物理、化学、生物、历史、地理、政治、信息技术、心理健康、音乐、美术、体育共计14个学科；其教龄主要分布在0—10年和21—30年，其中，0—10年的占27%，21—30年的占37%；学习者的学历主要以本科学历为主，占总数的74.25%；学习者的来源以城区中小学为主，占总数的67.83%。本次调查保证了调查样本的多样化。

二、教师混合式学习支持服务现状

（一）管理支持服务

管理支持服务是学习支持服务中重要的一部分。笔者通过对平台的观察和体验发现，平台对课程、学习进度的管理十分重视，如及时添加登录教师的微信、QQ等对其学习进行督促，同时在通知板块通过醒目的标志对课程的目标、要求等进行标注。在教师首次登录平台时，平台会对教师进行关于如何获取资源与站内工具的使用说明的培训。因此，大部分教师在培训平台能获得比较满意的管理支持服务。

1. 课程学习管理支持服务

1）平台为教师提供了较为全面的自主课程学习管理支持服务，多数教师也表示学习平台为其提供了较为全面的自主课程学习管理支持服务，如学习内容导航与分享、个人主页或空间、学习数据记录、学习进度管理等。大部分教师表示通过在平台学习，可以获得他们想要学习的内容、制订相应的学习计划、对学习进度进行管理、查询课程的相关公告等。同时，大部分教师认为，远程培训平台对其学习目标和学习内容要求，资源与工具使用的方法和规则，在线学习规则、测试、作业和考核要求，知识和技能的运用要求进行了说明（表8-1）。这些均表明远程平台已尽可能为教师提供了全方位的自主管理支持服务，使教师能够更好地进行线上学习活动。

表 8-1　平台学习活动说明

答案选项	频率	占比（%）
学习目标和学习内容要求	2188	85.10
资源与工具使用的方法和规则	2199	85.53
在线学习规则	1826	85.53
测试、作业和考核要求	1955	76.04
知识和技能的运用要求	2007	78.06

2）平台对教师课程学习的跟踪和提醒不到位。教师在平台学习时，平台

应跟踪教师学习进度，同时根据教师的学习进度，适时地通过微信、QQ、邮件等方式提醒教师继续学习，发挥督促教师学习的作用。调研显示，在教师的学习过程中，平台对其课程学习的跟踪和提醒并不到位。例如，访谈中有不同教师谈道：

> 一般在学习开始前会收到平台有关于课程开始的提醒，但在学习过程中，大多提醒是关于提交作业的，关于课程学习的提醒几乎没有收到过。
>
> 在平台进行课程学习时，我都是根据自己选的课程一门一门学下来的，但无意中可能会漏掉一两门或者有一些课程没学完的情况，平台一般只通过消息通知提醒我，可有时候忘了看，直到通知我交作业时，我才会发现。
>
> 在平台学习时，关于哪些课程学习到了什么程度，平台一般都是通过消息通知提醒我，并没有通过邮件、QQ、微信之类的通信软件再次通知我，有时候让我觉得课程不用学，直接交作业就行了。

2. 线下活动的管理支持服务

1）线下活动得到了学校、师资培训中心的大力支持。学校、师资培训中心开展了多种线下活动来促进教师学以致用，并解决教师学习中的疑惑，如表 8-2 所示，大部分教师所在学校有定期组织各个学科的教师进行有关远程培训的讨论会、实践运用活动、校本教研、分享学习心得等活动；师资培训中心也组织了各种线下活动，如开展学以致用的活动，聘请有关专家解决教师在运用过程中的困惑和问题等。

表 8-2　学校组织的活动（$N=2571$）

项目	平均数	标准差
学校有定期组织各个学科的教师进行有关远程培训的讨论会	1.83	0.869
学校有组织将从远程培训中学习到的知识技能应用到课堂中的活动	1.70	0.800
学校经常开展远程培训内容与校本教研相结合的活动	1.76	0.833
学校会分享远程培训中优秀教师的学习心得及学习方法	1.77	0.876

注：1=完全符合；2=比较符合；3=不确定；4=较不符合；5=完全不符合。

2）活动组织存在一定问题，线上学习与线下活动未紧密结合。例如，在访谈中有不同教师谈道：

> 虽然现在一直强调将线上学习和线下活动相结合，但是学校组织的校本教研和远程学习的活动就是两个主题，我一边要完成学校的校本教研活动，一边还要完成远程学习的活动，精力不够，有时候就只能马虎应对了，感觉没有太多收获。
>
> 现在的远程学习相比以前减少了线上学习的时间，更多的是我们在线下进行实践运用。但我们不但要进行校本教研，还要参加各种讲座，而这些活动中有些就跟远程学习的内容并没关系。
>
> 我在线上学习到学科和电子白板相结合的这个主题，觉得这样的结合不但可以完成线上的学习任务，还可以开展学科教研活动，就想大家在学科教研活动中一起来学习、讨论，但不知道为什么，学科教研活动又是另一个主题，我就只能放弃对这个专题的实践活动，先完成学科教研活动。

3）促学机制管理支持服务有待加强。所谓"没有规矩不成方圆"，任何培训都应当有一定的制度条例，从而创造一个公平的学习氛围，促使学习者更加积极主动地开展学习活动。如表 8-3 显示，虽然针对中小学教师远程培训有诸多奖惩制度，但这些制度还没有得到完全的落实。同时在和教师的访谈中得知，虽然有很多关于远程培训的奖惩制度，但在各级各部门的执行过程中，很多制度并未真正使教师受益。例如，有不同教师谈道：

> 在进行远程培训前，就了解到许多关于远程培训中的奖惩制度，如与绩效挂钩、与继续教育挂钩、减免工作量等，但是当我们真正开始培训课程学习时，发现并没有人来执行这些制度。
>
> 远程培训开始之前，学校动员我们参加时表示会减轻我们这部分教师的工作量，但在参与远程培训后发现，我们该做的工作一样没少，同时还要参与远程培训的各种线上线下活动，这巨大的工作量，使我根本没有办法好好研修。

表 8-3 促学机制实施情况　　　　　　　　　　　单位：%

项目	非常符合	基本符合	一般	基本不符合	非常不符合
学校会对在远程学习中表现优秀者给予一定的奖励	28.35	35.08	20.19	10.07	6.31
对参与远程学习的教师有工作量减免的措施	20.34	25.71	21.2	18.86	13.89
远程学习的情况与教师绩效挂钩	10.54	17.54	35.63	30.92	5.37

综上，在中小学教师远程培训中，虽然培训的组织者已经制定了有关培训的规章制度，但制度的执行并没有落实到具体的执行部门，出现了为教师开"空头支票"的现象，导致教师在培训中出现消极的学习态度。

（二）技术支持服务

目前，经过对远程学习平台的不断测试、调试和完善，已经不会出现访问量过大而导致平台瘫痪的现象，同时，学习者在课程学习过程中若遇到自己无法解决的技术问题，也可以通过论坛留言、QQ、微信、发邮件等方式解决。但笔者通过调研发现，技术支持服务存在以下情况。

1. 线上技术支持服务

1）界面设置面向学习者，辅助工具丰富，但缺乏个性化推送服务。如表 8-4 所示，大部分教师认为培训平台的界面亲切友好，导航清晰，结合笔者对平台的观察和体验，发现平台的界面符合现阶段教师远程学习的学习特点——线上线下混合式研修。这些都充分表明平台的界面设计合理，且得到了教师的认可。同时，培训平台提供了多种多样的辅助工具，其中搜索引擎、学科专业软件、课程论坛是教师常使用的三大辅助工具（表 8-5）。因此，平台可强化此类辅助工具的设计，使其更加人性化，更适合教师各个阶段的学习。在与教师的访谈中，教师均表示现在的培训平台在界面设置上越来越简洁大方，他们能更快地找到自己所需要的信息或课程，同时平台提供的各种辅助工具，能更好地帮助他们学习，但也出现了在一门课程学习结束后，想再继续学习有关课程或对课程中相关内容进行了解，不知道如何获取的问题，平台不提供根据用户需要自动推荐课程之类的服务。例如，有教师谈道：

我可以在平台上轻松地找到公告、下载相关学科的软件等，但是在学习过程中，平台不能根据我的需要给我推送即时需要的课程。比如，我在观看优秀教师的课程实录，看到她的课堂运用了合作学习的方式，而我以前没有接触过，希望了解什么是合作学习，应该如何进行合作学习，以及相关的理论知识。然而，平台有没有相关的课程实录，只能靠我自己去找。

表 8-4　平台界面设置评价

答案选项	频率	占比（%）
亲切友好，导航清晰	1990	77.40
中规中矩，比较朴素	538	20.93
简单粗暴，毫无特色	27	1.05
杂乱不堪，毫无美感	16	0.62

表 8-5　常用辅助工具

答案选项	频率	占比（%）
搜索引擎	2103	81.80
常用工具	1208	46.99
学科专业软件	1885	73.32
学程记录	1302	50.64
友情链接	1088	50.64
公告栏	1022	39.75
课程论坛	1585	61.65
智能评分工具	783	30.46

综上，目前平台提供的相关辅助工具越来越多样化，满足了教师的需求，但在个性化推送方面还有待完善。

2）支持多端口登录及多样化的交流互动方式。教师工作的特殊性，使得教师只能充分利用闲暇时间进行线上学习。因此，多种端口登录学习的方式给教师带来了极大便利，使得教师能够利用碎片时间进行线上学习。笔者通过调研发现，大部分平台均已实现了通过手机端口登录学习平台的功能，相比传统的只支持电脑端口登录学习平台的方式，教师现在能随时随地通过手机端口登录学习平台，做到有疑问，即时学习即时反馈。通信技术的不断更新和发展，使得培训平台不再依靠传统的方式与教师互动，而是采取多样化的方式，来减少教师在互动过程中产生的不适感，在对教师获取帮助途径的调查中（表 8-6），有近 60% 的教师选择了"微信"，这表明微信这一方式得到了多数教师的偏爱。同时选择"24 小时 QQ""电子邮件""辅导教师"的也都占 40% 以上，这表明多样化的通信方式，给教师带来了更多的选择，而教师也可以根据自己的偏好选择适合自己的通信方式，来解决在培训过程中遇到的困难，从而体验到更为人性化的支持服务。通过与教师的访谈了解到，教师现在可以通过手机端口登录学习平台，与使用电脑相比，机动性更强，这样教师在上下班路上的时间就能完成线上学习，不用再特意留出其他时间，也有更多的时间对知识进行消化吸收，以及参与线下活动。而多样化的通信方式，使得教师选择更多，能更好地呈现并解决自己在学习中遇到的问题。例如，在访谈中有教师谈道：

> 以前的培训只能坐在电脑前进行，我需要专门挤出时间来看，但自己精力有限，有时候只能"挂机"，而现在可以用手机登录了，我每天在公交车上就可以看，一点儿不耽误其他时间，还能学到东西，并将其应用在自己的课堂上，收获还挺多的。现在有了问题，我也可以通过微信发语音、图片、文字、视频等进行询问，比起以前只能用文字描述，现在能更加准确地向辅导教师描述我的问题。

表 8-6　教师获取帮助途径

答案选项	频率	占比（%）
24 小时 QQ	1118	43.49
电话服务	623	24.23
电子邮件	1161	45.16
微博	715	27.81
微信	1541	59.94
辅导教师	1058	41.15
其他	207	8.05

2. 线下技术支持服务

1）缺少集体技术指导活动。调研发现，在远程学习开始之前，学校或师资培训中心并未开展有关远程平台的技术指导活动。例如，在访谈中有不同教师谈道：

> 通常学校通知我们进行远程学习，就是直接告诉我们登录平台和账号密码，其他的都靠我们自己。

> 学校会给我们发放平台操作手册，但并没有组织大家一起学习，都是我们自学后再登录平台进行操作，像我们年轻教师还好，学习能力、网络运用能力比较强，但学校一些年纪稍大的教师就只能等我们私下有时间再教他们。

> 在登录学习平台之后，有时候我也不知道该怎么操作，而操作手册中写得也不清楚，平台各个板块以及一些常用功能都要靠自己一点一点去摸索，实在不会再去问问别人，或者就算了。

2）未组建线下技术支持服务团队。学校或师资培训中心并未组建相应的技术支持服务团队，为教师解决在学习过程中遇到的相关技术问题。例如，在访谈中有不同教师谈道：

> 在学习过程中要是遇到不会操作的地方，我一般都是自己先试着解决，主要通过上网查询或者在线上询问辅导老师，不过效率都比较低，而且有时候操作步骤较多，我自己就不能解决了，只能寻求周围同事的帮助。

> 学校老师在学习过程中碰到有关技术的问题一般会找我们网络管理中心，但我们这本来人手就不太够，现在又增加了一项工作，大家工作压力更大了。

> 遇到不会操作的地方，我也不好意思去打扰别人，而且我也不知道谁能解决我的问题，很多时候就有一种求助无门的感觉。

（三）学术性支持服务

学术性支持服务是学习支持服务中重要的一环，笔者通过调查发现，其存在以下现象。

1. 线上学术性支持服务

1）辅导教师为教师提供了多种服务。在教师远程学习过程中，辅导教师起着重要作用。例如，辅导教师为教师提供了批改作业、个别化答疑和辅导、对参与成员进行评价等多种服务（表8-7）。

表8-7 辅导教师的工作内容

答案选项	频率	占比（%）
批改作业	2219	86.31
设计、组织线上研讨活动	457	17.78
个别化答疑和辅导	1701	66.16
总结活动成果	858	33.37
对参与成员进行评价	1664	64.72

2）辅导教师专业性不足。一方面是指辅导教师组织能力不足。例如，在访谈中有不同教师谈道：

每次看到QQ群中的交流或讨论，我都不怎么参与，有时候是因为没时间，但大多时候是不知道在讨论什么，不好意思参与。

在平台可以通过发帖进行交流，但很多时候是其他教师给我评论，基本没有辅导教师对我进行评论，除了辅导教师自己开的帖子外，在其他帖子下，很少见到辅导教师的评论。

我参与过几次QQ群的讨论，虽然辅导教师提出了讨论的主题，但有时候主题发生偏离了，辅导教师也没有进行引导，而且在讨论结束后也没有及时进行总结，问题到底有没有得到解决，好像并没有人关心。

另一方面是指辅导教师未完全发挥其作用。例如，在访谈中有不同教师谈道：

现在除了在工作坊提交作业、上传成果的时候能看到辅导教师给我的评语外，其他时间我都是自己在网上学习，很少与辅导教师进行交流，除非在学习中遇到一些自己难以解决的问题。

在讨论活动中，我非常希望辅导教师解决我的一些问题，但不知道是提问的人太多了，还是其他原因，多数时候我的问题并没有得到回答，我就只能再与辅导教师私聊，如果我不主动找辅导教师，辅导教师也不会主动地回答我的问题。

3）音频、视频的质量还需改进。视频、音频、文本等资料是教师线上学习的主要学习材料，其质量在一定程度上影响着教师培训的质量。笔者在体验、观察中发现，大部分视频清晰，并附有字幕以及相应的扩展资料，但一些课堂实录的视频质量较差，存在画质不清、音量忽大忽小等问题，且没有及时更新。如表8-8所示，大部分教师表示，平台未能提供优质的音频、视频资料。同时在与教师的访谈中教师也表示，一些视频的质量不尽如人意，导致他们没办法看下去。例如，在访谈中有教师谈道：

> 培训平台上有很多关于课堂的视频都是非常实用的，特别是课堂实录。但是平台上的一些课堂实录要么是画质不清楚，根本看不太清，要么就是音量很小，根本不知道在讲什么，看这类视频真没什么用。

表8-8 平台提供了优质音视频

答案选项	频率	占比（%）
非常同意	161	6.26
比较同意	929	36.13
不确定	299	11.63
不太同意	1149	44.69
非常不同意	33	1.28

注：因四舍五入，占比的合计不等于100%。

4）本土资源未得到充分利用。如表8-9显示，对本土资源的利用并未得到足够的重视。例如，在访谈中有不同教师说道：

> 像我这样入职不久的年轻教师希望能在远程平台上找到更多本

地区优秀教师的课程实录、优秀教案等，这些资料对我的帮助更大，但是每次找这些资料就要耗费我大量的时间，后来也就放弃了，就随意看看平台上容易找到的课堂实录，自己再摸索着实践，修改。

我们其实更喜欢观摩本地区优秀教师的讲课，首先觉得比较符合地域特点；其次在讨论交流上也比较方便、轻松一些。这些教师和我们是同一个地区的，在一些问题的讨论上更好开口，感觉距离更近，但自己在平台上要找这类资源并不容易。

表 8-9　本土资源得到充分利用

答案选项	频率	占比（%）
非常同意	111	4.32
比较同意	292	11.36
不确定	963	37.46
不太同意	1182	45.97
非常不同意	23	0.89

5）缺乏多样化的评价方式。及时、有效的评价具有诊断、激励、调控教师培训的作用，促使教师对自己的学习状况进行了解，对自己的学习进行分析，调整自己的学习计划，改进自己的学习方法。如表 8-10 所示，针对喜爱的评价方式，多数教师都选择了同行互评、辅导教师评价、自我评价、学校或师资培训中心组织线下测评等，反映出教师在评价自己的学习成果时偏向于多元化的评价方式。但表 8-11 反映出评价主体对教师学习成果的评价并没有体现出多元化，与教师所期望的评价方式不符。例如，在访谈中有不同教师谈道：

在远程学习结束后，主要是远程机构对我们的学习进行评价，而远程机构对我们的评价主要是通过课程学习时间、作业情况、论坛讨论这几部分来进行，并没有对我们线下的实践进行考核，而是以线上考核为主。

对远程学习的考核都是线上考核，只要能完成线上的学习时间、作业，发一定数量的帖子，几乎都能过。

表 8-10　教师喜爱的评价方式

答案选项	频率	占比（%）
同行互评	1881	73.16
辅导教师评价	1478	57.49
自我评价	1634	63.56
在线测试评价	974	37.88
学校或师资培训中心组织线下测评	1582	61.53
专家学者评价	696	27.07

表 8-11　评价方式是多样化

答案选项	频率	占比（%）
非常符合	287	11.16
基本符合	987	38.39
一般	54	2.10
基本不符合	1226	47.69
非常不符合	17	0.66

6）过程性评价缺失。笔者通过调研发现，过程性评价的缺失，导致教师在学习过程中感到无所适从。例如，在针对教师是否清楚自己学习状况的调研中发现，教师在学习过程中并没有得到明确的信息来了解自己的学习状况，即过程性评价不明确。在访谈中，许多教师表示，虽然可以通过多种方式来评价自己的学习结果，但在学习过程中，并不能及时地了解自己的学习状况，有时会感到迷茫，缺乏学习动力。例如，有不同教师谈道：

在远程学习中，选课之前的测试让我知道了自己在哪些方面还存在问题，经过一段时间的学习后，我感到自己有了进步，但不太清楚到底进步了多少，而线下活动多流于形式，没办法了解自己在应用所学方面是否还有其他问题。

我认为远程学习最重要的在于学习之后的实践活动，但在实践过程中，我不知道自己是否已经很好地将理论与自己的课堂相结合，希望能得到一些优秀教师或者专家的现场指导，可是没有这样的机会。

在远程学习中，感觉自己一直在学习，最后交一份学习作业，就完成线上学习了；在线下活动中，更多的也是大家在一起学习，得到的指导很少。

2. 线下学术性支持服务针对性不强

笔者在调研中发现，虽然学校、师资培训中心有组织本地区优秀教师为其他教师答疑解惑，但很多教师表示自己并没有很多机会同这些优秀教师接触。这是由于在组织答疑过程中，一般先是由优秀教师对汇总的部分问题进行解答，然后再与当地教师交流，但交流时间较短。师资培训中心也会请专家、优秀教师为教师进行现场指导或示范教学，但由于教师需要完成大量的教学任务，并非每次均能参加，同时，也并非每次活动的主题都与自己所需相符合。例如，在访谈中有不同教师谈道：

师资培训中心虽然经常组织一些集中培训，但这些理论知识我在线上课程学习中就已经学到很多了，更希望能得到实践方面的指导，但安排我去参加的多是理论讲座。

现在学校和师资培训中心越来越重视线下活动了，经常会通知我们去参加一些讲座、研讨会等活动，但有时候这些活动解决的都是同一个问题，没有必要反复参加。比如，在师资培训中心举办的专家座谈会中，我在听完专家的讲座，并与专家交流了关于留守儿童的管理方法后，回到学校进行实践后已解决了我的问题，但我还是参与了多次学校组织的有关此类专题的活动，其实我更想参加一些关于留守儿童心理健康教育类的活动。

在远程学习过程中，线上学习对我而言几乎没什么难度，主要是线下实践，会出现一些问题，所以希望能更多地参与课程观摩活动，看看其他优秀教师的课堂，但学校很少开展此类活动。

(四) 情感支持服务

1. 线上情感支持服务

1) 学习活动中并未体现出情感关怀。情感支持服务是为了让中小学教师在远程学习过程中感受到人文关怀,减少其在学习过程中产生的负面情绪,但情感体验不能被量化,同时也很难被捕捉,因而成为中小学教师远程培训学习支持服务的薄弱环节。调研显示,线上情感支持服务不足。58%的教师认为在线上学习过程中不能得到及时、有效、持续性的评价和反馈。表8-12显示,教师通过交互平台获得更多的是答疑解惑、资料共享、信息共享的学术性支持服务,而只有少数教师获得了情感关怀、鼓励支持的情感支持服务。表8-13显示,多数教师认为平台讨论区存在着学习者参与度不高,交流气氛不浓;水帖较多,缺少有质量的与学习相关的主题等问题;以及所提问题常被忽略,未有详细解答的问题,这些问题导致教师在学习过程中对情感支持服务体验较差。同时,表8-14显示,大部分教师并不会主动参与讨论活动。在对教师的访谈中,有不同教师谈道:

> 在学习过程中,要是产生厌学情绪了,一般都是自己进行调整,基本没想过通过学习平台和同伴、辅导教师交流想法。
>
> 在平台学习过程中,要是自己发的帖子能得到别人的评价,特别是一些有用的建议,我就会感到原来不是我一个人有这样的困惑,还是有好多认真学习的人,他们能坚持,我也可以的。
>
> 要是看到平台交流区有一些水帖,我就会觉得这个平台较差,导致我没有学下去的动力……而且我也不习惯在网络上和不太熟悉的人交流自己的学习体验,所以在远程学习中,要是觉得学不下去了,就只能和身边的同事交流交流。

表8-12 平台交流功能

答案选项	频率	占比(%)
答疑解惑	1937	73.16
情感关怀	871	33.88
资料共享	2164	84.17
鼓励支持	1020	39.67
信息共享	1923	74.80
其他	147	5.72

表 8-13 平台讨论区存在的问题

答案选项	频率	占比（%）
学习者参与度不高，交流气氛不浓	1761	68.49
水帖较多，缺少有质量的与学习相关的主题	1607	62.50
管理混乱，缺少统一的规章制度	635	24.70
所提问题常被忽略，未有详细解答	1105	42.98
辅导教师水平有限，问题解答不专业	388	15.09

表 8-14 教师主动参与情况

答案选项	频率	占比（%）
每次都会	394	22.52
经常会	532	18.20
不一定会	1280	49.79
很少会	301	11.71
只浏览不参与	64	2.49

2）缺少心理辅导资源，教师难以获得心理咨询服务。调研显示，远程机构并未给教师提供心理辅导资源。同时，当教师想进行心理咨询时，也没有相应的服务类别。在对教师的访谈中，有不同教师谈道：

> 我在平台的学习过程中，并没有找到关于如何调整心态、合理宣泄内心压力等的相关课程，也就是说我并不能通过课程学习，获得一些自我调节的方法。
>
> 其实在学习过程中，我遇到了许多困难，特别是有段时间工作特别忙，但平台的课程也要学习，让我觉得特别的压抑。其间，我只能自己安慰自己，熬过去就好了，并没有接受任何有关心理压力调节的课程学习，也没有进行相关的咨询。
>
> 有时候在学习和工作交替进行中，我觉得自己被夹在中间难以挣脱，每次有这样的感觉，我都好想找个人倾诉，但也不知道在学习平台上找谁进行倾诉，就只能自己承受着。

2. 线下情感支持服务

1）活动预留交流时间过短。笔者在调研和与教师的访谈中发现，远程培训机构、学校、师资培训中心虽然有组织相关的交流活动，但频率低、人数多，部分教师很少能真正参与到活动中，因而也不能通过参与线下活动获得情感支持服务。表 8-15 表明，在线下活动中，相关活动组织频率低，参与人数多，教师难以在此类活动中获得情感支持服务。例如，在访谈中有不同教师谈道：

> 学校的线下活动基本上都是学科教研活动，在每次活动中，大家基本上都在讨论学习，很少有人提到在学习中是如何调整自己的学习状态、平衡学习和工作的关系等话题的。

> 在线下活动中，很少有机会同专家、优秀教师进行交流，每次活动基本上都是一大群人在一起，先专家讲，讲完了只留少部分时间让我们进行交流，而这样的交流时间根本不够。

表 8-15 学校每学期组织校本活动次数

答案选项	频率	占比（%）
1	579	22.52
2	468	18.20
3	459	17.85
4	293	18.79
5	226	8.79
6	190	7.39
7	210	8.17
8 次及以上	146	5.68

2）没有集体心理辅导活动和个别心理辅导活动。调研显示，师资培训中心或学校并没有为教师提供心理辅导，也没有安排专业人员担任心理辅导员。在对教师的访谈中，有不同教师谈道：

> 学校一般都会组织有关学习主题的教研活动，但没有组织过有关心理的辅导活动，可能是觉得我们都是成年人了，能够自己调节

心态吧。

在学习过程中，有时候会觉得自己坚持不下去了，觉得自己的能力不能够完成任务，压力很大，但这些情绪和压力都是自己慢慢消化的，因为不知道该向谁倾诉，也不知道谁能帮助自己。

第三节 教师混合式学习支持服务存在的问题及原因分析

一、管理支持服务层面

在管理支持服务层面，远程机构为教师提供了多种自主课程管理功能，使得教师能够对自己的线上学习进行自主安排和计划；同时，师资培训中心和学校积极组织教师进行线下活动。无论是远程机构，还是师资培训中心和学校，都应该继续保持为教师服务的积极性，同时不断地自我更新，提高对教师学习活动的管理水平，为教师提供更加人性化的管理支持服务。但管理支持服务层面也存在着以下几个问题。

（一）课程学习管理支持服务不到位

虽然学习平台提供学习跟踪服务，但仅仅是跟踪教师的学习情况，并未根据教师的学习情况对其进行提醒和督促，缺乏对教师学习过程中的监督管理，部分教师在学习过程中存在懈怠心理，不认真对待学习，从而导致教师远程学习质量降低，达不到预期效果。

造成这种情况的原因有 3 个：一是远程机构缺乏专业的管理团队对教师的学习过程进行监管；二是远程机构在技术层面存在不足，没有相应的技术对教师的学习过程进行全程跟踪、智能提醒以及将教师的学习情况及时反馈给相应的管理人员；三是在课程管理设计过程中，只考虑到教师作为成人具有自主学习、自我监控的能力，没有考虑到教师也是通常意义上的学习者，在学习过程中也会产生懈怠，需要一定的监督，以此强化其学习的持续性。

（二）线下活动管理支持服务的组织分工不够明显

线下活动管理支持服务的组织分工不够明显，主要表现在活动规划不清，线上线下活动联系不紧密，缺乏连贯性，造成学习与应用相互割裂，不利于教师的专业成长，并影响了教师的学习质量。

造成这种情况的原因是，当前的中小学教师远程培训是由远程培训机构、师资培训中心、学校共同组织的，只有三方联动，各负其责，才能确保中小学教师远程培训的顺利开展。但在具体实施过程中，存在着组织分工不够明确、信息传达不准确等问题，从而导致在一些活动中，特别是在线上与线下相结合的活动设计中出现了教师所参与的活动与其需要不相符、线上活动与校本研究等线下活动毫无关联等问题。

（三）促学机制不完善

为激励中小学教师积极参与远程培训，各级教育部门制定了相关的制度，但存在制度执行和落实不到位等问题。这些问题都反映出制度管理支持服务有一定缺陷，即激励机制中存在漏洞。

造成这种情况的原因有两方面：一方面是师资培训中心和学校未建立相关的管理服务团队；另一方面是教师紧缺，学校无法为教师制定工作量减免等促学制度。一个完善的激励机制能推动教师从被迫学习到促使学习再到主动学习，进而提升教师的专业素养。然而，目前的激励机制虽不断在完善，但还存在着明显不足，如具体的奖励标准、相关流程、执行部门等尚不清楚。

二、技术支持服务层面

在技术支持服务层面，学习平台的设置较为合理，提供了各式各样的辅助工具，在一定程度上增强了教师对平台的黏着性，使得教师愿意通过平台进行学习。同时，大部分平台能够做到多端口登录，也在一定程度上增加了教师对平台的使用率，让教师能够利用碎片化时间进行学习，能够合理地分配工作与学习时间。同时，远程机构不再仅限于通过短信、邮件、电话等传统方式与教师进行交流,而且利用时下主流的聊天软件同教师进行交流互动,使得教师拥有了更多获取信息的渠道。学习平台虽然在该层面获得了部分教师的认可,但也存在着以下几个问题。

(一)线上技术支持服务缺乏个性化服务

在中小学教师远程培训学习支持服务中,技术支持服务不但要为教师提供良好的网络学习环境、关于平台工具使用的说明和培训,还要为教师提供个性化的推送服务。当今社会是一个信息社会,是各种信息技术不断推陈出新的社会。同时,教师渴望的是个性化、自适应,具备自动推荐学习方法、主动推送学习内容、诊断学习问题等功能的学习支持服务系统,以为他们提供一个动态的、开放的学习环境。

当今,教师学习逐步走向个性化,同时教师也渴望个性化、自适应的学习服务,随着各种信息技术的不断推陈出新,从技术层面为教师诊断学习问题、提供学习建议、自动推荐学习内容和学习方法等,已成为现实。然而,从目前的调研看,大部分远程培训机构还不具备这种能力,还没有为教师提供这种个性化服务的学习系统。

造成这种情况的原因有两方面:一方面是远程机构前期对教师的调研不够深入,未能全面了解教师在技术方面的需求;另一方面是一些平台不具备数据挖掘的技术支持或对教师数据的挖掘不够深入,因而学习平台无法更好地满足教师个性化的学习需求。

(二)缺少有关技术的线下指导服务

缺少有关技术的线下指导服务主要表现在师资培训中心和学校并没有为教师提供相关技术的培训活动,无论是在学习活动初期,还是在学习活动过程中,都未针对教师此方面的问题进行有关培训。同时,师资培训中心和学校并没有专业的、针对技术问题的团队来为教师解决该方面的问题,一般此类问题均由学校信息技术教师或网络管理中心人员负责,但他们缺乏相关的技术以及服务意识,导致教师的该类问题并未得到真正解决。

造成这种情况的原因有3个:一是师资培训中心和学校并未重视此类问

题，也并没认识到技术也是影响教师培训效果与质量的因素之一；二是师资培训中心和学校对教师技术操作能力预估过高，认为教师作为拥有较强学习能力的成年人，能够通过自学解决该类问题，但教师年龄层次、任课学科特点、个人认知风格等差异，导致一些教师并不能通过简单的文字、图画描述进行相关的操作，而需要通过演示、操作指导等方式获得相关操作能力；三是师资培训中心和学校并没有专门负责该类问题的专业人员，导致教师在出现技术类问题时求"解"无门，因而教师无法掌握具体的技术活动，进而影响了他们的学习活动。

三、学术性支持服务层面

调研显示，平台在学术性支持服务层面取得了初步成绩，如辅导教师为教师提供支持的种类增多，对教师提出的问题能够给予相对专业的回答。同时线上资源种类得到扩大，不但有专家讲座，还有优秀教师的课堂实录、教案范例等，这些对教师的学习起到了极大的促进作用。但总体来看，在学术性支持服务层面还存在着以下几个问题。

（一）线上学术性支持服务缺乏专业性

优秀的学习支持服务人员不但要能为教师的疑惑进行专业的知识解答及批改作业、进行评价，而且要有较强的组织、交流能力，以使教师在学习过程中感受到无论是课程的学习，还是讨论活动，都是有"主持人"的，而且活动开展流程清晰、有据可依。但实际情况显示，现阶段的学习支持服务人员具有一定的专业知识，能帮助教师解决在学习中的困难，但在组织活动、同教师交流上缺乏一定的专业性。例如，在讨论开始前，对讨论交流的主题通知不及时；在讨论过程中，未起到引导作用；在讨论结束后，也未及时整理讨论结果，以便给予教师适当的反馈信息；同时，也没有根据教师学习情况，主动同教师进行交流；也未对讨论过程中教师提出的问题进行解答和整理。

造成这种情况的原因有 3 个：一是"僧多粥少"。平台所要辐射的面较广，而辅导教师相对较少，且辅导教师精力有限，从而导致辅导教师在进行相关活动时不能够充分发挥其专业性；二是缺乏对辅导教师的专业培训。辅导教师在工作开始前，并未接受系统化、专业化的岗前培训，同时，在工作过程中，也没有进行相关的在职培训活动，从而导致辅导教师对自己的职责认识不清，不能够为教师提供比较专业的支持服务；三是平台聘请的辅导教师大多不具备该领域的相关专业知识或工作经验。随着远程机构辐射范围的不断扩大，其对辅导教师的需求量较大，但具有该领域相关专业知识或从业经验的辅导教师较少，导致他们在进行支持服务时很难快速进入辅导教师的角色。

（二）部分资料质量不佳，未充分利用本土资源

根据教师的反映，平台中的学习资源存在的问题主要集中在：视频质量不佳，表现在画面不清晰、音量忽大忽小等，特别是一些教学实践的课堂实录，但课堂实录正是教师偏爱的学习资源，因为它能更好地指导教师的教学实践。另外，缺乏对生成性资源的利用，即教师经过实践不断打磨形成的优秀资料上传至平台后并未得到及时的汇总、分类和筛选，从而未形成可供其他教师学习的资料源。

导致这些问题的原因有两方面：一方面是远程机构没有对上传资源进行挑选和整理，即远程机构在为教师提供学习资源时只考虑了资源的可用性，对教师学习是否有帮助，并未考虑资源本身的质量问题。另一方面是远程机构并未意识到本土资源的重要性。优秀的本土资源在一定程度上能帮助青年教师迅速成长，不断丰富青年教师的知识，提高他们的技能等，同时也能为远程平台提供适合的本土化课程资源，从而促使平台资源形成良性循环，学习平台得到可持续发展。

（三）评价单一化，缺乏过程性评价支持服务

目前，对教师远程学习的评价主要是对教师线上活动进行考核，而且主要由远程机构独立完成。同时，在教师学习过程中，关于线上、线下活动，远程机构并没有及时给予教师相应的反馈信息，导致教师无法得到过程

性评价。

　　导致这些问题的原因有两方面：一方面是没有建立起远程机构、师资培训中心、学校三方协同考核的机制，缺乏相应的对线下学习实践的考核机制，无法将教师的线上学习考核与线下学习考核进行结合；另一方面是教师在完成线上学习后，无法自主检测自己的学习效果，而在线下活动中，又很少有机会与专家、优秀教师进行深入讨论，了解自己的学习效果，而且线下研修活动未与线上学习紧密结合，导致教师在培训过程中缺乏有效的反馈和建议，最后只能得到一个总结性评价，而无法具体了解自己学习中存在的问题。

　　（四）线下学术性支持服务没有针对性

　　目前，师资培训中心和学校为教师提供了各种线下活动，但有些活动的内容没有针对教师的需求，导致教师所参与的部分线下活动并不能解决其在学习实践过程中的困惑，反而使教师在反复参加活动中产生厌恶、抵抗学习的情绪，同时也增加了教师学习与工作负担，在一定程度上降低了教师主动学习的动力，进而影响了教师学习的质量。

　　导致这些问题的原因有两方面：一方面是师资培训中心和学校对组织教师线下活动的目的理解不透彻。组织教师线下活动主要是为了帮助教师解决在学习后的实际运用问题，强化教师在课堂教学中对所学知识的运用，而不是通过组织各种线下活动，让教师疲于学习新理念、教学策略、教学技术等。另一方面是组织活动缺乏目的性。师资培训中心和学校在组织线下活动前，应该充分了解、收集教师在学习过程中遇到的问题、学习的重难点，结合这些因素来解决教师的问题，以促进教师对知识的理解为目的，组织不同的线下活动，增强活动的目的性，促进教师的专业发展。但在实际调研中发现，师资培训中心和学校组织的线下活动形式性较强，缺乏目的性。

四、情感支持服务层面

　　不同于传统教育，在远程培训中，教师主要是进行个体化的自主学习，缺少和学习同伴的交流，更容易感到孤单，同时也更容易产生挫败感、厌学等不良情绪。教师除了工作压力外，还有家庭负担，多重身份使得其参与远程学习需要承受更多的压力。因此，在教师参与远程学习时，为其提供情感支持服务是非常必要的。调研显示，无论是线上活动还是线下活动，学校、师资培训中心以及远程机构都组织了各种各样的交流活动，并以此为中介为教师提供情感支持服务，以使教师保持学习的持续性。这类活动的开展对教师起到了一定的帮助，在某种程度上满足了教师的人际交往需求，使教师情感得到了一定的满足，促进了远程学习的良性发展，应继续完善。但情感支持服务层面还存在以下几个问题。

（一）线上交流互动流于形式

调研显示，远程培训平台虽然为教师提供了多样化的交流方式，但只有少部分教师参与其中，线上讨论几乎流于形式。

导致该问题的原因有两方面：一方面是教师在交流平台上的疑惑和问题没有得到及时有效的专业解答，而在微信、QQ等软件上的交流缺乏引导，也没有人进行秩序的维护，从而导致教师无法在交流活动中产生归属感；另一方面是教师在遇到问题时，更倾向于向周围熟悉的人或者同伴进行倾诉。

（二）未提供心理辅导资源及专业的心理疏导服务

无论是在线上还是在线下，远程机构均没有向教师提供有关心理疏导的资源，也没有向教师提供专门的心理辅导咨询服务，使得教师在遇到有关问题时，不能得到直接的、专业的帮助。

导致该问题的原因有两方面：一方面是在针对教师混合式学习支持服务的设计中，远程培训机构并未考虑为教师提供心理辅导服务；另一方面是学校、远程培训机构以及师资培训中心并未重视教师心理辅导，认为教师是具有自我调节能力的成年人，能够进行自我心理疏导，并未意识到教师作为远程学习者，在学习过程中也会产生孤独感、挫败感等，如不能得到及时的疏导，将会严重影响教师的后续学习。

(三)线下交流活动频率较低

保持一定频率的线下活动,专家、优秀教师等定期对教师进行现场指导,能及时解决教师在实际应用中的问题,增强教师的学习动力,以及教师在学习活动中的归属感,从而使教师获得情感支持。但调研显示,线下活动组织频率普遍较低,且部分教师在活动中没有充足的时间和学习同伴、专家等进行交流。

导致这些问题的原因有两方面:一方面是学校、师资培训中心对线下活动的时间分配不合理,专家或者优秀教师单方面讲述过多,而与教师的交流时间过少;另一方面是学校和师资培训中心没有做好教师分批次、分层次地进行在线下活动的安排。

第四节 教师混合式学习支持服务的对策与建议

笔者通过对教师混合式学习支持服务的问题及原因的分析发现,远程培训机构在管理支持服务、技术支持服务、学术性支持服务、情感支持服务方面都存在着一定的问题。因此,本研究据此给出了以下的对策与建议,希望能为今后教师混合式学习支持服务的改进提供一些思路。

一、管理支持服务层面

(一)远程培训机构组建课程学习管理团队

专业的课程学习管理团队是保证教师远程学习顺利开展的影响因素之一,因此,远程培训机构应组建专业的课程管理团队,对教师的学习进度进行全程跟踪,对"掉队"的教师、长时间未学习的教师进行必要的调查和提醒,不但要通过平台的消息通知进行提醒,也要通过邮件、QQ、短信等方式进行提醒,确保教师能顺利地完成线上学习。专业化的课程管理团队在一定程度上能降低教师的"辍学率",同时能提高教师远程学习的质量。

（二）分层组建管理团队,实行行政、业务双线管理

首先,远程培训平台、师资培训中心、学校相关负责人要将教师发展作为重心,重视教师远程培训工作。其次,建立师资培训中心、远程培训平台、学校三级培训管理指导团队,由师资培训中心牵头,遴选本区域内负责远程培训的组织管理人员,指导、组织区域内的活动；校级培训指导管理团队成立校级项目管理、业务支持和技术保障三类项目团队,组建以各个学科教研组长和骨干教师为核心的校级项目指导团队,有效指导本校教师开展远程学习、校本教研、线下实践相结合的各类研修活动；加强师资培训中心、远程培训平台、学校之间的协作交流,保证远程培训的持续性开展。

（三）建立综合推动机制

教育局、学校应当充分考虑教师的发展需求,将教师的继续教育、培训等结合起来,建立合理的教师学习激励机制和科学的评价体系。例如,开展校级、县（市、区）级、厅级等各层次的比赛,并给予相应的奖励和认定；并且还要探索学分制、学分银行等新型学习认定方式；扩大优秀学员的比例；建立"微认证"制度；将远程培训考核列入职称与教师资格注册等相关考核中,使得更多的教师积极参与,认真学习,养成自觉学习的习惯,提高专业素养。

二、技术支持服务层面

（一）应用新技术,满足教师个性化学习需求

利用云计算、大数据、物联网、移动教学等新技术,为教师建立人性化、个性化的自主学习环境和气氛。例如,跟踪和记录教师在网上的学习过程,运用学习者特征分析技术,主动推送有关资料、课程,形成个性化资源推荐模式；对教师网上学习进行数据跟踪、行为统计,以此为依据,适时地对教师的学习进行评价及引导；允许教师通过培训平台建立或整合学习资料、自

主建立学习伙伴群等,并提供以学习者为中心的学习支持服务,激励教师学习,提高教师学习和发展的积极性。

(二)建立线下技术支持服务团队

学校及师资培训中心应当重视对教师技术的支持服务,并建立专业的技术支持服务团队。该团队的组建应以学校为单位,由学校中信息技术能力较强、学习能力较强、具有服务精神的教师组成,而师资培训中心则负责对组建的团队进行相应的培训和技术指导。技术支持服务团队的教师则负责其所在学校参与培训的教师的技术培训、技术问题解决,通过开展集体学习、个别指导等活动,保证每一个教师的问题都能得到解决,并获得相应的操作能力。同时,该团队的成立也使教师明确了在学习过程中遇到技术问题时应该向谁"求助"的问题。

三、学术性支持服务层面

(一)加强对辅导教师的培训

辅导教师必须把以教师为中心作为着眼点,熟悉网络环境中教师学习的特点和需求。因此,远程培训机构首先应加强对辅导教师的培训,在选择辅导教师时可选择参与过网络教学或者具有相关学科背景的人员,其次还要有相应的岗前培训,以使辅导教师能明确自己的工作职责,即辅导教师不仅要解决教师在学习过程中遇到的困难、批改作业,还要组织讨论活动,积极与教师进行交流,熟悉网络学习环境中教师学习的特点。同时,远程培训机构也要安排相应的职后培训,提高辅导教师的组织交流能力,并对辅导教师的工作进行考核,以增强辅导教师的专业性,促使辅导教师更加主动地为教师提供服务。

(二)及时更新资源,建立本土化生成性资源库

学习平台中的课程资源虽然丰富,但要善于根据教师的需求及时更新课程资源,根据教师的反映及时更换质量较差的视频,对各类资源严格把控,

精心加工；适当增加课堂实录这类实践分析类课程资源，让教师学到理论知识的同时也学到实用性知识。教师在线上学习过程中会产生大量的生成性资源，同时在线下活动中，教师对从线上学习获得的理论知识进行实践打磨之后，也会产生优秀课例、教学设计等生成性资源，可通过学习平台对这些资源进行汇总、分类和筛选后，再重新呈现于平台之上，以使更多的教师特别是青年教师进行更加深入的学习，并不断丰富知识、提高技能等。这些生成性资源经过不断的打磨和完善，逐渐成为教师喜爱的本土化资源，同时也为学习平台提供了更加有价值的本土化课程资源，有利于切实解决课程资源不够贴近教师实际教学的问题，也使得教师更乐于学习，乐于在教学活动中应用所学，进而促进教师的专业发展。

（三）实行"三段式"测评

在教师远程培训的不同阶段给予教师及时有效的评价和反馈，能够促进教师在不同的学习阶段及时调整自己的学习进度及学习策略，因此，实施"三段式"测评，有助于教师对学习过程的自主监控。"三段式"测评，即在培训前，远程培训机构对教师进行"前测"；在培训过程中，学校、师资培训中心通过校本教研活动、工作坊活动、学科组活动等线下活动对教师进行"期中测评"；在培训结束后，由学校或师资培训中心对教师进行发展性测评，结合远程培训机构对教师的考核对教师的远程学习进行总结性评价。通过及时的评价和反馈，增加教师对培训的内在需求，增强教师的实践和反思能力，真正提升远程培训的质量。线上与线下评价相结合能更加全面地对教师进行评价，因此是教师所期望的评价方式。

（四）加强线下活动的针对性

线下活动作为教师远程学习的重要部分，有着不可替代的作用。线下活动不但包括教师自主进行的将所学知识应用于实际教学中的活动，而且包括学校、师资培训中心组织的各种答疑、示范观摩、指导等活动。因此，学校、师资培训中心在组织活动前，应该充分、深入了解教师的需要，并以此为依据提供相应的活动。例如，学校或者师资培训中心应该主动对教师学习过程中产生的问题进行收集,并且将有同类问题的教师集中组织起来参加有关专题的学习活动;学校和师资培训中心在组织专家讲座、优秀教师经验分享等活动时,应控制专家或优秀教师单向讲述的时间,以留出更多的时间与参与活动的教师进行交流等。

四、情感支持服务层面

(一)线上服务:化"被动"为"主动"

在中小学教师远程培训中,有效的交流互动可以促进学习共同体的产生,也可以化解由远程学习带来的孤独感、厌学等负面情绪。平台可通过收集相关的咨询问题,制订解决方案,形成微视频,根据大数据分析,定期主动为教师推送有关微视频;开设匿名心理咨询窗口,为教师提供释放压力的渠道;辅导教师定期主动对教师进行回访,增强教师的参与感,在组织讨论活动时,积极与教师交流,及时解决教师提出的问题,做好讨论活动的相应总结;增设教师互评等方式,化"被动"给予教师情感支持服务为"主动"提供情感支持服务。

(二)提高线下活动频率

提高线下活动的频率,以使每名教师都能参与其中,消除远程培训带来的负面情绪,保持教师的学习激情,提升教师的专业能力。师资培训中心和学校应在考虑教师工作量的基础之上,组织各种教研活动,教师可以通过参与这些活动解决在远程培训以及实践应用中所产生的问题或困惑;同时,在组织专家讲座、课程观摩等活动时,学校或师资培训中心应与专家或优秀教师沟通活动流程,确保其能有足够的时间同教师进行交流。通过各种线下活动,教师与专家之间、教师之间相互交流探讨,促使教师自发形成学习共同体,增强教师在学习过程中的归属感和学习动机,进一步提高中小学教师的远程培训质量。

第九章

教师混合式学习质量保证体系

第一节 教师混合式学习质量保证的含义及其构建

一、教师混合式学习质量保证

（一）远程学习质量

教育质量是对教育水平和教育效果的评价，最终体现在培养对象的质量上，衡量标准是教育目的和各级各类学校的培养目标。王敏等将远程学习质量概括为以下几点：学习质量即评价；学习质量即程度；学习质量即培养独立的学习者；学习质量即实现目标；学习质量即期望的满足；学习质量即发展；学习质量即一个多维的复合概念。[1]

根据以上定义可以发现，目标的实现与否限制着学习质量的高低，因此，笔者认为目标是学习质量的重要因素，在本书中，学习质量就是目标的达成度，那么，远程学习质量就是远程学习活动结束后所达到的目标程度。

（二）远程学习质量保证

根据 ISO9000 系列标准之 ISO8402 基本术语中的定义，质量保证是指为使人们确信某实体能满足质量要求，在质量体系内实施并按需要进行证实的

---

[1] 王敏，蔡晓东，骆元. 2010. 浅谈远程教育质量观和质量标准的建立. 中国电力教育，(36)：17-19.

全部有计划和系统的活动。①

上面说的是普遍适用的"质量保证"的定义。在远程教育系统中,"质量保证"的内涵可以这样理解:远程教育机构制定课程目标,并依据该目标对教育结果进行评价的过程。这个过程涉及对课程内容、教学策略、资源、支持服务的检查,评价它们是否共同改善了学习环境,并保证了学生的学业成绩。②

结合以上远程学习质量及质量保证的定义,笔者将本书中的远程学习质量保证定义为:依据远程学习目标,实施一系列计划和活动,以保证该目标的实现。

(三)教师远程学习质量及其保证

1. 教师远程学习质量

教师远程学习质量,即教师在远程学习活动结束后所达到的目标程度。那么,中小学教师远程学习目标是什么?笔者认为,之所以开展中小学教师远程学习,要从信息化的大背景出发来认识此项工作的深层意义,信息时代的教师不仅要做好自身的教学工作,更要学会数字化的生存与发展能力。因此,通过远程学习,教师应达到以下三个目标。

其一,知识与技能目标:通过远程学习,教师在师德、专业理念、专业知识等方面有所获得和发展,即具备应有的师德、丰富专业知识、更新专业理念等。

其二,过程与方法目标:通过远程学习,教师不仅仅要学到知识和技能,而且要掌握信息时代的学习理念、过程和方法,学会利用网络等现代信息技术来实施自我学习与发展,具备数字化生存与发展的意识、习惯和能力。

其三,情感、态度、价值观目标:通过远程学习,教师要有愉快的远程学习体验,并形成积极的态度、情感及正确的认识观和价值观,从而建立起一种常态化的远程学习意识与习惯,促进终身学习。

三维目标的达成情况是远程学习质量的具体体现,考察中小学教师远程

---

① 转引自陈丽. 2004. 远程教育学基础. 高等教育出版社: 155.
② 陈祎, 陈丽, 殷丙山. 2002. 远程教育质量保证的系统观与评估方法. 中国电化教育, (12): 55-59.

学习质量情况就是从此三维目标出发，考察其目标达成的程度。[①]即通过远程学习，教师在知识与技能，过程与方法，情感、态度、价值观三方面的达标情况。

2. 教师远程学习质量保证

依据上文对远程学习质量保证和教师远程学习质量的定义，可知教师远程学习质量保证就是依据教师学习目标，实施一系列计划和活动，保证教师远程学习三维目标的实现。

（四）教师混合式学习质量保证的定义

依据第三章对教师混合式学习理论内涵的界定，混合式学习是教师参与远程学习的重要方式，即通过线上线下相结合的方式开展远程学习，达到知识与技能，过程与方法，情感、态度与价值观三维目标的实现。教师混合式学习质量保证就是，为了保证三维目标的实现，面向线上线下相混合的学习，设计和实施一系列促进和保证学习质量的计划与活动。

（五）教师混合式学习质量保证体系的定义

依据远程学习质量保证、教师远程学习质量保证的定义，笔者将本书中的教师混合式学习质量保证体系定义为：为了达成教师混合式学习目标，按照教师混合式学习目标的要求，组织实施的各种学习保证措施和相应的监控手段等的综合体系。

二、教师混合式学习质量保证体系的构建

（一）构建思路

笔者从两个方面来构建教师混合式学习质量保证体系：一方面依据教师混合式学习质量保证体系的构建思想，这是理论依据；另一方面依据教师混合式学习质量现状和影响因素，这是现实依据。

---

① 贾巍，黄兰芳. 2016. 农村中小学教师远程学习实效性：内涵、现状及提升策略研究. 中小学教师培训，（1）：35-38.

（二）构建思想与现状和影响因素

1. 构建思想

（1）理论基础及其对构建质量保证体系的启示

第一，成人学习理论。美国成人教育家诺尔斯（Knowles）的成人教育思想是西方成人学习理论的主要代表。基于该思想，成人学习的主要特点可以总结为如下三点：自主学习能力较强；个体生活经验对学习活动具有较大影响；适合采取以问题中心或任务中心为主的学习。①

该理论对构建质量保证体系的启示为：本研究是关于成人学习质量保证的，运用成人学习理论，有利于笔者依据成人学习特点来构建质量保证体系。本研究中的成人学习者是具有丰富教育教学经验的、个性化的中小学教师，因此结合成人学习的特点，一方面，可以为学习者提供具有针对性的课程，这是由于在实际生活和学习过程中，学习者已经获得了大量的知识经验，并且形成了自己独特的学习风格；另一方面，可以设置适切的教学方式，如案例教学、任务型教学法等来激发教师的学习兴趣和动机，满足其学习需求，以此保证和维持教师学习动机，进而提高其学习质量。

第二，全面质量管理理论。自 20 世纪 80 年代后期以来，西方一些发达国家的教育领域掀起了学习和贯彻落实全面质量管理（total quality management，TQM）的热潮。TQM 的概念是由美国国防部于 1989 年提出的。在 21 世纪，全面质量管理思想成了影响远程学习质量保证的重要理论。菲根堡姆于 1961 年在其《全面质量管理》一书中从三个方面提出了全面质量管理的内容：首先，"全面"指必须综合运用各种管理方法和手段，充分发挥全员作用，从而更全面地去解决质量问题；其次，"全面"还指对全过程的管理，不能仅局限于对生产过程实施控制；最后，"质量"应是"最经济的水平"与"充分满足顾客要求"的和谐统一，离开经济效益和质量成本去谈质量是没有实际意义的。②

---

① 陈丽. 2011. 远程教育. 北京：高等教育出版社：134-135.
② 转引自余光会. 2007. 电大现代远程教育教学内部质量保证体系研究. 天津：天津大学硕士学位论文：1-56.

第三，系统理论。系统理论认为系统是由若干相互作用、依赖的要素组成的，具有某种特定功能的有机整体。系统通过信息的传递和反馈来实现某种控制作用，以达到有目的地影响系统的发展并获得最优化的效果。系统科学的基本原理有整体原理、反馈原理和有序原理。[1]

该理论对构建质量保证体系的启示为：混合式学习本身就是一个系统，教师混合式学习质量保证体系的构建就是从系统论角度出发，以系统理论为依据，通过科学分析，完成质量保证体系的构建。

（2）教师混合式学习质量保证体系的构建思路

第一，面向教师的混合式学习。其中包括：①面向线上线下的混合式学习。面向教师的混合式学习要利用线上线下学习的优势，并将线上学习与线下面授的优势有机结合，共同优化学习效果。另外，面向教师的混合式学习要以学习者为中心，以教师为主导，以学习者为主体，线下面授要根据线上教师网络研修效果及时做相应的调整，确保教师的学习质量逐步得到提升。②学习质量应关注三个维度。通过前期调研和实地访谈得知，专家、管理者及参加网络研修的教师认为，影响教师混合式学习质量的因素排名前四位的分别是时间因素、学习态度、课程资源、后续指导。因此，笔者认为要保证教师混合式学习质量，就要关注影响教师混合式学习质量的核心因素，为了更全面系统地构建教师混合式学习质量保证体系，笔者依据现状调研、概念界定和理论基础，提出将为何、学何、如何这三个学习质量应关注的维度作为构建质量保证体系的指导思路。其中"为何"就是指要关注教师的学习目标和学习动机；"学何"就是要建设好适合教师学习的、高质量的课程资源；"如何"就是要关注教师的学习过程和学习方式方法等。这三个维度相辅相成、层层递进，共同保证教师混合式学习质量的全面性和系统性。

第二，体现系统思想和全面质量管理思想。依据成人学习理论、全面质量管理理论、系统理论对本研究的启示，笔者认为，教师混合式学习质量保证体系的构建要贯彻落实系统思想和全面质量管理思想。①系统思想：谁来

---

[1] 何克抗，李文光. 2005. 教育技术学. 北京：北京师范大学出版社：22.

保证、保证什么、如何保证。谁来保证是指教师远程学习质量保证的主体，保证什么是指质量保证的内容，如何保证是指质量保证的方法论。这三者相辅相成，共同构成教师远程学习质量保证体系。②全面质量管理思想：过程与结果。教师网络研修的质量问题反映出过程管理存在薄弱环节，因此，加强对教师网络研修的质量管理就是要加强过程管理，使得线上与线下学习有机结合，过程与结果共同支撑全面质量管理的实效性，"全面"也提醒我们要时刻关注过程和结果，即加强过程监管和结果评估，提高学习质量和学习成效。

2. 现状和影响因素

根据本研究对中小学教师混合式学习质量的定义，笔者对教师混合式学习质量现状进行了调研，编写了调查问卷（附录13）。问卷内容包括教师基本情况、混合式学习质量的目标达成情况、影响教师网络研修质量的因素。

（1）教师混合式学习质量现状

第一，教师知识更新、技能提升情况较好，课题研究能力一般。调查结果显示，通过混合式学习，大多数教师的知识得到了更新、技能得到了一定提升。其中52.5%的教师认为通过在线学习和线下实践，自己在师德、专业理论、专业知识等方面得到了拓展和提升，教学技能也得到了一定提升，但教学研究能力的提升一般；22.0%的老师认为自己的教学技能得到较大提升。相比之下，教师的课题研究能力较弱，48.0%的老师认为自己的课题研究能力一般，5.0%的教师认为自己的课题研究能力没有得到提高。

第二，教师对混合式学习方法掌握一般。结合混合式学习相关研究，笔者认为教师线上线下混合式学习内容包括看视频、参与讨论和评价、搜索资源、整合资源等，方法包括自主学习、协作学习、理论与实践相结合等。调查结果显示，17.5%的教师认为自己对混合式学习方法掌握得非常好，42.5%的教师认为自己对线上线下混合式学习内容与方法掌握得比较好，40.0%的教师选择了一般。例如，在访谈过程中，有教师谈道：

> 宁要一样精，不要万事通。网上资源很多，课程也很多，对我有启发的，我选择精听，认真做作业，有时间便参加论坛并和同事交流，这样有针对性的自主选择在某种程度上更有利于学习效率的提高。

还有部分教师觉得自己在一路摸索和适应：

> 毕竟传统的学习方式是线下的，对于年轻老师来说，他们愿意接受网络研修，适应力也比较强，但是他们没有足够的耐心去深度学习和付诸实践，很多方法似乎掌握了，其实还停留在表面，有时甚至把网络研修当成任务，并没有真正做到自主学习、协作学习等。

第三，大多数教师对参与网络研修的意向一般。由调查结果得知，50.0%的教师对网络研修的整体感受一般，表明半数教师并未对网络研修形成正确的态度、积极的意识和学习的热情；只有15.0%的教师表示非常愿意学；32.5%的教师表示比较愿意学。为了进一步了解教师对网络研修的意向和感受，笔者深度访谈了几位一线初中和小学老师。

> 我对参与网络研修的意向一般，因为研修过程不是很愉悦，甚至有时不愿意学，一方面，研修内容与我所教学科相关的不是很多，针对性也不强；另一方面，实践性不强，如果专家能定期"送教下乡"，对我们进行技能训练，与我们开展主题研讨、案例分析，并进行示范课展示等，不仅可以帮助我们解决教学突出问题，还可以极大提高我们学习的积极性和成就感。
>
> ——数学学科 G 老师

> 我对参与网络研修没什么意向，一般都是抽时间刷网络学习视频和完成作业。因为带的班级比较多，加上我是班主任，日常工作已经忙得不可开交。另外，遇到问题时，我更喜欢和同行交流，觉得线下的学校研讨会、观摩课让我成长更快，效果也更好。
>
> ——政治学科 H 老师

综合上述现状调查分析可知，通过参与网络研修，教师的知识和技能得到了提升，但方法掌握和学习体验一般，教师更期待高质量的线上线下混合式学习，值得我们深思和积极探究。

（2）影响教师混合式学习质量的因素

根据笔者的调研，教师认为影响其学习质量的因素排名前四位的分别是学习态度、时间因素、课程资源和学习环境，分别占 72.5%、60.0%、57.5%、55.0%。同样，也有不少教师认为后续指导、师资力量、教学方式对其混合式学习质量的影响较大。因此在构建质量保证体系时，要充分考虑这几大因素。

第二节 中小学教师混合式学习质量保证体系

建立完善的质量保证体系，是教师混合式学习质量保证的根本途径。质量保证体系由线上质量保证体系和线下质量保证体系两部分组成，其中线上质量保证体系是远程机构质量管理活动过程的有机整体，包括计划制订、组织领导、过程监控等；线下质量保证体系是除远程机构以外的机构，主要指当地教育部门和学校。

远程机构的质量保证是整个质量保证体系的核心，或者说是保证教师混合式学习质量的内因。线上质量保证体系应该全面体现影响质量的各个要素，并使之形成有机、可控的整体。

综上，依据教师混合式学习质量保证的内涵、构建思想及现状和影响因素，得出教师混合式学习质量保证体系由线上质量保证体系和线下质量保证体系构成，笔者据此构建出中小学教师混合式学习质量保证体系（图9-1）。

依据中小学教师混合式学习质量保证体系，笔者将从学习质量的三个维度分别具体论述如何从线上和线下共同保证教师混合式学习质量，这三个维度分别是为何、学何及如何。

第九章 教师混合式学习质量保证体系

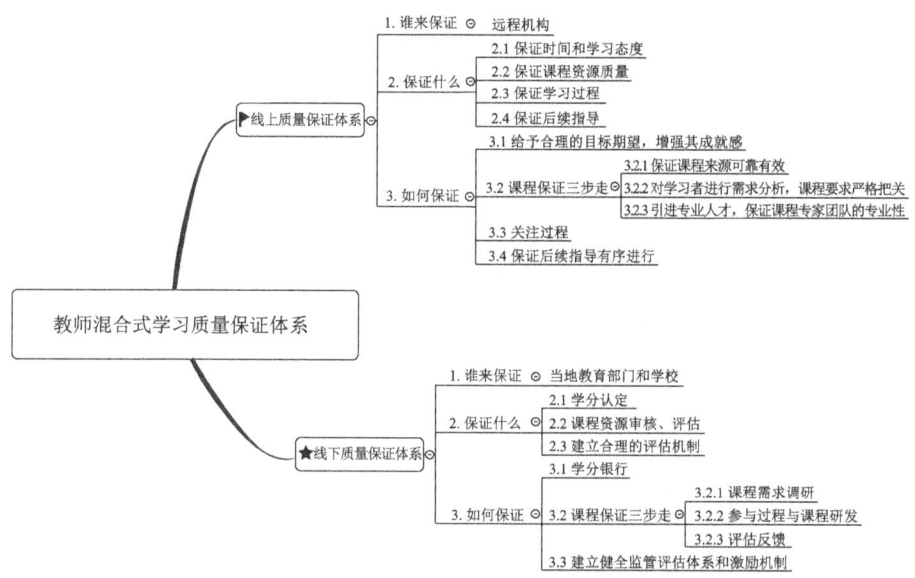

图 9-1 中小学教师混合式学习质量保证体系

一、线上质量保证体系

线上质量保证体系是指远程机构为保证教师混合式学习质量而建立的质量保证体系，分三个层次：一是依据国家有关教师混合式学习发展的方针政策，以及远程机构对人才培养目标和质量规格的要求，对教师混合式学习的各个影响因素进行分析；二是根据教师、管理者、专家提出的影响因素，构建线上质量保证体系；三是采取必要的质量保证措施、全面质量管理和质量监控手段来保证质量保证体系的落实。通过线上学习、线下及时跟进指导，促进学习者线下自主学习，进行问题解决，开展经验分享，以此来保证教师混合式学习的总体质量，实现教师混合式学习发展的科学化和规范化。这是质量保证的主体，也是质量保证的重点。

接下来，笔者将从内部质量保证体系的三个维度出发来具体论述如何保证教师混合式学习质量。其中"为何"即为了教师混合式学习目标的实现，"学何"即课程资源的保证，"如何"即通过过程监管和学习结果评估来保证学习质量。每个维度要解决的问题都是从谁来保证、保证什么、如何保证层层递进、逐一展开论述的。

(一) 谁来保证

远程机构是教师线上学习质量的保证者,是教师线上学习课程的提供者、学习活动的设计者与组织者、学习评价者等,这些课程或活动能否得到有效设计和实施,决定着教师线上学习的质量,因而远程机构是教师混合式学习,特别是线上学习质量的负责者、保证者,其必须以更加专业的水准和高质量的团队,为教师混合式学习提供高效、高质量的学习服务。

(二) 保证什么

1) 保证时间和学习态度。远程机构要依据教师工作和学习的特点合理设置学习时间,采取有效方法调动教师学习的积极性,保证教师学习质量。

2) 保证课程资源质量。课程资源是教师在线学习的主要对象,课程资源质量在一定程度上决定着学习质量,因而,远程机构必须依照《"国培计划"课程标准(试行)》和教师需求,组织专业团队开发符合标准、适切性高、具有吸引力的高水平课程供教师学习。

3) 保证学习过程。远程机构要依据远程教育的基本原理和规律,设计和实施科学有效的学习过程,保证学习质量。

4) 保证后续指导。依据远程学习的原理,远程机构要为教师提供持续性的指导、答疑等学术性支持服务,保证学习质量。

(三) 如何保证

1. 明确目标,给予教师合理的时间安排和目标期望,增强其学习成就感

教师网络研修具有明确的学习目标,然而,很多教师没有足够的时间参加网络研修,导致出现有些教师为了完成任务而不得不"应付挂网+提交作业"的现象。考虑到教师工作的特殊性,合理的时间安排很重要,远程机构可以将课程时间多安排在假期,很多教师表示寒暑假的学习时间更充裕,学习效果也相对好些,所以远程机构在做时间安排时,应该结合各地区实际做

第九章　教师混合式学习质量保证体系

相应调整和安排。

此外，笔者据实地调查和访谈得知，教师的学习态度之所以不积极，是因为其体验感和成就感不强。根据教师的心声和意见，笔者认为，远程机构可以进行案例分析展示，以使教师认识到学习的重要性，给予其目标期望，并给教师提供该目标实现的可能性的合理预期，增强教师达成目标的自信心和恒心。同时，政府部门和学校可以协助远程机构搭建脚手架，促进教师的高效学习。在实践层面，教师应给自己一个合理的定位，根据最近发展区理论，制定适合自己的短、中、长期目标，逐步提升自己，注重知识的内化和技能的训练，增强自我效能感。此外，在远程学习中，教师经过持续的学习和协作研究，会创生出相关的学习资源和作品（如优秀的教学设计方案、课堂实录、教学反思、日志等），这些都是教师切实且珍贵的学习资源。远程培训机构的教师应持续关注参训教师的进步并及时给予肯定，重视对他们作品的筛选、整理和展示，以增强他们学习的体验感和成就感。

2. 课程资源质量保证三步走

1）保证课程来源可靠、有效。课程来源的可靠性和有效性对教师远程学习的质量有着重要影响，而严格有组织的课程研发是保证课程来源有效性的重要途径。对于其具体实施过程，笔者将在接下来的面向过程的教师混合式学习质量管理体系中的课程研发部分具体阐述。

2）对学习者需求进行分析，对课程要求严格把关。远程培训机构要通过问卷调查、实地访谈等方式了解一线教师的实际需求，并综合考虑教师混合式学习的各方面需求，围绕教师学习时间的安排、学习内容的选择、学习项目的整合、培训作业的布置、线下学习的需求、学习方式的接受程度，尽可能做到因材施教，因地制宜，深度了解和分析学习者的学习需求，并据此制订详细的实施计划。

教师是通过网络研修来提升技能和丰富知识的，因此，课程质量严重影响着教师的学习质量，远程机构对课程质量一定要严格把关，对从课程的来源、课程研发到课程实施、课程调整等一系列实施过程要严格监控、跟进，可建立课程专家小组来专门把关，以为教师网络研修提供适切且丰富的课程。

3）引进专业人才，保证课程专家团队的专业性。课程专家团队的质量对课程质量起着至关重要的作用,笔者在研究远程教师专业性及登录宁夏"国培"研修网观察和研究后,认为远程教师的专业能力主要表现为:能够组合利用多种媒体和教学资源来促进学习者自主学习,能够组织、协调和指导学习者开展线上或线下的小组协作学习等。此外,远程教师需要从专家型教师向研究型教师转变,从学习者需要出发,与同事不断合作创新,来提升学习者的学习能力、教学能力和实践应用能力。

综上,课程专家团队要有良好的教学能力、学习能力、管理能力和研究能力。此外,远程机构对课程专家团队的质量要求很高,目的是保证其专业性和可靠性,从而有效保证参加网络研修的教师的学习质量和成效,因此,引进专业人才,并制订详细的人才培养计划和激励机制是保证课程专家团队专业性的有效途径。

3. 关注过程:学习过程监管与学习结果评估

教师混合式学习作为远程教育的一种特殊形态,同样具有产业化的特征。传统行业的质量管理理论和方法往往侧重结果,不重视对过程的有效管理和监管。然而,教师混合式学习既要重视结果评估,更要重视学习过程监管。

PDCA[①]循环是全面质量管理最基本的工作流程,如图9-2所示。

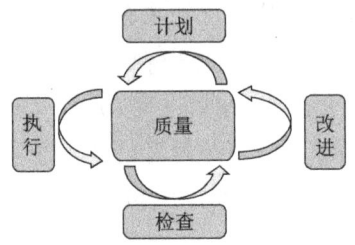

图 9-2 PDCA 循环模型

美国著名的管理专家戴明博士首先提出 PDCA 循环理论,其中,计划是对培训所要达到的目标及目标实现进度过程的筹划;执行是执行计划,是为达到预期效果所采取的一系列活动措施;检查是对执行过程中的活动和成果

---

① P,即 plan(计划);D,即 do(执行);C,即 check(检查);A,即 act(改进);简称 PDCA。其中改进也可称作总结。

第九章 教师混合式学习质量保证体系

进行评价并适时修正;改进是对总工作完成以后所进行的总评价。[①]

如果对结果不满意就返回计划阶段重新开展各环节;如果对结果满意就对解决方案进行标准化及优化。PDCA 循环作为企业质量管理理论,之后被逐渐引入教育管理领域,它同样可以用于教师混合式学习质量保证的管理过程中。

《教育部关于大力加强中小学教师培训工作的意见》明确提出,要创新教师培训模式方法,提升教师培训质量,构建教师培训质量评估机制,完善教师培训质量评价体系,加强项目过程评价和绩效评估。同时,教师培训学习的质量也受到各地教育行政部门的重视。本研究基于 PDCA 循环的管理思路,初步构建了面向过程的教师混合式学习质量保证管理体系(图 9-3),旨在加强对教师混合式学习工作的管理,并建议教师混合式学习相关培训机构在进行线上质量管理时,最好成立专门的质量管理团队对 PDCA 循环的各个环节进行定点控制,从而形成标准化、常态化的质量管理模式,发挥教师混合式学习的最佳效益,更好地帮助教师实现自我完善和专业发展。

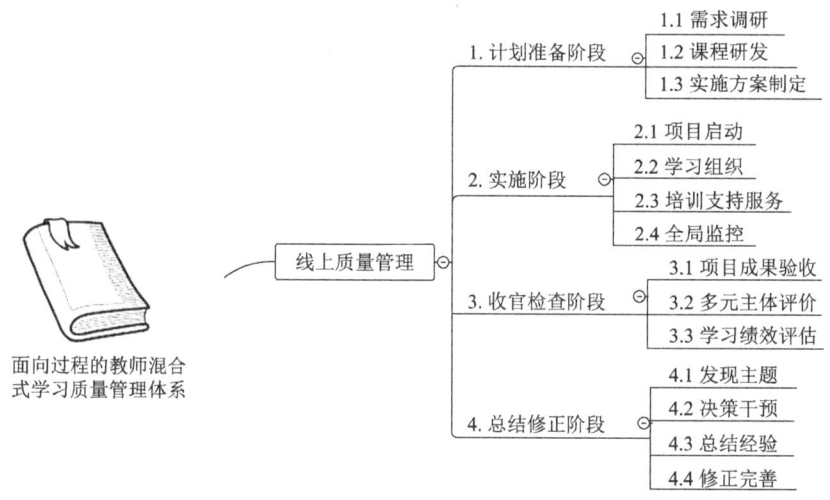

图 9-3 面向过程的教师混合式学习质量管理体系

线上质量管理是指以教师混合式学习的相关培训机构为主体,在学习质

[①] 李波. 2010. PDCA 循环理论在高校教学质量管理体系中的应用. 现代教育科学,(5):51-53.

量评价的基础上，按照一定的程序，对影响学习质量的各个要素和学习过程的各个环节进行认真的规划、检查、评价、反馈和调节，以确保学习按计划进行，并达到预期目标的过程。按照教师混合式学习的工作流程，教师混合式学习的组织者可以形成一个开放的循环机构，通过不断的循环实现学习质量的持续改进和可持续发展。

教师混合式学习质量管理是一项系统工程，面面俱到很难做到，只有对各个阶段的重点环节进行重点把控，才能保证教师混合式学习的整体质量。下面笔者对教师混合式学习四个阶段的重要环节进行一一论述。

（1）计划准备阶段

计划准备阶段应该以目标为导向、以教师需求为依据。该阶段主要包括需求调研和分析、课程研发及实施方案制订。

第一，需求调研和分析。在教师混合式学习计划准备阶段，为了保证学习方案的科学性，一切活动都应该建立在进行充分的需求调研的基础上。需求调研的方法有问卷调查、实地访谈等。在调研过程中，应该从学校和教师的工作实际出发，综合考虑教师混合式学习的各方面需求，围绕学习时间的安排、学习资源的选择、线下监控组织、专家团队、理论与实践的结合等方面进行反复论证。需求调研要兼顾教师个人及其所在学校、基础教育发展三方面的需求，科学地确定教师混合式学习的总需求与各项子需求。

第二，课程研发。课程研发是以培训需求为依据，组织相关专家针对课程内容和授课形式进行深度探讨，进而研发出一套适合教师专业发展的理论与实践相结合的特色课程。课程是教师混合式学习的媒介，是提高教师学习质量的主要内容。[1]

就课程内容来说，课程的设置要突出创新，着眼于提高教师的专业素质。此外，还要关注学科内容的学习，目的是提高教师对重点的把握以及掌握教学进度的能力。学科内容的学习是理论知识用于教学活动的一个示范案例，可以指导教师将所学知识灵活应用到实际的教学活动中。[2]

就课程形式来说，要尽量采用互动参与式教学方法，如案例教学法、活

---

[1] 刘金华. 2013. 区域教师培训课程体系建设应把握的几个原则. 中小学教师培训，（10）：9-11.
[2] 张学伟. 2014. 践行新目标，创新中学教师培训管理模式. 吉林省教育学院学报，（11）：110-111.

动教学法，来提高教师的学习参与度。通过加强师生互动、生生互动、师师互动来提高学习者的积极性与主动性，实现教师的有意义学习。

第三，实施方案制订。实施方案制订应注重线上和线下学习相结合的活动设计，相关教育行政部门应合理安排线上学习和线下"送教下乡"活动，丰富学习形式，注重学习者与专家的互动，开展跟岗实践、观摩课、磨课等活动，要由单纯的网络研修转向线上与线下有效结合，面对面的学习和实践要比"挂网+提交作业"的效果更佳。就学习者本身而言，可以多参加本市、全地区乃至全国的优质课学习、教学基本功大赛以及教学观摩研讨会，更加重视线上学、线下用，增强学习的自主性和研究性，要由学习型教师向研究型教师转变。

（2）实施阶段

教师混合式学习的实施阶段应该以效率为导向，以服务教师为根本出发点和落脚点，切实提高教师的专业素养和教学技能，促进其专业发展。该阶段主要包括项目启动、教学活动组织与资源管理等各个环节的质量管理，并应非常重视学员的参与，学员参与的过程就是意义建构的过程。为了更好地吸引教师的参与，培训学习形式要不断创新。如果条件允许，远程机构可以缩小学习班级的规模，以促进不同学校的参训教师进行经验交流、分享学习心得，总结经验教训。总而言之，该阶段要最大化地活跃学习氛围，最大化地实现教师混合式学习，多关注教师参加网络研修后的线下实践情况，理论结合实际，不断探索和改进，有条不紊地提升教师混合式学习质量。

第一，项目启动。为了增强学习效果，加强学习者之间的协作，远程机构可以在平台发起"one minute show"活动，要求每个学员上传一分钟的自我介绍微视频；也可以在平台发起如"学科组织"的团队建设活动，鼓励大家根据不同学科自由组队，以增进大家的互相认识和了解。

第二，学习组织。区别于远程学习，教师混合式学习的实施过程是由培训教师与参训教师在平台上的互动和线下交互共同构成的。因此，对于培训机构来说，除了做好培训过程的支持服务外，更多的是关注线下学习过程和实施效果，完善的培训支持服务和线下的协调有效互动对于保证教师混合式学习质量具有重要意义。

第三，培训支持服务。为了增强学习效果，教师混合式学习可以定期开展一定的面对面支持服务，如组织教师参加集中辅导、线下研讨等片区送教活动，让教师与培训专家面对面交流；也可以定期开展专家座谈会、名师指导下的专题研讨等，来增加教师与专家面对面学习交流的机会。这主要由教师混合式培训机构和地方培训机构配合完成。

第四，全局监控。在培训项目实施过程中，教师混合式学习培训机构要做好全局监控工作，开展诊断性评估和过程性评估。过程性评估的目的就是通过与预期结果的比较，检查培训项目实施中出现的问题和偏差，及时做出反馈和调整，尽可能使项目的开展按照预定的计划和预期效果进行。教师混合式学习培训项目过程性评估常用的方法有以下几种。

①实地考察和监督指导，看教师有没有改进教学，学习效果如何，学习过程中有没有障碍和需求，相关部门和教师可以提供什么帮助。

②定期电话回访参训教师，多与其交流，了解其学习状态。

③增加人际交流，多些人文关怀。

④分阶段撰写并不定期审查项目进度报告，分阶段进行访谈。

⑤定期举行教师研讨会，教师之间互评观摩课等。

⑥采取激励办法，如实施中期表彰、颁发荣誉证书、组织团建旅行等，增强大家的学习意识和竞争意识。

（3）收官检查阶段

第一，项目成果验收。项目成果验收通常是以报告的形式，将教师混合式学习的整体实施情况向教师培训管理部门或培训机构汇报。

第二，多元主体评价。培训效果的评价主体应具有多元性。多元主体评价通常包括学习者评价课程内容、学习者评价辅导教师的线下跟进情况、质量管理人员评价整个培训项目开展情况等。在培训项目结束后，进行学习者在线满意度问卷调查和实地考察及访谈，了解学习者的培训感受，听取学习者的意见和建议，增强学习者的混合式学习效果。

项目负责人和成员合理分工，明确各自职责，按质量标准和预期效果对学习者进行评估，成果验收要秉承公平公正的原则。线上和线下既可按比例进行打分，如线上线下各占40%、60%；也可按各自标准进行验收，如线上依据教师学习考核标准进行评估，线下要注重学习后的实践产出，可采取进班听课，访谈其学生、同事及领导，以此来了解他们的教学理念和教学行为的转变情况等,尽可能做到全面综合评价。

第三,学习绩效评估。评估作为一种完全整合到学习过程中的策略,被视为一种学习和过程的反馈机制,应该是可持续的、形成性的,目的是促进学习目标的达成和学习技能的获得。对教师的学习绩效进行评估,可以设置几个维度,如教师的学习状态、线下做了哪些改变、取得了哪些成果、上课时学生的表现、所带班级学生档案袋记录、教学成绩、教师的研究型报告、实践改进情况等。

(4)总结修正阶段

总结修正阶段应该以激励为导向,主要是根据绩效评估的结果对整个教师混合式学习工作进行总体评价和总结,肯定成绩,奖励进步,并为下一个循环奠定基础。该阶段主要包括发现问题、决策干预、总结经验、修正完善等各个环节的质量管理问题。

在总结修正阶段,要对学习内容、师资队伍、学习模式、教师参与度等进行评价,全面总结得失。这是教师混合式学习培训机构总结经验、得失的关键,是教师学习和实践的升华。[①]

4. 保证后续指导有序进行

教师参加培训学习后的系列工作是重中之重,如跟踪访谈,实地切身指导他们改进教学,帮助他们在线下灵活运用在线上学习的知识和技术,并大范围地对培训学习结果进行匿名评估,并公布评估结果,开展总结提升工作。

远程机构可以利用教师网络研修工作坊,切实推行集中面授、网络研修和线下实践相结合的混合式学习,帮助教师在学习和实践中不断提升。集中面授要重点关注问题解决、名师引领、案例展示和实践检验,帮助教师制定个人发展目标,掌握混合式学习方法,明确发展空间及渠道,形成个性化提升方案。网络研修要利用个人空间-教师空间-研修工作坊网络研修体系,构建教师学习共同体,通过专家跟岗实践指导、同伴交流、即时反馈和成果分享,推进教师常态化学习。同时,线下实践要结合区域、市级研修与校本研修,教师要通过参加线下有组织的学习和自主、合作、探究学习,实践所学

---

① 郑彩国. 2014. PDCA 视域下中小学教师培训质量管理探析. 中小学教师培训,(7):20-22.

内容，形成个人研修成果，加深对本专业学科的深度理解，提升解决实际问题的能力，定期总结教学经验，撰写教学反思日志。这一系列后续指导工作的有序进行有助于质量保证体系的调整和完善。

二、线下质量保证体系

线下质量保证体系是指以当地教育部门和学校为主，为保证教师混合式学习质量而建立的质量保证体系。由图 9-1 可知，线下质量保证体系主要是保证学分认定，课程资源审核、评估及建立合理的评估机制。

（一）谁来保证

当地教育部门和学校是线下质量保证的负责者。要保证教师混合式学习质量，除了远程机构保证线上学习的有效开展外，当地教育部门和学校要肩负起对教师线下实践应用和教研的监管、组织、考核以及教师学习课程资源的审核和评估等责任。因为远程机构是培训的承担者，主要负责课程质量、混合式学习活动设计和线上学习组织等，但线下活动的有效落实和监管，还需要当地教育部门和学校的配合和反馈，同时，当地教育部门和学校肩负着远程课程质量的监督和评估责任，这样线上线下的有效协作能够有效保障教师混合式学习质量。

（二）保证什么

1）保证学分认定。学分认定对教师学习积极性的调动和学习质量的保证有重要作用，当地教育部门和学校可以依据当地实际开展教师混合式学习的学分认定。

2）保证课程资源审核、评估。课程资源是否可用、质量如何，需要当地教育部门会同学校对其开展质量审核和评估，并监督和促进远程机构不断提高课程质量，以保证教师学习质量。

3）当地教育部门和学校建立合理的评估机制，保证教师混合式学习质量。学习评估是教育质量保证的重要途径，当地教育部门和学校要建立健全科学有效的教师混合式学习质量评估机制，开展及时有效的评估和反馈，并与远程机构等培训承担者保持及时有效的沟通，以促进教师混合式学习质量的提升。

（三）如何保证

1. 建立学分银行

学分银行是终身教育体系中的重要平台与机构，作用是为教师网络研修的学分积累、转换与认证服务的。学分银行可以为教师建立个人终身学习档案，也可以对教师的各种学习成果进行认定、转换和兑换，并授予其相应证书。[①]

2. 课程保证三步走

1）需求调研。学校要积极组织座谈会、研讨会，教师要积极参与讨论，表达需求，发表对课程研发的意见，配合当地教育部门和远程机构的调研。

2）参与过程与课程研发。当地教育部门和学校要积极参与课程研发，发挥监督和提建议的作用。另外，课程研发应有一线教师的参与，这样一来，能促使培训机构在基础设施、课程研发和课程推送等方面达到一线教师的基本要求，课程研发结束后，仍要对教师进行持续跟进，及时根据其实际情况做出相应调整。

3）评估反馈。评估课程资源，课程资源包括课程内容，课程的适切性、丰富性、多样性、格式和编排布局等。

建立网络课程质量评价系统，是实现网络课程质量保证的主要手段。网络课程质量评价是依据对教学目标、教学内容、教学方法以及教学过程的调查和分析，揭示网络教育程序所具有的价值与效果，为网络课程开发提供有效的信息，旨在促进高质量网络课程建设的活动。随着主体多元化评价趋势的发展，课程评价不再只是评价专家的事情，而是与课程有关的各方人士的价值都应在评价中有所反映。[②]因此，网络课程质量评价系统可由网络课程专家，责任心强、经验丰富的任课教师和学生组成。三方建立良好的分工协

[①] 陈丽，谢洵，王晓霞. 2017. 开发远程教育内部质量保证案例集. 北京：北京师范大学出版社：129.
[②] 黎军，王茜. 2004. 论高校网络课程质量保障体系的构建. 中国大学教学，（6）：45-46.

作关系，共同参与课程评价并得出课程质量评估结果。

3. 建立健全监管评估体系以及激励机制

1）建立健全监管评估体系。各地相关行政部门要根据相关标准及现有资源，建立项目实施过程监管与绩效评估相结合的互联网管理系统，以监控培训过程，有效开展培训绩效评估。重点采取专家随机抽查评估和第三方评估方式，开展高质量的教师混合式学习绩效评估。

狠抓绩效评估和跟踪反馈，通过实地走访等形式了解教师的学习成长情况，确保教师的学习质量与水平，通过现场评估、网络测评、电话查访等方法，及时有效地收集各地项目实施过程中的关键信息，进行大数据监管，确保教师学习质量。

2）建立健全激励机制。激励机制不仅要关注教师获得学习成绩、证书的外部动机，更要特别关注教师的真正内在需要，注重激发教师混合式学习的内部动机，增强学习体验和内在自觉，从关注分数的运动式学习走向关注教学的常态化研修。教师的内在需要来自两方面：一是教师教育教学的真实问题解决。教师是带着问题来学习的，真实问题的解决，能提高教师学习的积极性和兴趣。二是自我展示和分享的需要。依据马斯洛需要层次理论，得到他人尊重是人的高层次需要，并且教师是有经验的成人学习者，本身就是学习资源，因而可以开展分享、交流式的学习。基于此，笔者提出从以下方面着手制定激励机制：①将教师教育教学中的问题、需求作为学习设计的起点，组建远程学习共同体，形成教师网络学习家园，采用互动交流的学习方式，真正解决教师实际问题，使远程学习从关注分数的运动式学习走向关注教学的常态性研修。②通过网络平台让每个参与学习的教师都能够展示自我，将自己最亮丽的一面和优势展示出来，与他人交流和学习，获得愉快的学习体验。例如，一方面，对教师在论坛中发布的受到高度关注的帖子推荐为精华帖，对教师在网络学习平台上发布的作业、教学设计、教学故事、教学课例等进行评选和推荐，引起大家的关注，以此激发教师学习的积极性；另一方面，可通过推荐"明星学员"，建立"光荣榜""排行榜"等方式，展示教师学习情况，形成你追我赶的学习氛围，从而激发教师学习动力，调动学习积极性。

附录

教师混合式学习研究相关调查问卷与量表

附录1　教师网络研修现状调查问卷

尊敬的老师：

　　您好！

　　为了提高网络研修质量，进一步了解您的培训需求，烦请您填写本问卷。本问卷采用不记名方式，我们将严格保密您的回答，请在您选择的选项上打"√"，或给出您的建议，衷心感谢您的参与！

一、基本信息

1. 您的性别：
   A. 男　　　　　　B. 女
2. 您的教龄：
   A. 1年以下　　　B. 1—5年　　　C. 6—10年　　　D. 11—19年
   E. 20年及以上
3. 您的学历：
   A. 专科　　　　　B. 本科　　　　C. 硕士　　　　D. 博士
4. 您的学校所在地区：
   A. 乡　　　　　　B. 镇　　　　　C. 县　　　　　D. 市
5. 您所教学科：
   A. 语文　　　　　B. 数学　　　　C. 英语　　　　D. 物理

E. 化学　　　　F. 生物　　　　G. 政治　　　　H. 历史

I. 地理　　　　J. 信息技术　　K. 其他

二、研修准备

1. 您参加网络研修的主要目的是：（多选题）

    A. 交流工作经验

    B. 获得职称晋升的条件

    C. 听从上级主管部门和学校的安排

    D. 解决实际教学中存在的问题

    E. 提高自身的教科研能力，促进专业发展

    F. 完成继续教育任务，获得继续教育学分

    G. 适应教育新形势的需要，学习新理念、新知识、新技能

    H. 其他

2. 您认为网络研修存在哪些不足？（多选题）

    A. 研修方式单一、研修活动形式化、没有实效

    B. 研修平台的导航不清晰

    C. 研修考核评价方式不合理

    D. 缺乏相应的网络研修学习支持服务

    E. 研修内容没有及时更新，不契合实际教学问题

    F. 培训教师不能及时解决参训教师的问题

    G. 网络研修进度安排不合理

    H. 网络研修环境不理想（如网速慢等）

    I. 研修主题零散、杂乱，难以进行深入的讨论研究

    J. 其他

3. 您在网络研修的过程中存在哪些困难？（多选题）

    A. 学校没有学习氛围

    B. 领导不支持、不鼓励教师参加

    C. 学校教学任务重，没有时间参加

    D. 培训教师不熟悉中小学的实际情况

    E. 家庭或个人事务多，没有精力参加

F. 网络研修的内容不符合个人实际需求

G. 上网条件有限,不能很好地支持学习

H. 其他

4. 您认为下列内容对网络研修效果影响最大的是?(选2项)

  A. 培训师资   B. 研修方式

  C. 研修内容   D. 研修评价方式

  E. 研修管理与支持服务   F. 其他

三、研修过程

1. 您所在的学校是否有相应的网络研修与校本研修整合的机制?

  A. 有   B. 没有   C. 正在建立

2. 您每次在网络培训平台的学习时间大概是多久?

  A. 1个小时   B. 2个小时   C. 3个小时

  D. 4个小时   E. 4个小时以上

3. 当您在研修中有问题时,通常会选择以下哪种方式解决?(选3项)

  A. 向同期培训的同事询问解决方法

  B. 向研修平台的在线客服寻求帮助

  C. 向当地培训机构的负责人询问

  D. 在研修平台的论坛中发帖寻求帮助

  E. 在工作坊中向坊主寻求帮助

  F. 向在线培训专家寻求帮助

  G. 其他

4. 您认为目前的网络研修活动中,哪些方面设计得不合理?(选3项)

  A. 研修主题不明确,没有突出重点

  B. 研修内容不够新颖

  C. 研修内容针对性不强

  D. 研修内容实用性不够

  E. 研修活动没有提供清晰的学习目标

  F. 研修活动没有提供清晰的进度安排

  G. 研修活动没有提供清晰的学习建议

  H. 作业设计不合理，没有贴近教学实际

  I. 研修活动的评价考核方式过于单一

  J. 其他

5. 您认为在线研讨存在哪些不足？（多选题）

  A. 学习者参与度不高，交流气氛不浓

  B. 缺乏高质量的学习主题

  C. 管理混乱，缺少统一的制度

  D. 所提问题经常被忽略，没有回应

  E. 所提问题未有详细解答

  F. 辅导教师水平有限，问题解答不专业

  G. 其他

6. 在研修活动中我制定了详细的、可操作的个人研修计划。

  A. 非常不符合 B. 不符合 C. 不确定

  D. 符合 E. 非常符合

7. 您经常参与工作坊研修活动。

  A. 非常不符合 B. 不符合 C. 不确定

  D. 符合 E. 非常符合

8. 坊主在网络平台上发布的研修主题贴近教学生活，让我们有经验可谈。

  A. 非常不符合 B. 不符合 C. 不确定

  D. 符合 E. 非常符合

9. 坊主会组织坊内成员提出问题或对学员的教学设计进行讨论。

  A. 非常不符合 B. 不符合 C. 不确定

  D. 符合 E. 非常符合

10. 坊主会提供支持来帮助学生执行任务。

  A. 非常不符合 B. 不符合 C. 不确定

  D. 符合 E. 非常符合

11. 看了坊主的批改和评论，我会就自己的疑惑和坊主进行讨论，然后上传修改稿。

  A. 非常不符合 B. 不符合 C. 不确定

  D. 符合 E. 非常符合

12. 我会认真阅读每次作业完成后坊主在线发布的点评。
    A. 非常不符合　　　　　　B. 不符合　　　　　　C. 不确定
    D. 符合　　　　　　　　　E. 非常符合
13. 研修活动结束后，我会反思自己在该次活动中的不足与进步。
    A. 非常不符合　　　　　　B. 不符合　　　　　　C. 不确定
    D. 符合　　　　　　　　　E. 非常符合

四、研修结果

1. 通过工作坊网络研修后，您在以下哪几个方面有所提高？（选3项）
    A. 教学背景分析能力　　　　B. 教育目标设计能力
    C. 教学过程设计能力　　　　D. 课堂导入技能
    E. 课堂提问技能　　　　　　F. 课堂讲解技能
    G. 课堂调控能力　　　　　　H. 其他
2. 网络研修内容能解决您日常教学中出现的问题。
    A. 非常不符合　　　　　　B. 不符合　　　　　　C. 不确定
    D. 符合　　　　　　　　　E. 非常符合
3. 培训后，您很少有机会将培训所学应用到实际教学中。
    A. 非常同意　　　　　　　B. 同意　　　　　　　C. 不确定
    D. 不同意　　　　　　　　E. 非常不同意
4. 培训后，您将所学的知识技能应用于工作中并提高了工作绩效。
    A. 非常同意　　　　　　　B. 同意　　　　　　　C. 不确定
    D. 不同意　　　　　　　　E. 非常不同意
5. 培训后，您愿意参加下一轮"国培计划"。
    A. 非常愿意　　　　　　　B. 愿意　　　　　　　C. 不确定
    D. 不愿意　　　　　　　　E. 非常不愿意
6. 培训活动结束后，您自己通过哪种方式巩固所学知识？
    A. 整理平台上其他老师的心得，完善自己的教学反思
    B. 继续思考研修中的有价值的问题，并积极在日常教学中做出尝试
    C. 借鉴其他老师的成功经验，在自己的课堂教学中尝试运用
    D. 什么都不做

E. 其他

7. 当前您所在学校的网络研修与校本研修整合现状如何？
   A. 整合工作效果不好
   B. 网络研修与日常教学不同步
   C. 没有提供丰富的研修资源和研修工具
   D. 没有激励机制
   E. 不注重校本研修
   F. 没有建立常态化的研修机制
   G. 其他

8. 培训结束后，您所在的工作坊还继续开展主题研修吗？
   A. 经常开展　　　　B. 不知道　　　　C. 不开展

9. 您对网络研修中的生成性资源的看法是：
   A. 研修生成性资源很重要，它体现了研修成果
   B. 生成不了优秀资源，可有可无
   C. 生成性资源通常质量不高，没有价值
   D. 没有想法

附录2　中小学教师网络学习平台研究调查问卷

尊敬的老师：

　　您好！

　　为了更好地开展"国培计划"教师网络研修评估，提升教师混合式网络研修效果，特开展专项调研。本问卷采用匿名方式填写，信息不对外公开。请仔细阅读，并在您同意的选项上打"√"。感谢您的支持！

一、基本信息

1. 您的性别：
   A. 男　　　　　　B. 女

2. 您的教龄：

    A. 1 年以下   B. 1—5 年   C. 6—10 年   D. 11—19 年

    E. 20 年及以上

3. 您的年龄：

    A. 20—30 岁   B. 31—40 岁   C. 41—50 岁   D. 51—60 岁

4. 您的最后学历：

    A. 初中   B. 高中   C. 中专   D. 大专

    E. 本科   F. 研究生

二、中小学教师网络学习平台建设与应用情况

1. 您目前所学习的是哪家网站：

    A. 全国中小学教师继续教育网   B. 中国教师研修网

    C. 中国教育电视台   D. 北京奥鹏远程教育中心

    E. 中央电化教育馆   F. 其他

2. 您所学习网站是否满足您的基本学习需求：

    A. 非常满足   B. 满足   C. 一般   D. 不满足

3. 您所学习的网站的功能模块是否完善：

    A. 非常完善   B. 比较完善   C. 基本完善   D. 不太完善

    E. 不完善

4. 您所学习的网站是否导航清晰，操作便捷，使用指南简捷有效：

    A. 一般   B. 较好   C. 很好   D. 差

5. 您所学习网站是否运行稳定，网页打开速度快，视频播放流畅：

    A. 一般   B. 较好   C. 很好   D. 差

6. 您所学习的网站是否页面布局合理，美观大方，使用体验良好：

    A. 一般   B. 较好   C. 很好   D. 差

7. 您对您学习的网站的整体满意度：

    A. 一般   B. 较好   C. 很好   D. 差

8. 您所学习的网站是否支持随时随地的移动学习（是否有手机端的 App）：

    A. 支持   B. 不支持   C. 不太清楚

9. 您所学习的网站是否支持离线学习（音视频等资源的下载和缓存）：

A. 全部支持　　　B. 大部分支持　　C. 小部分支持　　D. 不支持

10. 您在电脑上学习与在手机上学习的内容和基本功能是否一样：

    A. 基本相同　　　B. 完全相同

    C. 电脑上的功能和内容比较完善，手机只能观看学习视频、浏览文本资料，不能写作业、反馈和心得体会

    D. 没注意，不清楚

11. 您在学习过程中就出现的疑惑与问题是否和专家、坊主、同伴进行沟通和交流：

    A. 没有问题和疑惑，不需要沟通　　　B. 因为时间的原因,沟通较少

    C. 及时沟通但未得到解决　　　　　　D. 及时沟通得到了解决

    E. 没有支持此部分的功能　　　　　　F. 不知道如何沟通

12. 您所学习的网站是否提供课程学习与研修活动的任意组合、必修课程与选修课程的任意组合的功能，来满足您的个性化学习需求：

    A. 提供　　　　　　　　　　　　　　B. 部分提供

    C. 不提供　　　　　　　　　　　　　D. 不太清楚

13. 您所在的学校，线上网络研修与线下实践结合应用的效果如何：

    A. 线上网络研修的内容与线下实践密切结合，应用较多

    B. 线上网络研修的内容与线下实践有部分联系、应用不多

    C. 线上网络研修的内容与线下实践完全脱轨、没有结合和应用

    D. 没有关注这部分，不太清楚

14. 您所在的当地教育局或者学校关于"国培"学分是否互认：

    A. 互认　　　　　　　B. 不互认　　　　　　C. 不清楚

15. 您所学习的网站是否根据您日常的学习记录、搜索记录等为您推荐一些优质的课程资源和链接：

    A. 推荐优质的课程和资源

    B. 推荐课程和资源，但推荐的内容不符合自己的实际需求

    C. 没有此功能

    D. 没有关注这部分，不太清楚

16. 您所在的学校是否将教师网络培训的情况与教师绩效挂钩：

    A. 直接挂钩　　　　　B. 部分考核挂扣　　　　C. 不挂钩

17. 您所学习的网站是否提供教学支持工具和研修支持工具来辅助教学，如备课工具、微课制作工具、评价、考核模板等：

    A. 提供   B. 部分提供

    C. 不提供   D. 不太清楚

18. 您希望今后网络学习通过什么方式来实现：

    A. PC 端   B. 手机 APP

    C. 微信公众号   D. 综合

19. 您认为网络学习平台有指导您如何进行操作的功能吗（例如，如何选择课程、如何下载资料和工具、如何使用教学模板等）：

    A. 没有   B. 有简单的指导操作

    C. 有系统完善的指导操作 D. 不清楚、不了解

20. 关于每年"国培计划"在招标中更换网络学习平台（网站）对您的操作和学习是否有影响：

    A. 基本没有影响   B. 有影响

    C. 无所谓，换不换都行

21. 您所学习的网站提供下面哪些考核方式：（多选题）

    A. 自我评价 B. 同伴互评 C. 在线测试

    D. 学校或师资培训中心组织线下测评

    E. 线上评价与线下评价相结合

    F. 阶段与总成绩相结合的评价

    G. 专家学者评价

22. 在网络学习过程中，您通常使用哪种方式获得培训网站的帮助：（多选题）

    A. 24 小时 QQ B. 电话服务 C. 电子邮件

    D. 论坛   E. 微博   F. 微信

    G. 其他（如有，请写出＿＿＿＿＿＿）

23. 您所学习的网站提供的功能最满意的是：（多选题）

    A. 课程学习   B. 资源上传下载

    C. 在线测试考核   D. 教学研修和辅助工具

    E. 交流互动（实时聊天室） F. 生成性资源的加工和整合

    G. 资源的检索和推优   H. 线上学习和线下学习的同步

24. 您认为平台（网站）目前存在的主要问题是什么？有什么好的建议？

附录3　中小学教师网络学习平台研究访谈提纲

尊敬的老师：

　　您好！

　　为了提升网络研修质量，我们想了解您对网络学习平台的使用情况，在此向您承诺，调研涉及的内容和观点只作为我们研究的参考，您认为不宜公开的资料和观点，我们将严格为您保密，非常感谢您的支持与合作！

1. 您的性别是＿＿＿＿＿＿＿＿
2. 您所在学校是＿＿＿＿＿＿＿＿
3. 您所教学科是＿＿＿＿＿＿＿＿
4. 您的最后学历是＿＿＿＿＿＿＿＿
5. 您的教龄是＿＿＿＿＿＿＿＿
6. 您的职称是＿＿＿＿＿＿＿＿，现教＿＿＿＿年级
7. 您所学习的平台在资源的呈现与接收上是否流畅、稳定？
8. 您所学习的平台在互动协作学习方面的研讨、互动、交流做得是否到位？
9. 您所学习的平台在资源的生成与整合方面是否支持生成性的资源？
10. 您所学习的平台是否提供个性化的服务，如推优、统计、反馈、跟踪，您印象最深的是哪部分？
11. 在功能结构方面，您所学习的平台的导航是否清晰、操作是否便捷、指南简洁、框架清楚等？如果需要增加一些功能，您希望是哪些功能？
12. 您对您所学习的平台所带来的便利性和整体满意度如何？
13. 您所学习的平台是否支持多元化的评价工具？
14. 您在网络学习过程中是否遇到过困难，是哪些困难，如何克服的？
15. 您所在学校是如何将教师网络学习与校本研修相结合的？
16. 您参与的网络学习平台是用什么样的方式对您进行考核的？

17. 您认为您参与网络学习的积极性如何？

18. 您是否会再次选择网络学习的方式进行学习，为什么？

附录4 教师网络学习平台建设与应用现状的观察量表

尊敬的老师：

您好！

为对教师网络学习平台建设与应用的现状进行调查，我们选取了X、L、Z平台机构，请您对这三个机构在不同模块中的功能进行评价。如果该平台具有相应功能，在对应的地方打"√"即可。非常感谢您对本研究所做的贡献！

模块	功能	平台机构		
		X	L	Z
管理中心	学习进程、学习时长的管理			
	平台管理、认证、权限			
	资源管理：资源的上传、审核、查询，资源的类型等管理			
	用户信息管理：学员的注册、个人信息的编辑			
	数据库维护：数据库日常的维护和更新			
信息资源学习	学习日志、学习生成后的分享交流			
	理论学习：课程作业、知识点学习、拓展资源			
	专题学习			
	学习应用/综合实践			
	阅读			
	测试（工具）能力评估、反馈			
	电子档案袋、学习过程记录系统			

续表

模块	功能	平台机构		
		X	L	Z
交流与互动	主题讨论			
	互动答疑			
	群组协作			
	支持工具			
	交互工具			
	对交互类型的支持			
学习评价	即时测验			
	单元测验			
	模拟考试			
	过程评价			
	作业管理			
	评价工具			
个性化学习	自主/协作学习			
	探究性学习			
	在线测试工具			
	课件生成工具			
	教学设计工具			
	支持个性化功能模块			
	移动学习、离线学习			
	个人空间、诊断测评、预设学习、提交成果、个人研修			
	工作坊、研修活动、社区主页、讨论区			
用户体验	满意度、可靠性			
	效率、有效性			
	评价与管理			
	方便性、易用性、访问次数			
	情感和趣味性			
	认同感、依赖、热衷			

附录5　教师混合式学习课程研究调查问卷

尊敬的老师：

您好！

为了了解您的网络培训课程的学习情况，以便提高网络课程设置的质量，特设计如下问卷。本问卷采用不记名方式，我们将严格保密您的回答，请在您选择的选项上打"√"，填空题和简答题请写在横线上。衷心感谢您的参与！

一、您的基本信息填写

1. 您的性别：
   A. 男　　　　　　B. 女
2. 您的年龄：
   A. 20—30 岁　　B. 31—40 岁　　C. 41—50 岁　　D. 51—60 岁
3. 学历：
   A. 专科　　　　　B. 本科　　　　　C. 硕士　　　　　D. 博士
4. 学校所在地区：
   A. 乡　　　　　　B. 镇　　　　　　C. 县　　　　　　D. 市
5. 您所教学科为_____

二、您的真实感受

1. 您所学习的网络培训课程可以根据学科的特点及中小学教师教育层次制定课程目标：
   A. 非常符合　　　　B. 符合　　　　　C. 一般
   D. 不太符合　　　　E. 非常不符合
2. 课程目标明确，适合中小学教师教育的发展水平和特点，深度、难度适当：
   A. 非常符合　　　　B. 符合　　　　　C. 一般

D. 不太符合   E. 非常不符合

3. 课程目标可以很好地反映出整个培训计划对课程的基本要求：

   A. 非常符合   B. 符合   C. 一般
   D. 不太符合   E. 非常不符合

4. 您所学习的网络课程包含哪些课程：（多选题）

   A. 新课改培训   B. 教材解析   C. 高效课堂教学策略
   D. 学科教学法   E. 学生管理   F. 信息化教学
   G. 教育科研   H. 其他

5. 您希望可以添加哪方面的内容_____

6. 课程分为选修课与必修课两种形式：

   A. 非常符合   B. 符合   C. 一般
   D. 不太符合   E. 非常不符合

7. 课程中选修与必修课程的所占比例合理：

   A. 非常符合   B. 符合   C. 一般
   D. 不太符合   E. 非常不符合

8. 课程内容贴近课改和您的教学生活，对您帮助很大：

   A. 非常符合   B. 符合   C. 一般
   D. 不太符合   E. 非常不符合

9. 您所学习的课程内容，涵盖了大量的真实案例去佐证理论性知识：

   A. 非常符合   B. 符合   C. 一般
   D. 不太符合   E. 非常不符合

10. 您所学习的网络课程内容可以体现学科前沿，并适当地渗透了该学科领域的最新进展：

    A. 非常符合   B. 符合   C. 一般
    D. 不太符合   E. 非常不符合

11. 您所学习的网络课程内容全面，重难点清晰：

    A. 非常符合   B. 符合   C. 一般
    D. 不太符合   E. 非常不符合

12. 您所学习的网络课程的学习单元或学习模块设计与划分合理：

    A. 非常符合   B. 符合   C. 一般

D. 不太符合　　　　　　E. 非常不符合

13. 您所学习的网络课程内容符合循序渐进、由易到难的特点：

   A. 非常符合　　　　　B. 符合　　　　　　C. 一般
   D. 不太符合　　　　　E. 非常不符合

14. 您觉得课程形式太单一，内容不够丰富：

   A. 非常符合　　　　　B. 符合　　　　　　C. 一般
   D. 不太符合　　　　　E. 非常不符合

15. 您喜欢的网络课程资源是：（多选题）

   A. 案例分析　　　　　B. 影像资料　　　　C. 专家讲座
   D. 讨论论坛　　　　　E. 教学活动　　　　F. 课件

16. 您认为增加什么样的课程资源更适合老师需要：（多选题）

   A. 精品课堂　　　　　B. 课堂教学案例评析课
   C. 教育教学理论　　　D. 教育教学技能
   E. 计算机知识　　　　F. 其他

17. 您认为远程培训课程资源的种类以及形式丰富：

   A. 非常符合　　　　　B. 符合　　　　　　C. 一般
   D. 不太符合　　　　　E. 非常不符合

18. 课程提供的练习题型丰富，与您所学知识相符，对您的能力提升有很大的帮助：

   A. 非常符合　　　　　B. 符合　　　　　　C. 一般
   D. 不太符合　　　　　E. 非常不符合

19. 您在课程结束时会有在线测试题，并可以给予即时反馈及相应的提示和解答：

   A. 非常符合　　　　　B. 符合　　　　　　C. 一般
   D. 不太符合　　　　　E. 非常不符合

20. 您在完成一个模块的学习后，可以在论坛上提问、分享心得，并有专家进行解答辅导：

   A. 非常符合　　　　　B. 符合　　　　　　C. 一般
   D. 不太符合　　　　　E. 非常不符合

21. 您所学的网络课程中有专门提供学习伙伴之间的交流平台、论坛等资源：

A. 非常符合 B. 符合 C. 一般
D. 不太符合 E. 非常不符合

22. 您所学习的课程资源贴合你所学学科：
A. 非常符合 B. 符合 C. 一般
D. 不太符合 E. 非常不符合

23. 您有参与过网络培训课程的设计：
A. 经常 B. 偶尔 C. 从未

24. 您向网络课程学习网站提出过自己对该网站或培训课程设置的建议与意见：
A. 经常 B. 偶尔 C. 从未

25. 您喜欢的课程内容是：（多选题）
A. 新课改培训 B. 教材解析 C. 高效课堂教学策略
D. 学科教学法 E. 学生管理 F. 信息化教学
G. 教育科研 H. 其他

26. 您认为以下哪种学习内容最需要改进：
A. 专家视频 B. 培训课程 C. 教学案例
D. 教学活动 E. 论坛学习 F. 其他

27. 您对此次远程培训课程资源，在满足个性化需求方面：
A. 非常满意 B. 比较满意 C. 满意
D. 不太满意 E. 不满意

28. 您认为本次培训的课时安排是否合理？
A. 特别合理，轻松完成 B. 比较合理，基本上可以完成
C. 一般 D. 不太合理，有时完不成
E. 基本不合理，根本完不成

29. 您认为您所学习的视频课程时长合理：
A. 非常同意 B. 同意 C. 不同意 D. 非常不同意

30. 您所学习的网络课程的视频、音频都清晰，视频流畅性好：
A. 非常符合 B. 符合 C. 一般 D. 不太符合
E. 非常不符合

31. 您愿意再次选用网络学习：
A. 非常愿意 B. 愿意 C. 不愿意 D. 非常不愿意

32. 您愿意尝试将网络学习经验迁移到日常教学之中：

    A. 非常愿意   B. 愿意   C. 不愿意   D. 非常不愿意

33. 通过学习本次的网络课程，您哪些方面的能力得到了显著提升：

    A. 知识与技能   B. 教学理念 C. 教学方法 D. 科研能力

    E. 对师德的认识与理解   F. 学生管理方法

    G. 信息技术能力   H. 新课改课程目标的解读

    I. 其他

34. 您认为对课程质量影响最大的因素有哪些，请选出三个：

    A. 课程内容符合教师的需求

    B. 选修课与必修课、专业知识与工具知识比例合理

    C. 课程呈现形式多样，如视频、音频等

    D. 媒体资源丰富，如专家讲座、案例分析

    E. 课后及时的练习和测试

    F. 专家水平高

    G. 来自一线优秀教师的比例高

    H. 其他

35. 简答：您觉得在学习的过程中，网站的课程设置有哪些不足，您有何建议？

_____

附录6　教师混合式学习课程研究访谈提纲

1. 您每一次培训之前都会阅读培训目标、课程目标等相关内容吗？
2. 您对培训目标的设置有哪些不满？
3. 您希望开设哪些课程，为什么？
4. 您认为目前哪些课程内容相对较少？
5. 您为什么认为要多开设心理健康方面的课程？
6. 您对培训中的选修课程有何看法？
7. 您觉得课程内容有没有体现学科前沿知识？

8. 您为什么觉得课程内容不够先进,没有聚焦前沿?
9. 平常您经常上论坛与同学或者专家交流吗?为什么?
10. 您为什么觉得课程资源不够多样化?
11. 您对课程资源的质量有何评价?
12. 您所属学科的课程资源数量和质量如何?您有哪些意见?
13. 您为什么从不参加课程评价工作?
14. 您为什么觉得专家视频需要改进?
15. 您为什么觉得论坛学习需要改进?
16. 您为什么觉得课程时长安排不合理?
17. 您对视频课程有哪些意见?
18. 您通过培训提高了哪些技能,为什么?

附录7 中小学教师混合式学习课程观察量表

尊敬的老师:

您好!

经过前期的研究,我们已经确定了中小学教师混合式学习课程的评价指标,如下表所示。现需对各个指标的优、良、中、差等级进行调查,每个指标有4个征询意见,请您在您认同的意见处打"√"。非常感谢您对本研究所做的贡献!

一级指标	分值	二级指标	等级			
			优	良	中	差
课程目标	5	是否能够根据学科特点及中小学教师教育层次制定课程目标	5	3—4	2	0—1
	5	课程目标是否明确,是否适合中小学教师的发展水平和特点,深度、难度适当	5	3—4	2	0—1

续表

一级指标	分值	二级指标	等级			
			优	良	中	差
课程目标	5	课程目标是否能很好地反映整个培养计划对该课程的基本要求	5	3—4	2	0—1
	5	课程目标是否能体现教师的生成性目标、表现性目标、行为性目标	5	3—4	2	0—1
课程内容	5	课程内容是否科学严谨	5	3—4	2	0—1
	5	课程内容是否符合课程目标的基本要求	5	3—4	2	0—1
	5	课程内容的选择是否具有针对性，可以满足中小学教师的需求	5	3—4	2	0—1
	5	课程内容是否体现了学科前沿，并适当渗透了学科领域的最新发展	5	3—4	2	0—1
	5	课程学习单元的划分在逻辑上是否合理，单元模块的划分是否得当	5	3—4	2	0—1
	5	现阶段网站上有哪些培训课程，哪些课程被选择的次数多	5	3—4	2	0—1
	5	提供的课程资源是否与课程内容紧密相关	5	3—4	2	0—1
	5	是否有提供丰富多样的课程资源，现阶段都有哪些课程资源	5	3—4	2	0—1
	5	是否提供了可以满足中小学教师个性化需求的学习资源	5	3—4	2	0—1
	5	课程资源的质量是否过关	5	3—4	2	0—1
课程结构	5	课程结构是否合理，选修课和必修课的比例是多少	5	3—4	2	0—1
	5	专业课程和实践课程的比例是多少，是否合理	5	3—4	2	0—1

附录8 教师网络研修评价现状访谈提纲

尊敬的老师：

您好！

为了提高教师网络研修质量，特开展专项调研。此访谈采用匿名方式，信息不对外公开,您的反馈对教师网络研修工作非常重要。答案不分对错,请根据您的真实情况作答,感谢您的支持!

一、基本情况

1. 您更喜欢线上交流学习还是线下交流学习?为什么?其优点是什么?
2. 您在网络研修开始之前了解研修考核评价的指标吗?若不了解,为什么?若了解,实际中的考核和您了解的是否一样?不一样的原因有哪些?
3. 您认为教师线上学习和线下学习评价的主要目的是什么?
4. 您所在学校的领导对研修评价的结果重视吗?

二、对评价的满意度

您对您所参加的研修评价满意吗?为什么?您觉得主要从哪些方面进行评价比较合适?

三、线上评价情况

1. 您所参加的教师研修是不是以作业数量和观看课时时长为主要考核依据?如果是,您觉得这样考核合理吗?为什么?
2. 您所参加的教师网络研修对研修过程的评价重视吗?为什么?

四、线下评价情况

1. 您所在学校有没有组织教师线下教研互评考核?如果没有,为什么?
2. 您所在学校对线下学习有考核吗?如果有,考核的主要内容有哪些?您觉得这样的考核合理吗?为什么?

附录 9　教师混合式学习评价指标体系调查问卷

尊敬的老师:

您好!

经过前期的研究,我们已经确定了教师混合式学习评价指标项,如下表所示。现需对各个指标项的重要程度进行调查，以便为确定指标体系的权重系数提供依据。每个指标有5个征询意见，请您在您认同的意见下面填写数字1。非常感谢您对本研究所做的贡献！

一级指标	形式	二级指标	指标说明	征询意见				
				很重要	重要	一般	可要可不要	不要
学习过程	线上	讨论交流情况	发帖量和回帖量（量指数量和质量）					
		在线提问情况	提问的次数					
		课程视频资源学习情况	课程视频的点击率和观看时长					
		在线互评情况	互评次数和评语的撰写					
		登录次数	登录平台学习的次数					
		单次学习时间	每次登录后学习的时间					
		总学习时间	完成所有学习的总时间					
		网上交流习惯的养成	是否喜欢网上学习和交流					
	线下	交流研讨发言、会议发言	发言次数					
		课堂应用	是否将所学内容运用在课堂当中					
		课题研究	课题立项、文章发表等					
		各项应用获奖	技能比赛、应用比赛					
		测试	学习后的简单测试					
		教研活动	在校是否积极参加教研活动					
		教学设计方案	是否运用所学知识设计适合学生的方案					
学习结果	线上	提交作品	作品是否为原创、有创新性					
		按时保质完成课程作业	作业的复制率					
		提交研修日志	是否认真撰写					
		分享优秀资源	分享优秀资源的次数					

续表

一级指标	形式	二级指标	指标说明	征询意见				
				很重要	重要	一般	可要可不要	不要
学习结果	线下	把握了义务教育课程标准 2011 版的主要内容和要求	是否依据标准设计教学设计					
		科研能力的提升	发表核心论文的数量					
		校本研修能力提升	编写校本教材					
		解决教学实际问题	在教学中运用所学内容解决问题					
		教学中应用信息技术能力的提升	课中使用恰当技术解决教学难题					
		教育教学知识更新补充	知识是否更新					
		课堂教学方法的改进与教学技能的提升	教师技能获奖的情况					
		师德的提升	爱岗敬业、关爱学生					
		明确了教师的基本专业要求	是否依据要求提升自己					
		教育教学观念更新	是否改变了教学观念					

附录 10 中小学教师远程学习支持服务现状调查问卷

尊敬的老师：

您好！

为了提高远程培训的质量，我们需要对远程学习支持服务现状进行调查。本问卷采用匿名填写方式，信息不对外公开。请仔细阅读，在您选择的选项上打"√"，填空题和简答题请写在横线上。感谢您的支持！

一、教师基本信息

1. 您的性别：

    A. 男　　　　　　　B. 女

2. 您的所在的学校是：

    A. 城区中小学　　　B. 乡镇中小学　　　C. 村小　　　D. 教学点

3. 您所教学科是_____

4. 您的最后学历是：

    A. 初中　　　　　　B. 高中　　　　　　C. 中专

    D. 专科　　　　　　E. 本科　　　　　　F. 研究生

    G. 其他

5. 您的教龄是_____年

6. 您的职称是_____，现教___年级

二、管理支持服务现状

1. 您觉得远程平台可以提供哪些管理功能？（多选题）

    A. 快速找到想学习的内容　　B. 记录个人学习进度

    C. 制订学习计划或日程　　　D. 拥有个人主页或空间

    E. 管理学习进度　　　　　　F. 课程公告

    G. 搜索、分享、下载等功能　H. 发帖、完善分享内容等

2. 远程培训平台对您学习活动有哪些说明？（多选题）

    A. 学习目标和学习内容要求　　B. 资源与工具使用的方法和规则

    C. 在线学习相关行为约束规则　D. 测试、作业和考核要求

    E. 知识和技能的运用要求

3. 您所在的师资培训中心（教师发展中心）做了哪些辅助您学习的工作？（多选题）

    A. 定期组织有关课程的考核

    B. 收集教师在学习中的困惑，聘请有关专家学者进行专场答疑或开展相关讲座

    C. 对参与培训表现优异者进行表彰

    D. 及时下达和对培训的有关通知的解读

E. 根据教师的切实需求与远程机构调整培训课程

F. 组织本地区优秀教师为其他教师答疑解惑

G. 将校本教研修与远程培训整合

H. 其他

4. 您所在的学校有定期组织各个学科进行有关远程培训的讨论会：

  A. 非常符合   B. 基本符合   C. 一般

  D. 基本不符合   E. 非常不符合

5. 您所在的学校会对远程培训中表现优秀者给予一定的奖励：

  A. 非常符合   B. 基本符合   C. 一般

  D. 基本不符合   E. 非常不符合

6. 您所在的学校有组织将远程培训中的知识技能应用到课堂中的活动：

  A. 非常符合   B. 基本符合   C. 一般

  D. 基本不符合   E. 非常不符合

7. 您所在的学校经常开展远程培训内容与校本教研相结合的活动：

  A. 非常符合   B. 基本符合   C. 一般

  D. 基本不符合   E. 非常不符合

8. 您所在的学校会分享远程培训中优秀教师的学习心得及学习方法：

  A. 非常符合   B. 基本符合   C. 一般

  D. 基本不符合   E. 非常不符合

9. 您所在的学校将远程培训的情况与教师绩效挂钩：

  A. 非常符合   B. 基本符合   C. 一般

  D. 基本不符合   E. 非常不符合

10. 您所在的学校对参与远程培训的教师有工作量减免的措施：

  A. 非常符合   B. 基本符合   C. 一般

  D. 基本不符合   E. 非常不符合

11. 辅导教师有通过短信、微信、邮电等方式给您发放培训通知或者督促您的培训：

  A. 非常符合   B. 比较符合   C. 不确定

  D. 不太符合   E. 非常不符合

12. 您所在的学校或教研组，一学期开展几次与远程培训相关的线下教研

附录 教师混合式学习研究相关调查问卷与量表

活动？
A. 1次　　　　　B. 2次　　　　　C. 3次　　　　　D. 4次　　　　　E. 5次
F. 6次　　　　　G. 6次以上

三、技术支持服务现状

1. 在远程培训中，您经常使用哪些辅助工具：（多选题）
   A. 搜索引擎　　　　　B. 常用工具（计算器、万年历等）
   C. 学科专业软件　　　D. 学程记录（书签、学时记录、学习日历）
   E. 友情链接　　　　　F. 公告栏　　　　　G. 课程论坛
   H. 智能评分工具

2. 您认为远程培训平台的界面设置如何：
   A. 亲切友好，导航清晰　　　　　B. 中规中矩，比较朴素
   C. 简单粗暴，毫无特色　　　　　D. 杂乱不堪，毫无美感

3. 您认为远程培训平台有指导您如何进行操作（如如何选择课程、如何下载资料、发帖等）吗？
   A. 经常有　　　　　B. 偶尔有　　　　　C. 没有
   D. 不清楚

4. 目前的远程培训平台是否能通过手机来辅助学习（如利用手机登录平台、与同伴进行交流）？
   A. 能　　　　　B. 不能　　　　　C. 未尝试过

5. 在远程学习过程中，您通常使用哪种方式获得远程机构的帮助？
   A. 24小时QQ　　　　B. 电话服务　　　　C. 电子邮件
   D. 论坛　　　　　　　E. 微博　　　　　　F. 微信
   G. 辅导教师　　　　　H. 其他

四、学术性支持服务现状

1. 在远程培训中，您认为辅导教师的作用有哪些？（多选题）
   A. 批阅作业　　　　　B. 指导、规划课程　　　C. 个别化答疑、辅导
   D. 监督学习过程　　　E. 提供在线帮助

2. 辅导教师能够将您所有的疑惑及时且有质量的解决：

  A. 非常同意   B. 比较同意   C. 不确定

  D. 不太同意   E. 非常不同意

3. 在平台讨论交流答疑是否对您有帮助？

  A. 很有帮助   B. 帮助一般   C. 没有帮助

4. 您在学习过程中的疑难问题能够得到及时解决吗？

  A. 能解决   B. 能解决一部分   C. 不能解决

5. 在远程培训中，您喜欢采用哪种方式评价自己的学习结果？

  A. 在线测试评价   B. 辅导教师评价   C. 自我评价

  D. 同行互评   E. 学校或师资培训中心组织的线下测评

  F. 专家学者评价

6. 一般情况下，您在远程培训平台上的留言一般多长时间能够得到他人回复？

  A. 即时回复   B. 一天之内   C. 一周之内

  D. 回复时间不定

7. 在远程培训中，当您遇到困难时最希望得到哪些人的帮助？（多选题）

  A. 学习同伴   B. 辅导教师   C. 专家学者

  D. 学校   E. 师资培训中心   F. 远程机构

  G. 优秀同行

8. 您在培训过程中遇到的困难通常是如何解决？（多选题）

  A. 请教学校同事

  B. 讨论区或留言区发帖

  C. 通过 24 小时 QQ 或微信留言

  D. 百度搜索

  E. 请教辅导教师

  F. 在有关线下课程中请教辅导教师

  G. 发送电子邮件给远程机构询问

  H. 在学校或师资培训的活动中寻找优秀同行解答

  I. 其他

9. 您认为远程培训中所提供的课程符合当地教学情况：

  A. 非常符合   B. 比较符合   C. 不确定

  D. 不太符合   E. 非常不符合

10. 您认为在线下培训活动中，您得到了切合您实际教学需要的指导：

  A. 非常符合   B. 比较符合   C. 不确定

  D. 不太符合   E. 非常不符合

五、情感支持服务现状

1. 您认为论坛、QQ 群、微信群给您带来的最大帮助是什么？

  A. 答疑解惑   B. 情感关怀   C. 资料共享

  D. 鼓励支持   E. 信息共享   F. 其他

2. 您是否会利用论坛、QQ 群等社交工具与培训教师或其他培训者进行交流？

  A. 每次都会   B. 经常会   C. 不一定会

  D. 很少会   E. 不会

3. 在您与其他人的沟通交流中，发现在线讨论存在着哪些不足？

  A. 学习者参与度不高，交流气氛不浓

  B. 水贴较多，缺少有质量的、与学习相关的主题

  C. 管理混乱，缺少统一的规章制度

  D. 所提问题常被忽略，未有详细解答

  E. 辅导教师水平有限，问题解答不专业

4. 您认为远程培训平台上的学习论坛、答疑系统等流于形式，没有发挥实际的作用：

  A. 非常同意   B. 比较同意   C. 不确定

  D. 不太同意   E. 非常不同意

5. 您认为平台提供了几种师生、生生交流的方式：

  A. 多种   B. 一般   C. 很少

6. 师资培训机构的哪些活动能激发您的学习动力？

  A. 专家学者面对面讲座   B. 对培训优异者的表彰

  C. 组织的相关比赛   D. 培训课程与继续教育挂钩

  E. 组织专家小组进行案例教学等指导   F. 组织集体答疑

  G. 其他

六、教师远程学习的困难与需求

1. 您在学习过程中遇到过哪些困难？（多选题）

A. 不知道如何选择适合自己的课程　　B. 视频没有中文字幕
C. 疑问不能及时解答　　　　　　　　D. 不能按进度学习
E. 不清楚如何及什么时间提交作业
F. 自制力较差，易受外部干扰，缺乏有效的网络学习监督
G. 学习导航不完善，常找不到需要的信息
H. 学习不能得到及时的评价，得不到有效的反馈和建议
I. 视频无法自动记录我上次看完的时间点
J. 没有相应的笔记功能

2. 哪些因素会导致您在学习中想放弃？
   A. 课程内容单调乏味　　　　　B. 工作负担过重，无力学习
   C. 疑问不能得到及时解答　　　D. 内容不符合自己的实际教学需要
   E. 网络质量不佳　　　　　　　F. 学习后，缺少线下指导
   G. 其他

3. 您在多大程度上希望以后的远程培训中增加以下功能（或活动）？（请根据您的实际情况，在表格的右边划√）

远程培训中的功能	非常希望	比较希望	无所谓	不太希望	很不希望
提供强大的导航与定位功能，方便学习和检索					
自动记录并显示您的学习情况（如课程访问频率、学习时间、学习进度等）					
能根据您的学习兴趣和水平，主动推送适合您的学习资源					
根据您的学习风格、学习兴趣和水平，主动推送适合您的学习课程及资源					
能自动评价您的学习，并即时给予反馈					
能够诊断您的学习问题，给出预警和学习建议					
组织更多的线上与线下相结合的活动课程					
学校加大对远程培训的支持力度（如提供更多集体讨论学习的机会）					
辅导教师及助教能即时且有质量地回答您的疑问					

续表

远程培训中的功能	非常希望	比较希望	无所谓	不太希望	很不希望
能多次与专家学者、优秀教师进行面对面的交流学习，得到有关实际教学的指导等					
师资培训中心能定期组织与本地区的优秀学习同行进行交流					
在看视频时有相应的即时在线工具适用于我与辅导教师答疑交流					
讨论区有语音、照片、视频提问的功能					

4. 目前远程培训平台所提供的有关远程培训的帮助与您所需要的帮助之间的差距如何？

   A. 差距非常大　　　B. 差距比较大　　　C. 差距一般

   D. 差距比较小　　　E. 没有差距

5. 您觉得您在学习过程中还需要什么样的帮助？您有何建议？

   _____

附录11　中小学教师远程学习支持服务现状访谈提纲

1. 您在平台中是根据什么进行选课的？
2. 在远程学习过程中，您是否遇到过困难，是哪些困难，如何克服的？
3. 您对现在平台所提供的功能是否满意，如果需要增加一些功能，您希望是什么样的功能？
4. 您经常参加线上的讨论活动吗，为什么？
5. 您所在的学校是如何将远程学习与校本教研相结合的？
6. 您愿意参加您所在地的师资培训中心组织的活动吗？为什么？

7. 您所参与的远程学习平台是用什么样的方式对您进行考核的？
8. 您觉得辅导教师在您的学习过程中起到了什么作用？
9. 如果给辅导教师提意见或建议，您最希望他们在哪些方面进行改进？
10. 您是否会再次选择远程学习的方式进行学习，为什么？

附录 12 中小学教师远程学习支持服务现状观察量表

尊敬的老师：

您好！

为调查中小学教师远程学习支持服务的现状，我们制作了如下表量表。不同的服务对应不同的指标，每个指标有 5 个选项，请您在您认同的意见下面打"√"。非常感谢您对本研究所做的贡献！

项目	描述	符合程度				
		完全符合	比较符合	符合	较不符合	完全不符合
管理支持服务	有多种进行自我课程管理的工具					
	有学习平台活动说明					
	能够进行课程学习的自动记录					
	有防止"挂机"的措施					
	超过一个星期未登录学习，有邮件、短信等提醒					
	有通过邮件、短信、QQ 等方式进行课程、作业说明以及作业提醒					
	课程快结束时，有通过邮件、短信、QQ 等方式对未学习完的课程提醒					
技术支持服务	平台导航清晰，主页简洁明了、富有美感					
	平台中所有链接都是有效的，并指向高质量的、更新及时的、信誉优良的网站					
	首次进入平台有操作指引					

续表

项目	描述	符合程度				
		完全符合	比较符合	符合	较不符合	完全不符合
技术支持服务	平台提供了多种辅助学习的工具（如搜索引擎、学科专业软件、课程论坛等）					
	有根据所学课程、搜索内容等推送相关课程、论坛等					
	平台运行稳定，支持多端口登录					
	能通过QQ、微信、邮件同辅导教师交流					
	拥有自己的空间平台，可上传或下载学习资料					
	能通过讨论平台与学习同伴交流					
	能进入学习同伴的空间平台浏览、评论					
	视频清晰，音频清楚，内嵌字幕					
学术性支持服务	平台上为学习者提供的所有信息都准确，符合要求					
	辅导教师通过QQ群、微信群等组织教师进行讨论等学习活动					
	辅导教师组织的活动紧紧围绕主题，有条不紊					
	辅导教师有主持讨论帖且即时回复					
	本土化资源得到整理，能较容易获得					
	课程结束有自我评价、学习同伴评价以及辅导教师评价					
	作业得到即时批改，并附有批改评语					
	有智能评分工具					
	所提问题得到的答复专业					
情感支持服务	有心理咨询处					
	有心理调整相关课程					
	活动有组织、有目的，气氛热烈，活动结束后有小结					
	每一个学习者的问题均能得到答复					

附录13　教师网络研修质量现状调查问卷

尊敬的老师：

　　您好！

　　为了提高教师网络研修的质量，特开展专项调研。本问卷采用匿名填写方式。请根据您的真实情况填写，在您选择的选项上打"√"，简答题请写在横线上。谢谢您的支持！

一、教师基本情况

1. 您的年龄：
   A. 20—30 岁　　　B. 31—40 岁　　　C. 41—50 岁　　　D. 51—60 岁
2. 您的性别：
   A. 男　　　　　　B. 女
3. 您的教龄：
   A. 1 年以下　　　B. 1—5 年　　　　C. 6—10 年　　　　D. 11—19 年
   E. 20 年及以上
4. 任教教育阶段：
   A. 小学　　　　　B. 初中　　　　　C. 高中　　　　　　D. 幼儿园

二、混合式学习质量的目标达成情况

1. 通过参加网络研修，您的知识拓展情况：
   A. 非常好　　　　B. 较好　　　　　C. 一般　　　　　　D. 差
   E. 非常不满意
2. 通过参加网络研修，您的教学技能提高情况：
   A. 非常好　　　　B. 较好　　　　　C. 一般　　　　　　D. 没有提高
3. 通过参加网络研修，您的科研技能提高情况：
   A. 非常好　　　　B. 较好　　　　　C. 一般　　　　　　D. 没有提高

4. 通过参加网络研修，您的网络学习方法掌握情况：

  A. 非常好   B. 较好   C. 一般   D. 差

5. 您对网络研修的意向：

  A. 非常愿意学 B. 比较愿意学 C. 一般   D. 没有意向

6. 您对教师网络研修效果的整体感受：

  A. 非常满意   B. 较满意   C. 一般   D. 不满意

7. 您认为本校的校本研修开展得如何：

  A. 非常好   B. 较好   C. 一般   D. 差

三、影响您网络研修质量的因素

1. 您认为影响教师网络研修质量的因素有：（按影响程度由高到低）（多选题）

  A. 学习态度   B. 师资力量   C. 课程资源   D. 教学环境

  E. 后续指导   F. 教学方式   G. 其他

2. 您比较喜欢的培训方式有：（按喜欢程度由强到弱选 3 项）

  A. 专家讲座   B. 案例教学   C. 名师指导下的专题教研

  D. 网络研修   E. 现场观摩   F. 课例研修   G. 任务型教学

  H. 跟岗实践   I. 参与式研修

3. 影响您参加网络研修的主要障碍有：（多选题）

  A. 学校教学任务重、没有时间参加

  B. 家庭或个人事务多，没有精力参加

  C. 学校不支持，缺乏有效激励机制

  D. 培训内容理论性多、实践少

  E. 培训安排的时间不合适

  F. 培训内容和个人需求不对口

  G. 培训方法陈旧

  H. 授课教师不熟悉中小学情况

  I. 参加培训机会较少

  J. 其他

4. 您对教师网络研修有何建议？您认为哪些方面应改进以保证教师网络研

修的质量？您认为哪些因素对教师网络研修质量的影响比较大？

附录 14　教师混合式学习质量现状访谈提纲

1. 通过网络研修，您认为您的知识拓展情况如何？
2. 通过网络研修，您提高了什么技能？如何提高的？
3. 您对网络研修的态度是什么？为什么？
4. 您认为哪些因素阻碍了您网络研修学习质量的提升？您认为该如何改进？
5. 激发您参加网络研修的内部动机和外部动机分别是什么？
6. 您所在学校的网络研修的线下应用效果如何？哪里需要改进和保持？
7. 您认为学校、远程机构和当地教育部门各应该在哪些方面来提高和完善，以保证教师学习质量？
8. 当前的学习方式和内容是否切合您的自身需求？为什么？
9. 您在线上线下学习时，遇到的最大困难是什么？是否解决了？如果解决了，是如何解决的？如果没有解决，您有什么想法或建议？
10. 您都参加过哪些线下培训学习？您喜欢哪种线下学习方式？
11. 您认为当前线下培训学习存在哪些不足？您有什么改进意见？